The Irony-Machine

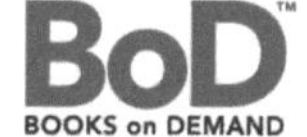

Günther H. Botek

The Irony-Machine

Acht Monate virtuelles Leben in
der Mailingliste Netzliteratur

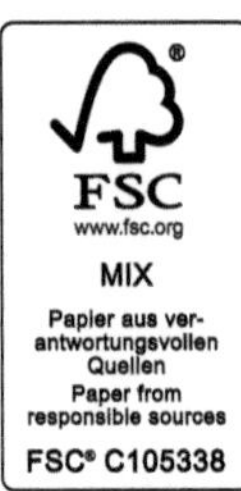

*Bibliografische Information der
Deutschen Nationalbibliothek:
Die Deutsche Nationalbibliothek verzeichnet diese
Publikation in der Deutschen Nationalbibliografie;
detaillierte bibliografische Daten sind im Internet
über http://dnb.dnb.de abrufbar.*

© 2015 Günther H. Botek

Illustration: Günther H. Botek

*Herstellung und Verlag:
BoD – Books on Demand, Norderstedt*

ISBN: 978-3-7347-5449-4

Für Eva und Viktoria

Inhaltsverzeichnis

„Die Schnecke baut ihr Haus nicht,
sondern es wächst ihr aus dem Leib."
Georg Christoph Lichtenberg

„Man muss noch Chaos in sich haben,
um einen tanzenden Stern gebären zu können."
Friedrich Nietzsche

Vorwort

Irgendwann im Frühjahr 1999 habe ich beim Surfen im Web einen Hinweis auf eine Mailingliste mit dem interessant klingenden Namen *„Netzliteratur"* entdeckt (*http://netzliteratur.de/*). Ich meldete mich an und las einige Monate aufmerksam mit. Es wurden damals fast jeden Tag einige (manchmal sehr viele) Mails geschrieben. Die Teilnehmer mit unterschiedlichstem Ausbildungs- und Erfahrungshintergrund, die verschiedenen Themen und Diskussionen der Liste waren für mich sehr spannend und so stellte ich mich am 28. Oktober 1999 mit meiner ersten Mail vor - mit der Erwartung, etwas mehr über das Thema „Netzliteratur" zu erfahren, das mich damals sehr faszinierte und beschäftigte. Ich konnte nicht ahnen, dass mich die Teilnahme an dieser Mailingliste derart fesselte und mich über mehrere Monate nicht mehr los lies.

Das vorliegende Buch ist nun die fast vollständige Sammlung meiner eigenen über 200 geschriebenen Mails im Zeitraum von acht Monaten, wo ich sehr intensiv an dieser Mailingliste teilgenommen habe. Intensiv heißt in diesem Zusammenhang, dass ich manchmal mehrere Stunden am Tag mitgelesen/ mitgeschrieben und zwischendurch über das Gelesene/ Geschriebene nachgedacht habe. Herausgekommen ist eine abwechslungsreiche Mail-/Text-Sammlung, in der es nicht nur um Netzliteratur in Theorie und Praxis geht, sondern auch um das alltägliche virtuelle Leben mit dem Internet und vor allem um zeitlose philosophische Fragen und Antworten. Diese bunte Mischung der Mailinhalte macht dieses Buch für mich und hoffentlich auch für die LeserInnen spannend und unterhaltend, obwohl mittlerweile schon fünfzehn Jahre vergangen sind - also fast der Zeitraum einer ganzen Generation und eine „halbe Ewigkeit" im Zeitalter des Computers und Internets.

Der eigentliche Grund für diese Veröffentlichung ist nun meine Beobachtung, dass sich rund um das Thema *„Netzliteratur"* seit dem Jahrtausendwechsel nicht wirklich viel getan hat und der Themenkomplex immer noch kaum in der (Netz-)Öffentlichkeit diskutiert wird. Das Internet hat sich zwar sehr rasch weiter entwickelt und vor allem das Web ist in diesen fünfzehn Jahren an der bunten „glatten" Oberfläche professioneller, technisch ausgereifter und inhaltlich „erwachsen" geworden (vor fünfzehn Jahren gab es z.B. noch keine *Wikipedia*, kein *Youtube*, keine sozialen Netzwerke wie *Facebook* und noch wenige *Blogger* - alles heute digitale Selbstverständlichkeiten wie das internetfähige und multimediale *Smartphone* oder *Tablet* mit sog. „*Apps*"), aber es sind kaum nenneswerte neue künstlerische Ausdrucksformen im multimedialen Internet entstanden, so wie es von einigen Theoretikern Ende der Neunziger Jahre des letzten Jahrhunderts erwartet und prognostiziert wurde.

Eine Mailingliste ist technisch gesehen sehr simpel: es „fliegen" sozusagen nur e-mails durch das Internet und das Ganze hat nichts mit dem bunten, interaktiven - und manchmal im Hintergrund technisch komplizierten - „World Wide Web" zu tun. Eine Mailingliste hat keinen virtuellen Ort im Web, sondern nur eine einfache Mailadresse. Sie existiert als Software auf einem

Servercomputer und in den Köpfen aller Listenmitglieder. Man kann mitmachen: lesen, schreiben,
denken. Aber man kann nichts anwählen/anklicken
und man sieht auch nichts Besonderes, außer Texte,
die per e-mail kommen. Das „Ganze" entsteht im Kopf.
Eine Mailingliste ist nur vorhanden, wenn sie auch
benutzt wird. Schreibt keiner, so existiert sie nur als
unsichtbare Idee auf einem Server. Eine Mailingliste hat
nicht EINEN Urheber, sondern VIELE.

Die *Mailingliste Netzliteratur* ist ein virtueller
„Stammtisch", wo seit 1996 über (Netz-)Literarisches
berichtet, spekuliert, geplaudert, diskutiert, philoso-
phiert und manchmal auch gestritten wird. Heute - im
Jahre 2015 - werden allerdings nur mehr ein paar
Dutzend Mails pro Jahr (!) geschrieben und es gibt
leider nur noch selten Diskussionen oder virtuelle
Gespräche.

Sprache ist in einer Mailingliste das Wichtigste.
Literatur ist (und bleibt wahrscheinlich) die wichtigste
Kulturform – egal wo und wie sie produziert,
präsentiert und konsumiert wird. Literatur kann fast
alles beschreiben. Der Kick bei einer Mailingliste ist,
dass mehrere Autoren gleichzeitig/parallel schreiben.
Da plant keiner etwas und trotzdem entsteht „etwas"
live. Es gibt keinen Plan, kein Konzept, keinen Plot
und keine sonstigen Anweisungen. Mir kommt das vor
wie Jazz zwischen Schreibenden. Mir ist aber klar: nicht
jeder mag Jazz. Improvisation war angesagt. Es ist der
Mailstrom einmal in diese und dann in jene Richtung
geflossen. So frei, ungezwungen, formlos, chaotisch,
bunt, klug, spannend, effektiv, produktiv, respektlos,
faszinierend, tief, innovativ, genial (naja manchmal
auch banal und trivial ;-) wie in dieser Mailingliste

geschrieben/diskutiert wurde - das gibt es im „Real Life" eher selten.

Das Internetprojekt „The Irony-Machine" war aus meiner Sicht ein einmaliges unvorhergesehenes interaktives Experiment. Es war als virtuelle „Performance" im Internet nicht geplant, es ist einfach passiert. Es gab von mir keine bewusste Motivation für dieses Projekt. Erst rückblickend kam mir die Idee, meine geschriebenen Mails in einem klassischen Buch zusammenzufassen und zu veröffentlichen - und so ein kleines Stück *Netzliteratur* zu schaffen.

Oliver Gassner, der Eigentümer der Website *„netzliteratur.de"* und der *Mailingliste Netzliteratur* hat in seinem Definitionsversuch von *„Netzliteratur"* u.a. geschrieben: *„Es geht darum, die Texte ‚formal' nicht einzuschränken. d.h. ein literarischer Papiertext, der massiv von Netzkommunikation beeinflusst ist, wäre nach dieser Definition ebenfalls ‚Netzliteratur"*. Da meine geschriebenen Mails natürlich massiv von Netzkommunikation in der Mailingliste beeinflusst sind, gehört der hier veröffentlichte Text meiner Ansicht nach zur Gattung *Netzliteratur*.

Formal gesehen habe ich meine Mails fast im Original gelassen. Nur Rechtschreibfehler, ausgeschriebene Umlaute (ue, ae, oe) und netzspezifische Ausdrücke („imho") habe ich geändert um die Lesbarkeit des Textes auch für „netzferne" LeserInnen zu verbessern (*g* und *grins* habe ich hingegen unverändert gelassen ;). Die anderen formalen Eigenheiten von Mails in Mailinglisten habe ich hingegen beibehalten - d.h. bei zitierten Mails ist einfach ein ‚>'-Zeichen vor jede Textzeile geschrieben. Begriffe und Wortkombinationen werden in unformatierten Mails manchmal hervorgehoben mit ‚*' oder ‚_'-Zeichen statt fett, kursiv oder unterstrichen: *Begriff* oder _Begriff_. Und natürlich habe ich die verschiedenen Smileys (;-) und :-) usw.) in ihrer klassischen Form belassen. Auch die Betreffzeilen sind großteils die gleichen wie in den Originalmails - nur vereinzelt habe ich einen neuen Betreff gewählt, weil der vorhandene nichts mehr mit dem Inhalt der Mail zu tun hatte. Linkverweise in das Web, soweit noch gültig, habe ich ebenfalls beibehalten. Gleich geblieben ist auch die Kleinschreibung aller Wörter von manchen Listenteilnehemern, weil es für mich authentischer wirkt.

Für Kommentare, Anregungen, Kritik oder Feedback bin ich unter der Mailadresse *guenther@botek.at* gerne erreichbar.

Günther H. Botek, im Jänner 2015

Mail gesendet: Donnerstag, 28.10.1999 10:00
Betreff: Kurzvorstellung

Hallo NetLiteratInnen,

viele von Euch kenne ich schon ein wenig,
weil ich bereits einige Monate (meist)
interessiert mitlese, mitdenke und mitlache
– aber zum Mitschreiben nehme ich mir dann
keine Zeit. Spät aber doch möchte ich mich
deshalb kurz vorstellen: 1964 in Wien
geboren; wohne und arbeite in der Nähe von
Wien; betreibe derzeit Internet-Cafes,
genauer gesagt öffentliche Internet-
Surfstationen (= Brotberuf) und bin am
Themenkreis /.../ Multimedia/ Hypertext/
Internet/ Netzliteratur/ Webfiction/.../ als
Autodidakt schon viele Jahre interessiert.
Mich fasziniert an diesem Thema das
Spannungsverhältnis > Inhalt <-> Form <->
Design <-> Technik <-> Wirtschaft < (müsste
eigentlich skizziert werden als System mit
vielfältigen, komplexen Beziehungen
untereinander), um das sich die meisten
Diskussionen hier drehen, obwohl sie nie auf
den Punkt kommen (den es natürlich gar nicht
gibt ;)
Theoretisch (philosophisch) interessiert
mich auch das Thema „Komplexität und
Information". Ich vertiefe (verliere ;) mich
gerade in die Netzliteratur-Homepage mit den
vielen interessanten Texten und Links.
Eigene Netzliteratur-Projekte bzw. -
Webseiten kann ich (noch) nicht präsentieren
(alles noch offline im
Experimentierstadium).
Ich nehme mir zumindest vor, ab und zu in
dieser Liste auch aktiv teilzunehmen, wenn
mich ein Beitrag zu einem eigenen Statement
herausfordert. Seelenverwandte gibt es hier
jedenfalls einige, habe ich im Lauf der Zeit
gemerkt.

Ciao
Günther

„Theory of everything" (in Kurzform ;)
- *Irgendetwas* geht seinen Gang.
- *Irgendwie* hängt alles zusammen.
- Das *Irgendetwas* und *Irgendwie* ist uns
      bis auf weiteres zu schwer.
- Der Clou ist, es gibt keinen Clou ;)

Mail gesendet: Freitag, 29.10.1999 00:28
Betreff: Webwriting

Hi allerseits,

ich denke mir, am Anfang steht immer eine
Idee, ein Stoff, ein Inhalt und ein
Produzent (ein Autor, ein Regisseur, ein
Künstler oder wer auch immer... ob Profi
oder Amateur...). Dieser Inhalt wird in
irgendeiner Form (im besten Fall
künstlerisch ;) ausgedrückt: bisher nur in
Sprache (z.B. Theater) oder auf Papier
(Buch) oder in Musik oder im Film ... und
seit kurzem eben im Web. Wenn es sich nur um
reine Texte handelt, gibt es meistens noch
kein Problem. Das Speichermedium für Texte
ist egal. Das Web ist aber MEHR: es ist auch
grafisch und audiovisuell und interaktiv und
kommunikativ ... eben multimedial. Jetzt
wird es (scheinbar) verwirrend und offenbar
problematisch. Warum? Es gibt im Web eben
Autoren, Grafiker, Musiker, Videokünstler,
Designer, Sound- und Animationskünstler und
viele mehr; UND neuerdings solche, die diese
Kunstformen kombinieren wollen.
Na und? Das ist doch zunächst wunderbar ...
Nicht *entweder-oder* sondern *sowohl-als-
auch*. Problematisch wird es meiner Meinung
nach nur, wenn Qualitätsmerkmale und

18

Bewertungskriterien verschiedener (alter)
Kunstformen aufeinander prallen: zB Text
(MIT Inhalt) <-> Grafikdesign (OHNE Inhalt).
Was bisher funktioniert hat, weil es
getrennt konsumiert und bewertet wurde, wird
jetzt ein Problem, weil es gemeinsam
konsumiert und (noch) nicht (wirklich)
bewertet wird. Ich glaube wirklich, das
einzige Motto kann nur lauten:
experimentieren und produzieren im Sinne von
work in progress. Das Web ist einfach noch
viel zu jung für Kritiker.

Ciao
Günther

Mail gesendet: Freitag, 29.10.1999 10:00
Betreff: Webwriting

Hi,

Claudia Klinger schrieb:
> Ja, verschiedene Philosophen haben ja
> lange schon das „Lob der Oberfläche"
> angestimmt. Und mir gefällt die
> Entwicklung durchaus. Die Dominanz des
> sinnfernen Textes, der behauptet, DAS
> WESENTLICHE zu sein, halte ich für ein
> Phänomen des gerade untergehenden
> Zeitalters der Aufklärung.

Mir ist die Kritik am „Design" im Web auch
nicht klar, wenn behauptet wird, „Design
OHNE Inhalt" ist oberflächlich (abwertend
gemeint) — einfach nur dummes „Klickibunti".
Überspitzt formuliert: das ganze „Real Life"
kann zum Großteil als „Klickibunti" gesehen
werden. Aber da kommt keiner auf die Idee,
das zu kritisieren; im Gegenteil: eine ganze
Industrie lebt von der „Oberflächlichkeit":
die Design-Industrie (bzw. Industrie-
Design). Ein gut designter Sessel ist für

manche ein wertvolles Kunstobjekt und ein
sinnliches Erlebnis. Ein Sessel bleibt aber
ein Sessel, auf dem man nur sitzen kann. Es
steckt sonst keine Idee dahinter. Anderes
Beispiel: ein schöner Sonnenuntergang. Viele
bekommen dabei Hochgefühle und denken beim
Anblick tiefer über sich und die Welt nach.
Andere sehen da nur einen „Effekt" ohne
Bedeutung — physikalisch ist ja alles
geklärt. Was ich meine ist: ein
oberflächlicher „Effekt" ohne INHALT hat im
„Real Life" für viele Menschen sehr wohl
Bedeutung. Warum soll das im Web plötzlich
anders sein?

Ciao
Günther

Mail gesendet: Freitag, 29.10.1999 10:35
Betreff: Webwriting

Hi,

Jan Ulrich Hasecke schrieb:
> Im übrigen glaube ich, dass die These,
> dass das Wesentliche an Literatur
> (und damit auch das Wesentliche der
> Netzliteratur) die Sprache ist, nicht
> so völlig verwegen ist. Dass das
> Wesentliche an NetzKUNST was anderes
> ist, ist ebenso klar. [...]

Sprache ist wahrscheinlich das Wichtigste
und Wesentlichste. Aber Sprache (mit
Buchstaben und Wörtern) hat ihre Grenzen.
Daneben gibt es auch noch Bilder
(Bildsprache) und Musik (Musiksprache).
Allen gemeinsam ist, dass sie im Netz
speicherbar und abrufbar sind, weil alles
digital als Information bzw. Software
gesehen werden kann.

20

Meine These ist, dass die Kombination
verschiedener Kunstformen ein MEHR an
Freiheit, Ausdruck und Wert hat. Anders
ausgedrückt: die Komplexität nimmt zu. Um
das sollte es meiner Meinung nach immer
gehen.

Ciao
Günther

Mail gesendet: Samstag, 30.10.1999 22:29
Betreff: Oberfläche

Hi!

Claudia Klinger schrieb:
> [...]
> Und dass diese Frage aufkommt, lässt mich
> erneut immer weniger Spaß an
> intellektuell-logischen Diskursen haben.

Dieser Widerspruch gehört meiner Ansicht
nach zum *Spiel*: Spaß kann manchmal auch
intellektuell-logisch sein (oder auch
satirisch/ironisch ;)
Intellektuell-logische Diskurse sollten
natürlich auch Spaß machen und müssen (ja
sollten!) nicht abgehoben sein.
So frei, so ungezwungen, so formlos, so
chaotisch, so bunt, so klug, so spannend, so
effektiv, so produktiv, so respektlos, so
faszinierend, so tief, so innovativ, so
genial (naja manchmal auch banal und trivial
;) wie hier diskutiert wird ... das gibt es
im „Real Life" eher selten — behaupte ich
jetzt einmal nur so ;)

> [...]
> Genauso geht es praktisch mit jeder
> Diskussion: es wird polarisiert auf
> Teufel komm raus, fast kann ich schon
> immer gleich dazu sagen, was ich NICHT

> meine...

Dieser Umstand macht es oft meiner Ansicht
nach eben spannend und unberechenbar; sonst
wärs ja gerade langweilig und spaßlos.

> [...]
> ich vermute, es hat wenig Sinn, das hier
> zu vertiefen. Aber vielleicht können wir
> das im Real Life mal machen...

... wäre natürlich oft schön, aber meist
völlig unmöglich; eine virtuelle Diskussion
in einer Mailingliste gibt es vielleicht
gerade deshalb, weil das im Real Life SO nie
möglich wäre.

Ciao
Günther

**Mail gesendet: Sonntag, 31.10.1999 20:46
Betreff: Oberfläche**

Hi!

Jan Ulrich Hasecke schrieb:
> „Unsere Sprache und ihr WeltBILD verlieren
> die Fähigkeit, unsere Welt zu beschreiben
> und abzubilden." Ich habe das Wort Bild
> einmal hervorgehoben, weil die Krise, von
> der du sprichst, wenn es sie denn gibt,
> nicht allein die Sprache betrifft, sondern
> alle Kommunikationsformen befallen hat.
> Es genügt also nicht, Sprache allein als
> untauglich zur Welterzählung zu verdammen.
> Die Bilder sind es ebenso.

Da magst du sicher Recht haben, aber für
unseren Zustand „Wir stecken in einer Krise
und schauen, wie wir da raus kommen" ist
m.E. unerheblich, wieviele Dinge NOCH
Ursache dafür sind. Zur Diskussion steht

also die *Krise* bzw. das *Problem*: „Unser
WELTBILD ist nicht mehr darstellbar, nicht
mehr abbildbar und nicht mehr beschreibbar".

> Film ist ebenfalls narrativ und trotzdem
> nicht Literatur. Wieso sind dann „Riven"
> und „Myst" Literatur?

Ich halte Diskussionen um Begriffe für
unergiebig, um nicht zu sagen für
irreführend, und zum Scheitern verurteilt
(obwohl sie am Anfang von etwas Neuem wohl
notwendig sind). Begriffe sind (beliebige)
Abstraktionen von etwas Konkretem. Wenn sich
dieses *Konkrete* ändert, dann müssen eben
neue Begriffe her — sonst gibt es
Missverständnisse und Verwechslungen.
Für mich ist *Hyper-/Netz-Literatur* kein
guter Begriff für das Web, außer man meint
Literatur IM Web, um die es ja jetzt nicht
geht. Literatur ist (und bleibt
wahrscheinlich) die wichtigste Kulturform —
egal wo und wie sie produziert, präsentiert
und konsumiert wird. Aber sie löst unser
PROBLEM (siehe oben) nicht (mehr).
Wir reden von Ausdrucksformen, die erst das
Web (allgemeiner: die digitale
Computertechnik) ermöglicht. Interaktive
Computerspiele sind ein erstes Beispiel für
ein neues Genre, das es vorher nicht gab.
Computerspiele sind für mich aber auch kein
geeignetes Ausdrucksmittel für unser
aktuelles WELTBILD.
Die bereits etablierten Begriffe
„Webfiction" oder „Hyperfiction" finde ich
als Arbeitsbegriffe für neue Ausdrucksformen
im Web sehr gut. Aber Begriffe lösen unser
Problem noch nicht.

> Ich hab keinerlei Probleme, für diese Art
> von Werken eine eigene Kategorie
> einzurichten: Literatur, Theater, Film,
> Spiele. Ich kann aber beim besten Willen

> nicht erkennen, welche produktiven
> Schlüsse wir ziehen könnten, wenn wir
> „Riven" und „Myst" als Prototypen einer
> wünschenswerten Netzliteratur oder
> „Literatur ohne Worte" betrachten.

Ja, Prototypen sind für Serienproduktionen
gedacht. Das kann es nicht sein. Bei
kulturellen Werken haben wir es meist mit
individuellen Unikaten zu tun.

> Viel interessanter finde ich,
> Netzliteratur unter dem Gesichtspunkt der
> technischen und sozialen Vernetzung von
> Menschen zu beschreiben, bei der zwar
> ebenfalls nichts grundsätzlich Neues in
> Anschlag gebracht werden muss, aber
> netzspezifische Aspekte der Beschleunigung
> und der Eins-zu-eins-Distribution in den
> Blick kommen. Vermutlich, wenn man nur mal
> richtig suchen würde, auch noch einige
> andere Aspekte.

Das Eine muss das Andere ja nicht
ausschließen. Natürlich gibt es auch für
Literatur im Web neue Möglichkeiten
(Stichwort: Direktvertrieb,
Direktkommuniktion — das alles weltweit und
auf Knopfdruck in wenigen Sekunden usw.).
Diese Dinge sind genauso neu und interessant
wie neue Möglichkeiten der Ausdrucksformen
von Inhalten. Aber direkte und schnelle
Distribution löst das *Problem* nicht. Es
ist aber ein angenehmer Nebeneffekt, wenn
die *Lösung des Problems* direkt und schnell
verteilt wird ;) Da bleibt scheinbar nur,
das *Problem* zu leugnen, und in einer Form
zu bleiben, die schon bekannt, sicher und
problemlos ist: Literatur, Theater, Malerei,
Musik, Film, Computerspiel...
Ich will das *Problem* aber nicht leugnen,
sondern verstehen lernen und über mögliche
Lösungswege nachdenken.

Ciao
Günther

Mail gesendet: Montag, 1.11.1999 11:17
Betreff: Oberfläche

Hi!

Werner Stangl schrieb:
> ... also da gibt es in der diskussion ein
> paar stellen, wo ich nur mehr
> wütend/ätzend werden kann:

Schade, so war es nicht gemeint :(
Es wird ja keiner gezwungen bei einem Thread
mitzulesen, geschweige denn mitzuschreiben;
einfach wegklicken geht schneller ;)

> antithese:
> wir reden die krisen doch bloss herbei,
> die probleme erfinden wir, (these) weils
> uns zu gut geht.

Wir brauchen ja irgendwas zu denken ;)
Ich kann mir den Zustand *gut*, wenn, dann
immer nur in kurzen Augenblicken vorstellen.

> netzliteratur (oder wie das dingsbum
> heißen soll) beschreibt man nicht,
> sondern man schreibt/malt/tippt/mailt/
> brüllt/wavt/gifft/kotzt sie...

Jetzt lass uns Zuschauer, Zuhörer, Mitleser,
Mitsurfer doch auch zwischendurch mitdenken
und mitschreiben; ich halte so eine
Mailingliste auch für eine Art *Form*, man
schreibt und denkt und schreibt und ...
Und das *Werk* verändert sich sogar noch
dynamisch.

> these:

> der substantivismus in unserer diskussion
> ist imho wohl auch schuld daran, dass nix
> weitergeht (jetzt lass ich mich von dem
> pessimismus sogar noch anstecken).

Wer redet von Pessimismus? Ich verstehe
deinen Ärger nicht :(

>> Ich will das PROBLEM aber nicht leugnen,
>> sondern verstehen lernen und über
>> mögliche Lösungswege nachdenken.
>
> die sonne scheint und es ist schön
> draußen, gehen wir spazieren, vielleicht
> fällt uns ein ziegel auf den kopf,
> vielleicht finden wir eine herbstzeitlose,
> sicher aber keine lösung.

Wir liegen gar nicht soweit auseinander,
glaube ich.

Ciao
Günther

Mail gesendet: Mittwoch, 3.11.1999 08:02
Betreff: dichtung-digital newsletter Oktober

Werner Stangl schrieb:
> [:-) on]
> das hatte rein didaktische gründe, denn
> wenn ich es ganz deutlich schreibe, geht
> es in die mailbox hinein und beim trash
> wieder raus.
> wenn ich es allerdings in ein/e rätsel/
> verschlüsselung/uneindeutgkeit verpacke,
> muss der betroffene selber aktiv werden:
> nachfragen/gehirn einschalten/
> kopfschütteln.

So ähnlich hat sicher *der liebe Gott*
gedacht, als er die Welt und uns Menschen

schuf, nur dass er uns keine aufklärende
Mail schickt ;)

> und bekanntlich bewirkt eigenaktivität ein
> nachhaltigeres lernen als bloßes
> infoberiesel, sag ich als psychologe so
> mal vor mich hin, der in seiner
> außernetzzeit auch pädagogisch tätig ist.

Was macht wohl *der liebe Gott*, wenn er
nicht gerade pädagogisch ist? ;)

Ciao
Günther

**Mail gesendet: Donnerstag, 4.11.1999 09:34
Betreff: Definition Netzliteratur ... und
was kommt danach?**

Werner Stangl schrieb:
> Ingo Mack fragte:
>> ist dir die spucke weggeblieben?
> nein, ich dachte das subject sagt einmal
> alles :-)

Oberflächlich gesehen, na produzieren und
experimentieren, und rezipieren und
analysieren, und dann wieder produzieren,
dann wieder denken, lesen, schreiben... usw.
und dann wieder die Frage „... und was kommt
danach?" Und irgendwann nähert man sich dann
vielleicht dem Punkt, wo die *Kunst* immer
schon hin wollte und den sie immer umkreist
(leider nur ganz selten). Und dieser Punkt
ist ganz unauffällig, ganz unspektakulär,
sehr abstrakt, ohne Sinn und ohne Bedeutung
... aber was bleibt uns sonst? Nur gut
gelaunt zu *surfen an der Oberfläche*
‚online' oder ‚offline' in einer
Klickibuntiwelt?
Die Frage „... und was kommt danach?" kann
gefährlich sein. Vielleicht verpasst man ja

in der Zwischenzeit etwas Wesentliches,
vielleicht ist man in einer Sackgasse,
vielleicht geht's auch um ganz was anderes?
Aber um was? Zum Glück gibt es den
Galgenhumor — der bietet auch da noch
Überlegenheit, wo man unterlegen ist ;)
...hmm, vielleicht ist aber auch alles ganz
anders, und außerdem ist das wahrscheinlich
auch OffTopic(?)

Ciao
Günther

**Mail gesendet: Freitag, 05.11.1999 12:40
Betreff: Software die zeitgemäße Form der
Kunst**

Michael Charlier schrieb:
> Habe ich schon mal gesagt, dass ich jede
> Äußerung eines Künstlers/Kunsterklärers,
> der/die mir sagt, er wolle „die Art und
> Weise (zu) ändern, wie wir die Dinge
> sehen", unter resigniertem Gähnen in der
> Ablage versenke?

Entweder ich verstehe da etwas ganz falsch,
oder das ist ein wirklich interessantes
Thema — auch für die Netzliteratur.
Ich dachte und denke immer noch, dass das
genaue Gegenteil die Aufgabe von Kunst sein
sollte: uns eine NEUE Perspektive zu zeigen,
wie wir die Dinge sehen (natürlich so, dass
der gesunde Menschenverstand nicht beleidigt
wird, obwohl der auch sehr irren kann, wie
uns die Naturwissenschaft in diesem
Jahrhundert schon öfters bewiesen hat).

Ciao
Günther

Mail gesendet: Freitag, 05.11.1999 12:40
Betreff: Software die zeitgemäße Form der
Kunst

Werner Stangl schrieb:
> Günther postulierte in seiner
> kunstdefinition den:
>> gesunde(n) Menschenverstand
>
> lass bitte das „gesund" weg.
> bittet Werner Stangl

Ich habe nichts postuliert und schon gar
nichts definiert, sondern nur meine
Verwunderung über Michael's Satz formuliert,
den ich wahrscheinlich falsch verstehe.
Mit dem zugegeben abgedroschenen Ausdruck
gesunder Menschenverstand meinte ich
einfach den rationalen/logischen/sinnlichen
Alltagsverstand, mit dem wir hier versuchen
zu diskutieren. Wenn wir diesen nämlich in
Frage stellen, dann haben wir kein
geeignetes Werkzeug mehr, um zu
kommunizieren. Aber ich lasse gerne *gesund*
weg ;)

Ciao
Günther

Mail gesendet: Freitag, 05.11.1999 15:31
Betreff: Software die zeitgemäße Form der
Kunst

Michael Charlier schrieb:
> [...]
> Aber auch mit den neuen Perspektiven ist
> das so eine Sache: Je älter man wird,
> desto geringer wird der Fundus an noch-
> nie-gesehenen Perspektiven. Und desto mehr
> Leute laufen aufgeregt herum und gackern:
> Guck mal, was ich für tolle neue
> Perspektiven habe.

>
> Ich mag es nicht, wenn Kunst mir so
> didaktisch daher kommt und mir erklärt,
> ich hätte meine Hausaufgaben nicht
> gemacht. Kunst darf mich überwältigen oder
> verblüffen. Manchmal gelingt ihr das —
> dann interessiere ich mich für sie. Oder
> eben nicht.

Ich bin mir nicht sicher, ob Wisniewski das
so meint, wie du befürchtest. Vorausschicken
muss ich, dass ich mich nur auf das beziehe,
was Werner gepostet hat (ich kenne den
Netomat nicht):

<Zitat-Anfang>
> [...] Der Netomat löst die statischen
> Webseiten auf, reißt sie aus ihrem
> Zusammenhang und präsentiert sie als
> bewegte Collage.
> Seine Absicht sei, „die Art und Weise zu
> ändern, wie wir die Dinge sehen", sagt
> Wisniewski. Wisniewski hält Software für
> eine zeitgemäße Form der Kunst. Im Web
> sieht er nicht nur eine Datenbank, sondern
> eine einzige große Anwendung. [...]
> Jede neue Anfrage bringt unerwartete
> Ergebnisse, während sich der Browser
> zugleich die bisherigen Anfragen merkt und
> im Fluss der Informationen berücksichtigt.
> Der ständige Strom der Web-Inhalte speist
> sich aus verschiedenen Quellen zugleich.
> Wer sich darauf einläßt, kann ebenso
> ungewohnte wie faszinierende Erfahrungen
> machen.
<Zitat-Ende>

Ich sehe in diesen Aussagen einen Versuch,
ein abstraktes (Kunst-)Werk zu beschreiben —
nicht mehr und nicht weniger. Ich sehe
nirgends einen *didaktischen Zeigefinger*,
der verlangt, man solle Hausaufgaben machen
und müsse sich ändern.

Ciao
Günther

**Mail gesendet: Samstag, 06.11.1999 21:39
Betreff: Kunst-System**

Hallo!

Werner Stangl schrieb:
> lasst doch kunst, wie sie ist.
> oder wollt ihr retour auf ansätze (anleihe
> bei arno holz): kunst = natur + x

Nein, zu diesem Ansatz will ich nicht
zurück, aber nur, weil er die Begriffe
Kunst UND *Natur* enthält, und weil er
nichts über die Dynamik dieses Systems
aussagt. Aber eine mathematische Formel ist
m.E. manchmal schon ein gutes Denkwerkzeug,
um ein Thema etwas abstrakter zu sehen. Mich
hat dieser Hinweis jedenfalls angeregt,
nachzudenken.
Mir ist klar, dass vielleicht einige in der
Liste jetzt aufschreien und alle
Abwehrhaltungen mobilisieren, um diesen
Denkansatz abzulehnen. Nur vorweg (gleich zu
meiner Verteidigung): mit *materialistisch*,
reduktionistisch oder ähnlichem hat das
Ganze nichts zu tun. Es ist „nur“ ein
Gedankenmodell, das mir im Zusammenhang
unserer Kunst-Diskussion eingefallen ist.
Für Künstler ist das Folgende wahrscheinlich
uninteressant, weil sie lieber _kreativ_
sein wollen, wie auch immer das
funktioniert.
Wenn ich eine Formel gebrauchen müsste, um
Kunst zu beschreiben, müsste sie rekursiv
bzw. iterativ sein. *Wiederholung* ist m.E.
das Zauberwort für fast alles, was in
unserer Welt passiert. Alles passiert
„Schritt-für-Schritt“, nur die Schrittweite

ist verschieden. Moderner ausgedrückt: die Taktrate ist bei jedem System unterschiedlich groß und damit verändert sich jedes System verschieden schnell.
Das *Kunst-System* K ist ganz allgemein und abstrakt:

K(t) = K(t-1) + X

Wobei K(t) das System K zu (irgend)einem Zeitpunkt t ist, K(t-1) das System K zum Zeitpunkt davor ist (also einen Schritt/einen Takt davor) und X ist das *Neue*, das bei jedem Schritt dazukommt (also ganz allgemein JEDE Änderung des Systems). Die Operation <+> ist völlig irrelevant, es könnte auch der Faktor <*> oder irgendetwas anderes dastehen — berechenbar ist die Formel so-oder-so nicht ;)
Sprachlich ausgedrückt: das Kunst-System ändert seinen Zustand mit jedem Takt. Das ist jetzt vielleicht eine banale Aussage. Interssanter sind wahrscheinlich die Thesen, die sich m.E. daraus ergeben:
1. Das Kunst-System ist komplex und ändert sich dynamisch.
2. Es gibt sehr viele Beteiligte und sehr viele (Kommunikations-/Informations-) Beziehungen untereinander.
3. Alle Beteiligten ändern das Kunst-System gleichzeitig.
4. Jede/r Beteiligte hat eine andere Sicht auf das Kunst-System.
5. Keine Sicht ist qualitativ wichtiger als eine andere.
6. Kein/e Beteiligte/r kennt ALLE Einzelheiten des Kunst-Systems.
7. Es gibt Sub-(Sub-...)Kunst-Systeme („Szenen"), für die die Thesen 1 bis 6 ebenfalls gelten.

Ähnlichkeiten mit anderen Systemen sind
gewollt, weil kaum zu vermeiden. Das ganze
ist ein reines Gedankenspiel, das weder
(ab-)werten, noch reduzieren, noch
klassifizieren oder einschränken will. Wer
eine andere Sichtweise hat, hat eben eine
andere ;)
Natürlich lese/schaue/höre/klicke ich mir
wirkliche Kunstwerke viel lieber an, als
abstrakt darüber nachzudenken.

Ciao
Günther

**Mail gesendet: Donnerstag, 11.11.1999 09:23
Betreff: Internet-Literaturwettbewerb zum
Millenium**

Wodile schrieb:
> die grenzen sind derzeit im netz schnell
> erreicht. Es ist zb im netz kaum möglich,
> mal „wirklich zu provozieren". Versuche es
> mal. Es geht nicht. Entweder weil es nicht
> provokant genug ist oder weil die leute
> gleich wieder weg klicken.

Kunst kann/soll m.E. auch viel mit
Provokation zu tun haben. Und die ist im
Netz wirklich OHNE Grenzen möglich. Mit
Werten im alten Sinn hat das wohl nichts
mehr zu tun. Es ist „jenseits von Gut und
Böse"...

Ciao
Günther

**Mail gesendet: Sonntag, 14.11.1999 16:41
Betreff: Selbstähnlichkeiten**

Hallo Liste!

Ich liebe diese *Selbstähnlichkeiten* in
unserem Leben! Da surft man so durch's Web,
findet zufällig eine Mailingliste mit
interessant klingenden Namen, meldet sich
an, liest passiv eine gewisse Zeit lang
aufmerksam mit, findet die Themen und
Teilnehmer sehr interessant, stellt sich
dann irgendwann ganz förmlich vor, redet ein
paarmal mit, lernt die Regeln und die
Fachsprache (imho, scnr, rl, vl, ...)
kennen, macht die unvermeidlichen Fehler
(Vollquote, der falsche Ton oder das falsche
Smiley zur falschen Zeit, Missverständnisse
usw.) und fragt sich dann irgendwann:
Was soll das ganze? Wozu das ganze? Was
mache ich hier eigentlich?
Jetzt übertrage man diese Schilderung auf
das ganze Leben — und — was für eine
Überraschung — man kommt drauf, dass es hier
genauso läuft ;)
Weil hier in der Liste einige Peter
Sloterdijk kennen, hier ein kurzes passendes
Zitat:

<Zitat/Anfang>
„Zeitlebens sind wir in der Lage von Leuten,
die zu spät ins Theater kommen — in einem
Zwischenakt wird die Tür noch einmal
geöffnet, wir zwängen uns atemlos in den
Raum und suchen im Dunkeln nach dem eigenen
Platz. Den Anfang der Handlung haben wir
verpasst, und für den Augenblick kann nicht
mehr geschehen, als dass wir nun an ihrem
Gang so aufmerksam wie möglich folgen."
<Zitat/Ende>
[Peter Sloterdijk in „Zur Welt kommen — zur
Sprache kommen"]

Leben ist einfach unvermeidlich.
Unsubscriben (im RL heißt das dramatisch,
den „Freitod" wählen) kann man natürlich
immer — ob mit oder ohne Mausklick.

Ciao
Günther

PS: das kleine Büchlein von P. Sl., aus dem
das Zitat stammt, kann ich nur jedem
empfehlen. Es ist m.E. eines seiner besten.

Mail gesendet: Sonntag, 14.11.1999 23:13
Betreff: Selbstähnlichkeiten

Claudia Klinger schrieb:
> wunderschön, deine Analogie! Allerdings:
>
>> „Unsubscriben" (im RL heißt das
>> dramatisch, den „Freitod" wählen) kann
>> man natürlich immer — ob mit oder ohne
>> Mausklick.
>
> ist die Ähnlichkeit im Ende nicht die des
> Anfangs: oder hast du das Real Life
> freiwillig subscribiert????

Wie soll die Antwort sein?

zynisch ;-]
pragmatisch :-|
wissenschaftlich :-|
philosophisch 8-)
religiös :-(
künstlerisch :-)
(netz)literarisch :-))
ironisch ;)
satirisch ;o)
...

trivial/banal:
den Anfang meines RL kenne ich nur aus
Erzählungen. Ich bin mir nicht sicher, wie
das SUBSCRIBE wirklich funktioniert hat ;)

Ciao
Günther

Goedart Palm schrieb:
> Überleben im Netz und anderswo (Warnung:
> kursorischer Kurztext) [...]

Es ist ein seltsames Gefühl für mich als
Neuer, in einer Mailingliste, wo es um
Netzliteratur gehen sollte, plötzlich mit
Fragen konfrontiert zu sein, die so in die
Tiefe gehen.
Es gibt m.E. so etwas wie eine „Antarktis im
Kopf": weit, kalt, klar. Faszinierend, nur
erfriert man, wenn man sich länger dort
aufhält. Zumindest geht's mir immer so, wenn
ich die virtuelle Gratwanderung zwischen
Tiefsinn und Leichtsinn nicht schaffe. Im
Zweifel oder bevor es „gefährlich" wird,
entscheide ich mich immer für den Leichtsinn
— reiner Überlebensinstinkt ;)
Über Mozart hat irgendwer einmal gesagt: „So
viele Noten!". Umgelegt auf dich fällt mir
ein: „So viele Gedanken in Worte gefasst!"
(... und das auf der Höhe der Zeit! Live!).
Ich bin erst beim Abspeichern deiner
Textbaustelle auf meiner Festplatte. Zum
Lesen komme ich nur zwischendurch. Aber das,
was ich gelesen habe, finde ich erstaunlich
(ob mit oder ohne Fremdwörter), faszinierend
bis gefährlich (für das Bewusstsein). Ich
würde gerne darüber hier in der Liste
diskutieren — nur gibt's ein Problem dabei:
wie schaffen wir den Dreh, um das ganze
ontopic zu machen, wie Jan Ulrich Hasecke
bemerkte. Es wird ja seit zwei Tagen so
still in der Liste. Dass man über das
Schweigen soll, worüber man nicht reden
kann, ist ja ein alter Hut, der zum
Verhaltenskostüm früherer Zeitgenossen
gepasst hat. Woran liegt es dann?

Vielleicht geht es jetzt um den *Content*,
den die Netzliteratur — wie auch immer — in
eine neue *Form* bringen soll/kann/muss.

Ciao
Günther

**Mail gesendet: Donnerstag, 18.11.1999 09:18
Betreff: Plastizität des Bewusstseins**

Claudia Klinger schrieb:
> Fang einfach an, darüber zu sprechen, was
> dich angeht, was dich beeindruckt, was du
> denkst...
> Also los: lass uns auf dem Grat wandern...

... tue ich ja schon die ganze Zeit ;)

> Argumentativ kann man immer begründen, das
> „Plastizität des Bewusstseins" ganz
> zweifellos ein geradezu unverzichtbar
> literatur-relevantes Thema ist.

O.K. dann lass uns das „Projekt" kurz
skizzieren und konzipieren: Budget? Ziel?
Markt? Zielgruppe? Zeitplan?
(Abgabetermin/Deadline?) *grins*
Spaß beiseite: es geht m.E. bei solchen
Diskussionen an die existentielle Substanz,
wenn sie wirklich ernst geführt werden. Wie
soll man „selbstbewusst" mit „sicherem
Auftreten" über Dinge reden, die ins
„Bodenlose" und „Grenzenlose" führen?
Sloterdijk hin oder Flusser her, die kochen
ja auch nur mit Wasser (naja, Flusser kocht
ja nicht mehr).
Ich beobachte schon lange etwas, was mich
oft erstaunt, erheitert, aber manchmal auch
verunsichert: man kann sich über ALLES
lustig machen! Wir leben nicht nur
oberflächlich in einer lustigen
Klickibunti-Welt, sondern auch

philosophisch in einer *Infotainment*-Welt,
in der meistens nur der Lacherfolg zählt.
Der Mensch will in einer unerträglichen und
maßlosen Welt unterhalten werden! Ob das
jetzt im besten Fall die *Ironie der
Leichtigkeit des Seins* ist oder der
Zynismus von Leuten, die (scheinbar) wissen,
wo es (scheinbar) lang geht.
Egal, WAS man WIE mit Sprache ausdrückt, es
ist NIE eindeutig. Eine nicht besonders
originelle und neue Erkenntnis, ich weiß.
Literaten mögen jetzt sagen, dass es gerade
darum geht, etwas in Sprache auszudrücken,
das jeder Leser auf seine Art interpretieren
kann. Aber welche Konsequenzen entstehen
daraus bei philosophischen Diskussionen oder
Texten — oder auch privaten Überlegungen, um
seinen Alltag irgendwie zu meistern? Wir
denken ja auch meistens sprachlich (nicht
immer, aber das würde jetzt zu weit führen).
Man kann m.E. zwar über alles reden, aber
alles, was man sagt bzw. schreibt (und
lesbar gespeichert wird), kann Verschiedenes
bedeuten, je nach Kontext, Stimmung, Zeit.
Selbst mein eigenes Geschreibsel ist für
mich an manchen Tagen witzig und an manchen
Tagen banal — oder wenn ich mich gut fühle,
auch genial. Aber was bringt's? Alles nur in
Wörter gesetzte Gedanken, mit denen jeder
etwas anderes anfängt. Und ich weiß bzw. es
ist mir *bewusst*, das mir geschriebene
Gedanken oft helfen können, mir aber genauso
oft völlig nutzlos sind. Da helfen dann nur
irgendwelche *Überlebens-Strategien*, die
Goedart Palm schon so gut analysiert hat.
Mehr sehe ich auch nicht. Rette sich wer
kann! Wir treiben alle im selben Meer. Es
gibt keine Dampfer mehr (das reimt sich
sogar! *grins*)

Ciao
Günther

38

Werner Stangl schrieb:
> um das thema auf neuerem stand zu
> diskutieren, ein paar hintergrund infos
> bzw. links (vorsicht, lange URLs!
> http://paedpsych.jk.unilinz.ac.at/
> INTERNET/ARBEITSBLAETTERORD/
> LERNTECHNIKORD/Gedaechtnismodelle.html

Deine Hintergrundinfos sind wirklich
lehrreich für unser Thema:
<Zitat/Anfang>
Unser Hirn tut sich mit „bevor" schwer

Das menschliche Gehirn tut sich mit Sätzen
schwerer, in denen Information nicht in
chronologischer Reihenfolge präsentiert
wird. Ein Beispiel: Der Satz „Bevor ich
heimwankte, trank ich den Wein aus"
beansprucht die grauen Zellen mehr als die
Version „Nachdem ich den Wein ausgedrunken
hatte, wankte ich heim". Das stellten
Forscher aus Hannover und San Diego fest,
indem sie die elektrische Aktivität im Kopf
von Personen maßen, während sie ihnen solche
Sätze vorlasen. Bei „Bevor"-Konstruktionen
stieg die Aktivität vorne links im Großhirn,
dort, wo das Kurzzeitgedächtnis sitzt, viel
stärker an als bei der „Nachdem"-Variante.
Es bedarf eben eines gewissen Merkaufwandes,
um Teilsätze zeitlich zu ordnen.
(Nature, 1998, 395, S. 71)
<Zitat/Ende>

Ich bin mir nicht sicher, ob ich das jetzt
ernst nehmen oder eine ironische Bemerkung
machen soll. Wahrscheinlich gehe ich auch
lieber mit Roberto auf ein Glas Wein. BEVOR
ich aber zu philosophieren anfange, trinke
ich meistens ein Glas Wein, weil ich absolut
keine Ahnung habe, wo sich in meinem Hirn

Philosophieren abspielt. Eh schon wissen:
ein abgedroschener Ausspruch, der auch
missbraucht werden kann: „Im Wein liegt die
Wahrheit." Wie sagt Christiane so schön:
Na dann gute Nacht! ;)

Ciao
Günther

Mail gesendet: Donnerstag, 18.11.1999 11:54
Betreff: Plastizität des Bewusstseins

Werner Stangl schrieb:
> Günther ist sich
>> nicht sicher, ob er das jetzt ernst
>> nehmen oder eine ironische Bemerkung
>> machen soll
> tja, das ist eben grundlagenforschung,
> daher geht Günther
>> ... mit Roberto auf ein Glas Wein.
> was sich dabei wohl in seinem gehirn
> abspielt ;-)
> fragt sich grundlagenforschend
> Werner Stangl
> philosophieren ist ja auch
> grundlagenforschen, oder?

Tja, das ist eine Frage, die halt nur ein
Grundlagenforscher stellt. Der muss sie dann
aber auch beantworten. Und dann haben wir
wieder eine von 999hoch999 Antworten auf
999hoch999 Fragen, die eigentlich vielleicht
gar nicht so interessant sind ;)

meint ziemlich nüchtern
Günther

Mail gesendet: Donnerstag, 18.11.1999 15:23
Betreff: Plastizität des Bewusstseins

Lieber Werner,

du bist meiner Meinung, nur hast du
Bedenken, weil
> im konkreten fall ist das natürlich eine
> äußerst praxisrelevante erkenntnis, denn
> es ist etwa für didaktische Überlegungen
> (zB gebrauchsanweisungen bei
> elektrogeräten, beim vortrag von
> lehrerInnen) äußerst wichtig, solche
> gesetzmäßigkeiten zu berücksichtigen.

Dass philosophische Überlegungen wie
„Gebrauchsanweisungen für Elektrogeräte"
gehandhabt werden (sollen), davon bin ich
schon lange überzeugt. Dazu fällt mir auch
gar keine ironische Bemerkung mehr ein. Ich
arbeite gerade an den nummerierten
Abbildungen unserer Welt und natürlich an
den Anweisungen, was wann von wem wie
gemacht werden muss, damit alles
funktioniert. Es gibt ja heute überall diese
Produkthaftung, wo der Hersteller eines
„Gerätes" für alles haften muss usw. und wer
kann sich heute schon Millionenklagen
leisten?

> und literarisch ontopic: wenn du es als
> erzählerIn deinen leserInnen schwer machen
> willst, deiner geschichte zu folgen, dann
> verwendest du genau so asynchrone scripte,
> zeitliche verschachtelungen, verschiedene
> handlungsebenen. in einer (anderen) lit-
> liste haben wir einmal über genau dieses
> thema diskutiert, wie man mit sorgfältiger
> grammatikalischer konstruktion etwa
> spannung, verwirrung oder gar flucht bei
> den leserInnen erzeugen kann.

Vielleicht mache ich aus lauter Angst vor
unserer bodenlosen Existenz, die ich, wie
von dir erfahren habe, nicht verdrängen
kann, es den LeserInnen schwer. Aber ich
kann nicht anders. Ich würde gern diese

Angst verdrängen, aber es geht nicht.
Vielleicht mache ich dann unbewusst (verzeih
dieses Wort – ich versteh davon nix – mir
reicht meistens das, was mir bewusst ist)
Fehler. Bei den Abbildungen des Unbewussten
unseres „Elektrogeräts *Menschliche
Existenz*" kannst du mir bitte helfen, wenn
du zwischen den Vorlesungen über Gehirn,
Gedächtnis usw. noch ein wenig Zeit findest.
Alleine schaffe ich das ganze Projekt
wahrscheinlich nicht. Du weißt, der
Abgabetermin naht. Und aus eigener
Projekterfahrung weiß ich, dass die meisten
Dinge erst ganz am Schluss passieren, weil
man sie so lange vor sich her schiebt.
Zur Konstruktion meiner Statements kann ich
nur sagen: ich schreib meistens alles nur so
dahin. Da steckt nichts dahinter. Und wenn,
dann haben wir ja den Grundlagenforscher
Roberto, der dann – hoffentlich vor dem Glas
Wein – alles brillant analysiert ;)

Ciao
Günther

Mail gesendet: Freitag, 19.11.1999 13:19
Betreff: Plastizität des Bewusstseins

Werner Stangl schrieb:
> du arbeitest: [...]

uups, ich wusste, ich vergesse irgendetwas
wichtiges, während ich hier so auf einem
LSD(Lesen-Schreiben-Denken)-Trip bin.

>> ... gerade an den nummerierten

Pointen – war wohl eine zu versteckt ;)

> ich wollte immer schon wissen, an wen ich
> mich wenden muss, wenn mir der himmel auf
> den kopf fällt oder was man machen muss,

> wenn einem einer die sterne vom himmel
> holt und die sich letztlich als talmi
> erweisen.

talmi???...
Jetzt weiß ich erst, warum ich die „LexiROM"
auf mein Notebook kopiert habe (ich weiß,
schon wieder so ein M$-Produkt): klick,
klick, copy, paste, klick, klick, les, les,
aha, das heißt das also — ist ja auch ein
lustiges Spiel, hat sogar einen gewissen
Rhythmus.

> um die philosophische ebene statt der
> versicherungstechnischen wieder
> hereinzuholen:

ach je, schon? Die Gratwanderung war
irgendwie spannend. Gestern glaubte ich
schon, ich falle um, weil ich so lachen
musste.

> daher wird es immer die streitigkeiten mit
> den versicherungen geben, aber lass dich
> nicht entmutigen, kleb nur deine nummern
> auf die bilder, vielleicht kauft sie dir
> dann einer ab, weil er die #25 für ein
> preisschild hält und denkt, gott, so
> günstig komm ich nie wieder zu einer frau.

Apropos Frau: meine meinte gestern schon, ob
ich eigentlich nichts Besseres zu tun hätte,
als pausenlos online zu sein. Ich wusste im
ersten Moment nicht, ob ich sie ernst nehmen
soll oder ... ach lassen wir das lieber ;)

>> Alleine schaffe ich das gesamte Projekt
>> wahrscheinlich nicht.
> ach, du hast ja zeit. die verehrte ruth
> cohn hat einmal gesagt: wir haben wenig
> zeit und viel zu tun, also lassen wir uns
> zeit.

Ruth Cohn kennt meine LexiROM leider nicht.
Stattdessen zeigt es mir:

LUDWIG Emil, urspr. E. COHN, *)Breslau
25.1.1881, t)Moscia bei Ascona 17.9.1948,
dt.-schweizer. Schriftsteller. Ab 1932
schweizer. Staatsbürger; lebte 1940-45 in
den USA. Romanbiographien über Napoleon,
Goethe, Bismarck, Roosevelt, Stalin
(c) Meyers Lexikonverlag.

Jetzt verstehe ich Claudia, wenn sie sagt,
dass gerade unser Gedächtnis in externe
Speicher wandert.

Ciao
Günther

Mail gesendet: Samstag, 20.11.1999 00:15
Betreff: Plastizität des Bewusstseins

Hallo Liste (inklusive aller anonymen
„Netzliteratur-Junkies")!

Ich stelle hiermit wirklich ernst fest, dass
der Spass ab sofort ein Ende haben muss. Zum
Spaßen ist jetzt einfach nicht der richtige
Zeitpunkt.
Um uns herum stürzen Welten ein (wie Dirk
völlig richtig bemerkte), es bricht jede
Grundlage ins Bodenlose ab, und wir haben
nichts besseres zu tun, als fröhlich in
guter Stimmung über völlig uninteressante
OffTopic-Themen zu reden.
Weiters fordere ich die sofortige Löschung
von allen weichen und harten Literatur-
Drogen im Netz. Es kann nicht weiter
angehen, dass jeder mit einem Mausklick in
Gutenberg-Galaxien, Sudel- und Sieb-Blätter,
Textbaustellen, Webdiaries, digitalen
Dichtungen und sonstigen gefährlichen Texten
so einfach herumspringen kann, noch dazu

völlig gratis und ohne jegliche Zensur. Das
ist unzumutbar, das war biologisch nicht
vorgesehen und ist deshalb völlig
unverantwortlich. Es gibt weder Therapien,
noch Medikamente, von humaner Sterbehilfe
gar nicht zu reden.
Also ich bitte alle Ab- und Unabhängigen
wirklich dringend: bestellt bei Wodile einen
Mile End Bastel-Adventkalender, trinkt
vielleicht zum Abschluss ein Glas Champagner
mit ihm und seid dann bitte ernst und
besinnlich in den nächsten Wochen.

Günther

Mail gesendet: Samstag, 20.11.1999 08:11
Betreff: Na also :=) das Ende

Werner Stangl schrieb:
> es gibt in den usa jede menge solcher
> storymaschinen, ohne die autorInnen der
> berüchtigten soap-operas oder
> vorabendserien aufgeschmissen wären. vor
> vielen jahren hab ich einmal sowas
> ausprobiert — erinnere mich leider nicht
> mehr an namen oder quelle — und es war
> interessant, wie anhand von einigen fragen
> das programm in der lage war, durch daten
> von personen, ihren charaktermustern (die
> man alle aus pulldownmenüs) auswählen
> konnte, eine durchaus realistisch
> klingende skizze eines 40-minütigen
> drehbuchs entwickelte, also in der form:
> szene 1 am strand, john liegt im
> liegestuhl, raucht eine zigarette,
> anabelle nähert sich ... was ich
> mitbekommen habe, verwendeten die
> bibliotheken von standardsituationen, die
> automatisch kombiniert werden.
> übrigens: ich kannte einen kollegen, der
> hat auf einem kongress vor vielen jahren
> berichtet, dass sich die komplette

> dramatische literatur auf etwa 20 typische
> situationen reduzieren lässt ;-)
>
> schreiben ist also doch nicht so schwer

Schreiben vielleicht nicht, aber leben...

The Irony-Machine
;)

Mail gesendet: Dienstag, 23.11.1999 15:54
Betreff: Wo bleibt der Applaus?

Hi Liste!

Ein Musiker bekommt nach der Vorstellung
meistens einen Applaus oder sogar manchmal
eine Gage, wenn er gut war bzw. seinem
Publikum gefallen hat. Zu Essen und Trinken
gibt's ja leider nichts im VL. Und bis zum
Schloss-Gottesgabe, wo es vielleicht Pizza
gibt, geschweige bis nach Harvard, wo mich
Roberto vielleicht auf ein Glas Wein
einlädt, ist es mir zu weit.
Hat meine Vorstellung bis jetzt jemandem
gefallen? Der erste Akt war Samstag zu Ende.
Der Schlusston hat doch gepasst. Oder?
Das „Schaufelmännchen" arbeitet bereits am
nächsten Akt. Fragt mich jetzt aber bitte
nicht, wie lange das so weitergeht und ob es
ein Happy-End gibt. Ich habe keine Ahnung!
Es ist immerhin mein erstes
„Internetfiction"-Projekt: ein *interaktives
Experiment*, wo sich *Multimedia* nur in
meinem Kopf abspielt. Ist ja auch nicht
schlecht für den Anfang. Oder?
Wenns euch nicht gefällt, suche ich mir ein
anderes Publikum!!! Zur Auswahl steht eine
Mailingliste der theoretischen Physiker oder
eine der Theologen (wenn ich besonders viel
Wein getrunken habe). Alternative ist auch
noch eine geschlossene Anstalt mit Internet-
Zugang. Ich mag Irrenhäuser. Das sind
weltliche Klöster, wo man nicht um sechs Uhr
früh aufstehen und beten muss. Und zu Essen
und Trinken gibt's dort auch!
;)

Ciao
Günther
The Irony-Machine

Mail gesendet: Mittwoch, 24.11.1999 09:47
Betreff: FAQ zur künstlichen Intelligenz

Hi Liste!

Ein paar Antworten auf ein paar nicht-
gestellte Fragen bzw. Nachgedanken über ein
dreiwöchiges „Experiment(x)" — 28.10.1999
bis 23.11.1999 — in einer Mailingliste.

FAQ (Frequently Asked Questions)
[1]
Frage1: Schreibst du deine Mails selbst
(Variante 1) oder mit Hilfe eines KI-
Programms (Variante 2)?
Gegenfrage F1.1: Welche Variante wäre dir
lieber?
F1.2: Warum?
F1.3: Was ist so schlimm an Variante 1 bzw.
2?
F1.x: Na und? Was passiert jetzt?
Antwort1.1: Ich verstehe die Frage nicht
ganz. Wo ist der Unterschied? Ich verstehe
auch den Sinn von sog. „Turingtests" nicht.
Was soll die Antwort/das Ergebnis bringen?
Was ändert das? Was kommt danach?
A1.2: Das ist jetzt die *Multimillionen-
Dollar-Frage*. Ich werde M$-Billy fragen, ob
er Interesse an so einer KI-Software hat.
Ich kann mir zwar nicht vorstellen, das sie
unter Windows XXX läuft, aber fragen kostet
ja nix.
A1.3: no comment. *grins*

[2]
Frage2: Kannst du mir *The Irony-Machine*
zur Verfügung stellen?
A2.1: Noch nicht, sie läuft in der „Beta-
Phase" (Version 0.0003)
A2.2: Ja klar. Wie willst du sie? Auf
Diskette, CD-ROM oder reicht eine URL?
A2.3: Ich muss sie erst in JAVA umschreiben,
das kann eine Zeit dauern. Aber wie sagte

schon Ruth Cohn: „Wir haben wenig Zeit und viel zu tun, also lassen wir uns Zeit."

[3]
Frage3: Was kostet deine Software?
A3.1: Nix, sie ist Freeware.
A3.2: Fast nix, sie ist Shareware. Ich gebe später mein Bankkonto bekannt und bitte dann um eine freiwillige Spende, so ähnlich wie ein Straßenmusiker nach der Vorstellung.
A3.3: Zu viel. Wie soll ich fünfunddreißig Jahre Entwicklungszeit in einen Stückpreis umlegen, um den „Break-Even" zu erreichen?

Ciao
Günther

Mail gesendet: Mittwoch, 24.11.1999 09:48
Betreff: eXistenZ

Frage: Worin besteht der Sinn des Spiels?
Antwort: Man muss es spielen, um das herauszufinden...
[Dialog aus „eXistenZ", dem neuen Film von David Cronnenberg, der seit 19.11. in .at-Kinos gezeigt wird]
(Zitat im .at-Radio-OE3 am 18.11.99 gehört)

„Kunst wäscht den Staub des Alltags von der Seele."
Pablo Picasso (zitiert von einer Werbemanagerin in einer .at-TV-Sendung am 18.11.99)

Sonntags Vormittag am 21.11.99 während dem Kochen und Geschirrabwaschen im .at-Radio-OE3 gehört: Gespräch mit dem Sänger Herbert Grönemayer; eine faszinierende Persönlichkeit, die ebenfalls am Grat zwischen Leichtsinn und Tiefsinn wandert; geniales Lied von seinem letzten Album „Es

bleibt alles anders" der Song „Die letzte
Version vom Paradies."

Die tieferen philosophischen
Probleme/Phänomene/Fragen sind:
- Gibt es einen Zufall? (JEIN)
- Gibt es kausale Ursache-
Wirkungszusammenhänge? (JA)
- Determinismus/Indeterminismus (siehe
„Chaostheorie")
- Was ist planbar? (NICHTS)
- Haben wir eine Wahlmöglichkeit? (JEIN)

Die Internetfiction *The Irony-Machine* ...
... war/ist ein absolut einmaliges
„interaktives Experiment" (aus meiner
Sicht);
... war als interaktive virtuelle Story/
Performance im Internet nicht geplant, sie
ist „einfach passiert";
... ist also in dieser „schriftlichen Form"
nicht bewusst wiederholbar (zumindest aus
meiner Sicht).
Es gab/gibt keine „bewusste" Motivation von
mir (jedenfalls keine, die bewusst DIESES
„Spiel" als Ziel hatte).
Es gab/gibt also weder einen Autor noch
einen Regisseur.
Es gab/gibt „Schauspieler", zu denen auch
der Autor/Regisseur gehört, nur wusste
keiner vorher, dass er mitspielt. Daraus
kann man folgern, dass es DEN
Autor/Regisseur gar nicht gibt.
... ist ein Paradoxon, also logisch (noch)
nicht „verstehbar" (ähnlich dem
Welle/Teilchen-Dualismus in der
theoretischen Quanten-Physik).
Kein Beteiligter kannte/kennt die Handlung
bzw. seine Rolle im Spiel, bevor er es (das
„Schauspiel") ge/spielt hat, und auch nicht
das „Ende" (es war/ist eine Überraschung für
ALLE Mitspieler).

Da der Weg zum Wissen (Information) aber
nicht umkehrbar ist, gibt es kein Zurück in
einen früheren Bewusstseinszustand. Man kann
zwar verkehrt gehen, nur sieht man dabei
nichts; man kann auch zurückgehen – nur hat
man dann eine andere Perspektive und bereits
ein anderes Bewusstsein. Deshalb war und ist
DIESES Spiel EINMALIG. Daraus könnte man
eine schöne anschauliche *Phänomenologie des
Gehens* schreiben: was es heißt, *unterwegs
zu sein*, und was es bedeutet, wenn man sagt
Der Weg ist das Ziel.
Das einzig JETZT Mögliche ist m.E. der
Versuch, dieses konkrete Experiment zu
abstrahieren und eine allgemeine ästhetische
Theorie daraus abzuleiten.

„Will man sich einen größten Dichter denken,
so vergönne man einem Genius die
Seelenwanderung durch alle Völker und alle
Zeiten und Zustände und lasse ihn alle
Küsten der Welt umschiffen: welche höhere,
kühnere Zeichnungen ihrer unendlichen
Gestalt würde er entwerfen und mitbringen!"
Jean Paul (Zitat gefunden am 22.11.99 auf
der Website „...gutenberg...")
In Anspielung auf Jean Pauls „Vorschule der
Ästhetik" (ca. 1800 geschrieben) kommen wir
vielleicht jetzt bald in die „Grundschule"
und erarbeiten gleichzeitig den Lehrplan.

Ciao
Günther

**Mail gesendet: Donnerstag, 25.11.1999 11:26
Betreff: Wo bleibt der Applaus?
clapclapclap???**

Hi Goedart!

Oh, vielen Dank für clapclapclap!!!

Sonst ist es eh immer so still im VL.
Wenigstens einer, der mich versteht ;)

Goedart Palm schrieb:
> Dunkel ist mir der Sinn, aber mach einfach
> weiter —

Ich steh auch im Finstern.

> Multimedia spielt sich ohnehin im Kopf ab,
> aber auf die Qualität kommts an.
hmm...

Ciao
Günther

Mail gesendet: Freitag, 26.11.1999 08:17
Betreff: Wo bleibt der Applaus?
clapclapclap???

Hi Goedart!

Goedart Palm schrieb:
> Naja, so ganz hat die Maschine ihren
> Test/Text noch nicht bestanden, kann
> aber noch werden... leider bin ich mir
> aber noch nicht im Klaren darüber, ob ich
> Versuchsleiter oder Kaninchen bin...

Der Versuchsleiter in unserem Spiel ist ein
Magier, der pausenlos Kaninchen aus seinem
Hut zaubert. Uns Schauspieler/Zuschauer
bleibt nur übrig, auf der Hutschnur zu
tanzen - und den roten Faden, den jeder ganz
individuell hinterlässt, rückblickend zu
bestaunen. Der rote Faden ist allerdings
manchmal sehr fraktal verwickelt.

Ciao
Günther

Hi Liste,

da Literatur manchmal auch mit Philosophie zu tun hat, zitiere ich heute einmal einen „Philosophen", der wahrscheinlich noch in einer geschlossenen Anstalt sitzt. Er hat nämlich (noch) keinen Internet-Zugang. Statt dessen benutzt er den „ZaZaBlitz"-Kurier, um seine Gedanken als exotische *Blumen* in der „Grasnarbe" zu veröffentlichen: http://... Aus seinem Essay, der dort gepostet wurde, habe ich ein paar (lebendige) Zitate gefunden:
> Sicherlich liegt ein Grund, weshalb es
> heute keine Philosophen mehr gibt, im
> Verlust der Notwendigkeit des Willens zum
> Wesentlichen. Es ist ja wahr, dass selbst
> im Nihilismus - oder gerade in ihm - eine
> trotzige Zähigkeit liegt, im Zu-Ende-
> Gedachten weiterzudenken.

... er kennt, wie gesagt, (wahrscheinlich) noch nicht diese Liste ...

> Die Wellen, die ans Gestade rollen, werden
> flacher und verbreiten sich ... und selbst
> lang im Land belecken und überschlagen sie
> sich noch. Derartige Wogen schlagen:
> Idealismus, Logik, Phänomenologie,
> Absurdität, Existentialismus usf. Nahezu
> jede dieser Philosophiewissenschaften ist
> reaktionär, also eigentlich eine Theorie,
> die über ihre Selbstbefriedigung kaum
> hinausgeht, stubenhockt, immanentes
> Imitieren von „Denkerpose" bleibt.
> ...
> Im Spätboot des Christentums - heute -
> gilt als bedeutsam, wer in der Maske der
> Bescheidenheit Größe parodiert: „Ich bin
> Philosoph", das würde ohnehin keiner mehr

> sagen wollen, eher: Ich philosophiere ein
> wenig bei einer guten Flasche Wein.

... ich weiß nicht, warum alle Philosophen
so viel trinken ... (liest eigentlich
Roberto noch mit in der Liste? ;)

> Die Attitüde ist die Philosophie, der
> Philosoph eine Art Weihnachtsmann
> in Kordhose, ohne Geld selbstverständlich.
> ...
> Der Philosoph braucht immer kein Geld, er
> ist stets „Lebenskünstler", er lächelt im
> asketischen Ideal-Idyll.

... ich komme aus dem Land der *LebensKunst*
;)

> Schreiten wir das philosophische
> „Hintertreppen-Abendländle" ab, finden
> wir uns in einer Art moribundem
> graphologischen Gottesdienst; Bücherluft
> – ernst und wichtig, Mickey Mouse hockt in
> Dürer's Melancholiapose.

... Novembergedanken ...

> Nicht die Erkenntnis selbst, sondern die
> Geste, das Gehabe der „Wahrheitssuche" ist
> dem Philosophiespielenden wesentlich.

... aha, wir spielen also ...
... „Wahrheitssuche" ist m.E. eine „Flucht
vor der Wahrheit" ...

> Es gibt wenig Philosophie: Wer bei Sinnen
> ist, und – während er mit beiden Beinen
> auf der Erde steht – dies auch fraglos
> anerkennt, ist weise. Wer bei einem Wort
> wie „Fußgängerzone" stutzt,

... ich denke gerade an die *Phänomenologie
des Gehens*...

54

> oder keinem Gespräch mehr folgen kann, ist
> weise. Philosophie ist nichts als die
> Einsicht, am Leben zu sein.

... also wenn ich einmal nichts mehr hier
schreibe, bin ich entweder tot oder weise
geworden ... *)
... es gibt also doch ein Leben VOR dem Tod,
ich dachte es mir immer schon.
... und es gibt demnach einen TOD vor dem
Tod ...
... und SOKRATES hat vielleicht doch recht
gehabt und das NIE niedergeschrieben! Eine
Frechheit! Oder wusste er, was er (nicht)
tat?
[*] .. oder ich habe keine ZEIT (mehr)]

> Ein Philosoph sollte reiten, zeugen und
> musizieren, im günstigsten Fall hasst er
> seinen gesellschaftlichen Beruf.
> Philosophie ist, was erlebt werden will,
> ob als Schreibender oder als Lesender.
> Ist sie wesentlich, kennt man sie.

... wie gesagt, er kennt diese Liste noch
nicht. Warum eigentlich???

Ciao
Günther

Mail gesendet: Samstag, 27.11.1999 21:15
Betreff: 100 stunden mit dem internet
überleben

Hi Dirk,

Dirk Schröder schrieb:
>> ... „Survival 99"
> das hats sowohl in Amiland als auch in
> Japan schon ein paar mal gegeben.
> Hierzuland wohl etwas für Pizzafans.

> (Schreiben die gleich selbst...)

Bin seit ein paar Tagen *clean*, esse zwar
weiterhin Pizza, aber zu *survival* fällt
mir nichts mehr ein.

Ciao
Günther

**Mail gesendet: Sonntag, 28.11.1999 11:23
Betreff: 100 stunden mit dem internet
überleben**

Hi Liste!

Dirk Schröder schrieb:
>> Allerdings ist bei diesen Dingen eines
>> auch für die Netzliteratur interessant:
>> Es sind „Live"-Projekte mit offenem
>> Ausgang. Etwas was ich in der
>> Netzliteratur nur selten finde.
>
> yep, wie z.B. dein Reisetagebuch.
> Und es sind real life-Projekte.

Wo ist konkret der Unterschied zwischen RL
und VL, wenn wir von *bewusst* Erlebtem
reden? (ich sehe keinen)

> Sie finden sich in der Netzliteratur wohl
> darum selten, weil noch sehr sehr viele
> unter Netzliteratur irgendwelche digitale
> Literatur verstehen, so die nur übers
> Internet zugänglich sein könnte.

Literatur kann ALLES beschreiben. Der Kick
bei der Netzliteratur ist m.E., dass
plötzlich mehrere gleichzeitig/parallel
schreiben und lesen, wie hier in der
Mailingliste, und man das auch beobachten
kann! Da plant keiner etwas und trotzdem
entsteht *etwas* LIVE.

> [...]"Netzigkeit" setzt (und so z.B.
> dieses Jahr eine Software prämierte,
> die Musikern ermöglicht, von verschiedenen
> Orten aus übers Netz gemeinsam zu
> musizieren

... das passiert hier in einer Mailingliste
auch, nur dass hier nicht musiziert, sondern
geschrieben wird. Und es gibt KEINEN Plan,
KEIN Konzept, KEINEN Plot und KEINE
sonstigen Anweisungen. Mir kommt das vor wie
JAZZ zwischen Schreibenden. Mir ist aber
klar: nicht jeder mag JAZZ.

> Die müssten eigentlich auf andere Ideen
> kommen. Verkehrte Welt.
> [...] nämlich in Form der walking
> exhibition, der online dokumentierten
> Multi-Wanderausstellung.

... auch so kann man eine Mailingliste
vielleicht sehen. Das ist aber wieder ein
Gedanke, den man nur bei Wein und Pizza
erträgt ;)

Ciao
Günther

**Mail gesendet: Sonntag, 28.11.1999 16:10
Betreff: 100 stunden mit dem internet
überleben**

Hi Dirk,

Dirk Schröder schrieb:
> Aber sie sind nun mal da, die Wörtchen,
> und jeder versteht was drunter...

Eben. Die allgemeine These (nicht sehr neu
und originell) ist, dass die meisten (alle?)
Missverständnisse daraus resultieren, dass

jeder etwas anderes unter Begriffen und
Aussagen versteht. Und das ist im RL genauso
wie im VL. Dieses Faktum können wir aber
nicht ändern. Wir können uns nur
respektieren und versuchen, uns anzunähern.
Wenn das nicht gelingt, macht das auch
nichts. Man kann auch nach einem Gespräch
(im RL oder VL) einfach zur Erkenntnis
kommen: O.K. wir sind verschiedener Ansicht.
Wechseln wir das Thema oder reden wir erst
wieder, wenn wir uns einmal besser
verstehen.

> Die Spielregeln:
> rl - wir werden in ein System zu
> erlernender Regeln hineingeboren.

Gegenbeispiel: auch in eine Mailingliste
wird man „hineingeboren", wo manche Regeln
schon vorher da waren (Nettiquette) und die
vorläufig akzeptiert werden müssen.

> vl - wir treten einer vorläufigen Ordnung
> zu diskutierender Regeln bei.

Gegenbeispiel: Gesellschaftliche „Regeln"
(Konventionen) werden im RL in jeder
Generation neu diskutiert und auch oft
geändert.

> Begegnungen:
> rl - wir werden einsortiert und sortieren
> ein nach körperlicher Erscheinung, Outfit,
> Herkommen, Stimme, Gestik usw.

Gegenbeispiel: auch im VL wird man
einsortiert, sobald man sich besser kennt.
Auch wenn die Wahrnehmung natürlich sehr
eingeschränkt ist (kein Ton, kein Geruch,
keine Gestik usw.)

> vl - wir entwerfen die Rolle in der wir
> erscheinen größtenteils selbst.

Gegenbeispiel: auch im RL spielt man oft unterschiedliche Rollen: in der Familie, unter Freunden, im Beruf usw.

> Tatfolgen:
> rl - wenn wir nicht aufpassen werden wir
> einfach überfahren und sind tot.

Gegenbeispiel: auch wenn wir im VL nicht aufpassen, sind wir „tot", d.h. wenn wir uns nicht anpassen in einer Gruppe, fallen wir raus (wenn nötig auch mit „Gewalt": der Mailingliste-Inhaber oder der Provider macht das UNSUBSCRIBE).

> vl - wenn wir nichts tun sind wir schier
> gar nicht vorhanden...

Gegenbeispiel: auch im RL kann man nichts tun (wenn man sich das leisten kann) und ist für die anderen Menschen nicht vorhanden. Aus diesen Beispielen folgt für mich, dass die Begriffe zwar da sind und jeder versteht ungefähr das „Richtge" darunter, aber als Grundlage zum Reflektieren taugen sie relativ wenig. Und Reflektieren ist m.E. immer die Voraussetzung, um etwas Neues zu entwickeln.

Ciao
Günther

Mail gesendet: Sonntag, 28.11.1999 18:30
Betreff: 100 stunden mit dem internet
überleben

Hi Dirk,

Dirk Schröder schrieb:
> An dem Thema ist nicht viel dran.

Ich bin - milde ausgedrückt - „aus dem
Häuschen", wenn ich das zu reflektieren
versuche, was ich hier in der Mailingliste
in einem Monat erlebt habe.
Nb.: ich beschäftige mich (mit
Unterbrechungen) seit über zehn Jahren mit
der *Chaostheorie* und NIE hätte ich
gedacht, dass sie im „Alltag" auch
„funktioniert". Es geht da um nichts weniger
als die Behauptung, dass JEDES komplexe,
dynamische System DETERMINIERT ist! Da
gehören wir mit Haut und Haaren auch dazu!
Und jetzt bin ich in ein LIVE-„Experiment"
hineingerutscht, das ich weder beabsichtigt,
noch geplant habe! Die Brisanz dieses
„Themas" kann ich mit Worten gar nicht
ausdrücken und die Konsequenzen (theoretisch
und praktisch) eigentlich gar nicht
abschätzen.

> Nb.: 1998 hat Olivia im Forum Pegasus ein
> hübsches Spiel mit recht vielen Figuren
> getrieben, das ich seitdem frech nachahme
> - allerdings nur mit einer. Mag sein, dass
> diese (hähä) vl-Persona, nicht
> durchzuhalten ist, ohne dass dahinter ein
> Mensch ERKANNT wird - dass ich das bin,
> hat aber bisher niemand, der beide kennt,
> bemerkt - jedenfalls nicht dass ich
> wüsste.

Dein (oder wessen auch immer) Spiel ist m.E.
ein nettes Rollenspiel. Aber ich spiele
KEINE Rolle, sondern ich existiere wirklich
im RL (mal abgesehen von der *Irony-
Machine*, die mir spontan eingefallen ist,
weil Oliver einen Link gepostet hat).

Ciao
Günther

Mail gesendet: Sonntag, 28.11.1999 21:09
Betreff: Real Life = Virtual Life = Real
Life ... ad inf.

Hi Liste,

Jan Ulrich Hasecke schrieb:
> „Die Schnecke baut ihr Haus nicht, sondern
> es wächst ihr aus dem Leib."
> Georg Christoph Lichtenberg: Sudelbücher
> Heft A 31

So anschaulich kann man es auch ausdrücken,
was ich mit dem Hinweis auf die abstrakte
Chaostheorie sagen wollte. Philosophisch
ist dieser Gedanke wirklich eine schöne,
klare, lebendige Erkenntnis, wenn man
versucht, sich vorzustellen, das ALLES, was
in einem Augenblick passiert, natürliche
Ursachen hat, und jedes einzelne menschliche
Bewusstsein genau diesen Prozess - je nach
„Spiegelreinheit" - in seiner kleinen
sinnlich wahrnehmbaren Umgebung reflektieren
kann.
Es gibt also KEINEN Zufall, sondern nur
Ereignisse! Alle Ereignisse passieren
gleichzeitig in jedem Moment. Alle Prozesse
laufen parallel und sind objektiv
festgelegt. Wahrnehmbar für ein einzelnes
subjektives Bewusstsein ist immer nur ein
winziger Teil des objektiven Prozesses.

„You can't catch the moment. The moment
catches you."
(Zitat in einer Zeitschrift, wo in einer
Anzeige eine Kleinbild-*Spiegelreflexkamera*
beworben wird!)

Vielleicht gelingt es mir irgendwann, diese
Einsichten und Thesen in konkrete *NetArt-
Projekte* umzusetzen. Einige Ideen dazu habe
ich schon.

Das „Autor <-> Werk"-Verhältnis ist für mich
persönlich jedenfalls radikal und nachhaltig
verändert. Interessant finde ich zukünftigt
nur mehr LIVE-Projekte - egal ob im RL oder
im VL.
:)

Ciao
Günther

Mail gesendet: Montag, 29.11.1999 10:26
Betreff: 100 Stunden mit dem Internet
überleben

Hi Dirk,

Dirk Schröder schrieb:
> D.h. daran, dass „ich" in der Singularität
> wirklich existiert, habe ich meine
> Zweifel.

SINGULARITÄT [lat.] die; -, -en:
1. vereinzelte Erscheinung; Seltenheit,
Besonderheit.
2. bestimmte Stellen, wo sich Kurven od.
Flächen anders verhalten als bei ihrem
normalen Verlauf (Math.).
3. die zu bestimmten Zeiten des Jahres
stetig wiederkehrenden Wettererscheinungen
(Meteor.).
(c) Dudenverlag

Ich glaube, wir müssen uns damit „abfinden",
dass WIR, jeder einzelne (!), eine
Singularität sind.
Weiters glaube ich, dass Joseph Beuys recht
hatte. Vielleicht wurde er noch nicht
richtig interpretiert bzw. bisher falsch
verstanden (obwohl er immer einen Hut auf
hatte ;)

<Zitat/Anfang>
„... Hier liegt die Schwelle, zwischen dem traditionellen Kunstbegriff, dem Ende der Moderne, dem Ende aller Traditionen, und dem anthropologischen Kunstbegriff, dem erweiterten Kunstbegriff, der Sozialen Kunst als Voraussetzung für jedes Vermögen. Denn dies ist die größte Fälschung, die immer wieder fabriziert wird, bösartig und bewusst entstellt wiedergegeben wird, dass, wenn ich sage: jeder Mensch ist ein Künstler, ich sagen wolle, jeder Mensch ist ein guter Maler. Gerade das war ja nicht gemeint, sondern es war ja die Fähigkeit gemeint, an jedem Arbeitsplatz, und es war gemeint die Fähigkeit einer Krankenschwester oder die Fähigkeit eines Landwirtes als gestalterische Potenz und sie zu erkennen als zugehörig einer künstlerischen Aufgabenstellung. Das war ja gemeint...
<Zitat/Ende> J. Beuys

Was immer er gemeint hat, wesentlich für mich ist die Ahnung davon, dass *Kunst*, die von einem *Künstler* geschaffen wird, im Grunde NICHTS (besonderes) bedeutet, zumindest nichts bedeuten wird in den kommenden Zeiten, in die wir gerade hineinschlittern ...

Ciao
Günther

Mail gesendet: Montag, 29.11.1999 13:29
Betreff: 100 Stunden mit dem Internet
überleben

Hi Wodile,

Wodile schrieb:
>> Brotlose Schauspieler sind billig.
>> PS: Das mal wirklich zu machen wäre es

>> ... ;)
>
> wäre doch netzliteratur in reinkultur:

Wäre? Netzliteratur IST Reinkultur und...

> genial.

> ob das dann jury-tauglich ist? oder ist
> das dann schon die jury, die sich selbst
> am ende prämiert?

Bingo (Glücksspiel)
:)

Ciao
Günther

Mail gesendet: Montag, 29.11.1999 17:02
Betreff: LIVE-NetArt

Hi Oliver,

Oliver Gassner schrieb:
> was mich z.B. weit mehr interessiert (ich
> hab das in Romainmotier versucht
> anzudeuten) ist der „physisch-psychische"
> (ich nannte es auch „hormonelle") Effekt
> des „Online-Seins". d.h. auch die
> imaginäre/imaginierte „Verschmelzung" mit
> der Maschine [die „echte" Cyberspace-
> Metapher] und der „Adrenalinstoß" aus dem
> MUD etc.

Weißt du, was mir einen wirklichen
„Adrenalinstoß" versetzt?
Zwischen deinen beiden Mails habe ich von
einem Internet-Infodienst (der mit dieser
Mailingliste absolut NICHTS zu tun hat und
mehrere 100 passiven Abonnenten hat!) eine
Mail bekommen mit folgenden Link:

<Vom Nutzen der Komplexitätstheorie für
Unternehmen: http://...>
Wie soll ich diese GLEICHZEITIGKEIT
interpretieren, wenn ich den Kontext und die
bisherige Diskussion in dieser Mailingliste
nicht ausklammern will?
Reiner ZUFALL?
Da macht man es sich m.E. wirklich zu
einfach.

Ciao
Günther

Mail gesendet: Montag, 29.11.1999 19:49
Betreff: LIVE-NetArt

Hi Oliver,

Oliver Gassner schrieb:
>> Reiner ZUFALL?
>
> Nö.
> Alles hat mit allem zu tun. Das Netz
> bringt es nur an den Tag.

In letzter Konsequenz müsste es dann möglich
sein, naturwissenschaftlich zu beweisen,
dass es KEINEN Zufall (so wie wir ihn
alltagsmäßig gebrauchen) gibt. Dieser
„Beweis" wird vielleicht kommen – mit Hilfe
des Internets und keiner wird im ersten
Moment begreifen, was dieses Ereignis dann
bedeutet.
Einstein wird also doch Recht behalten, als
er an einem kosmischen Würfelspiel
zweifelte.
Ich male mir gerade aus, wie von Skepsis,
Leugnung, Verdrängung bis zur „erstaunter
Geistesstarre" alle psychischen Phänomene zu
beobachten sein werden, wenn Menschen
plötzlich drauf kommen, dass sie VOLLSTÄNDIG
determiniert sind. Im April 2000 wird die

menschliche DNS bzw. werden alle 20
Chromosomen vollständig entschlüsselt sein
(habe ich getsern im TV gehört). Auch diese
Entwicklung geht seinen Lauf.
Wem es allerdings gelingt, mit diesem
„Faktum" irgendwie fertig zu werden und sein
Bewusstsein auf diese neue Situation neu
einzustellen, der hat es wahrscheinlich
danach sehr leicht in seinem
„vorprogrammierten" Leben: er/sie braucht
sich sozusagen „nur" mehr beim Leben
zuschauen. Ich teste diesen Zustand gerade
und kann nur sagen: so bewusst, so spontan,
so intensiv, so aufmerksam, so angstfrei und
so glücklich, wie ich seit ein paar Tagen
lebe, habe ich selten gelebt.
:)

Ciao
Günther

**Mail gesendet: Montag, 29.11.1999 22:37
Betreff: LIVE-NetArt**

Hi Oliver,

Oliver Gassner schrieb:
> naturwissenschaftlich kann man nur
> falsifizieren, nicht verifizieren.
> Merken, setzen.

Das habe ich bei meiner Matura schon gelernt
- da habe ich Sir Karl Poppers
Erkenntnistheorie als Wahlhauptfach gewählt
und glaube zu wissen, wovon ich rede ;)

> Du vergisst Heisenberg.
> Aber wen kratzt das?

Eben ;)

>> Dieser „Beweis" wird vielleicht kommen,

>> mit Hilfe des Internets, und keiner wird
>> im ersten Moment begreifen, was dieses
>> Ergebnis dann bedeutet.
>
> Und dann fliegen die Kugeln.

Irrtum. Das ist unlogisch.
Dein Verhalten wird sich nicht ändern, das
ist ja determiniert. Das einzige, was sich
ändern kann, ist dein Bewusstsein. Aber das
ist ja auch determiniert. Deshalb wird sich
in diesem Moment nichts ändern, was nicht
irgendwie *passend* wäre.
Merken, setzen. ;)

> Den Kiddies hab ich gerade
> druntergeschrieben: „Deiner wilden
> Argumentationskette mangelt es an Logik.“

Finde ich nicht, obwohl ich manchmal wie ein
Kiddy denke ;)
Wo bin ich unlogisch? Nenne mir konkrete
Punkte in meiner Argumentationskette.

> WIE alles mit ALLEM zusammenhängt bleibt
> ja offen, das DASS ist langweilig. (sagen
> wir: im älteren Sinne trivial.)

Gegenthese: das WIE ist langweilig, wenn man
einmal „weiß“ bzw. ahnt, DASS wirklich ALLES
mit ALLEM zusammenhängt. Das Spannende ist
aber sehr subjektiv, klar. Ich akzeptiere
natürlich, dass dich solche Themen
vielleicht langweilen.

>> wenn Menschen plötzlich drauf kommmen,
>> dass sie VOLLSTÄNDIG determiniert sind.
>
> Ich würde gleich mal ein paar Leute
> umnieten und den Richter nur angrinsen.

Irrtum. Das ist unlogisch. (Siehe oben ;)

Die Frage ist m.E. nicht so naiv oder
trivial, wie sie im ersten Augenblick
scheint. Sie ist vielleicht ein Tabu.

Ciao
Günther

Mail gesendet: Montag, 29.11.1999 22:43
Betreff: LIVE-NetArt

Hi Goedart,

Goedart Palm schrieb:
> Läuft das nicht auf die alten Thesen
> hinaus, das Laplace-Univerusm wieder
> aufzuwärmen, den Determinismus gegen die
> Willensfreiheit auszuspielen?

Nein, das sehe ich nicht so. Wir wissen
heute sehr viel mehr und sind deshalb viel
bescheidener (außer manche Lehrer vielleicht
;)

> Zumindest glaube ich mittelfristig nicht
> daran, dass es menschenmöglich ist, zu
> einer Gesamtschau aller determinierenden
> Faktoren zu kommen.

GESAMTschau? Das war und ist ja die
Überheblichkeit von manchen
Wissenschaftlern, Philosophen und Theologen,
die behaupten, dass es so etwas geben kann
oder geben wird. Das einzige, was ich
wahrnehmen kann, ist mein kleiner
subjektiver *Kosmos* im RL oder VL. Nur mein
spekulatives Bewusstsein versucht sich
daraus einen Reim zu machen. Aber das tut
jeder. Und ich „weiß", dass das jeder tut.
Diese Einsicht macht bescheiden und
tolerant, hoffe ich doch :)

> Aber vielleicht lässt es sich daher auch

> so denken, dass „Zufallsmomente",
> aleatorische Faktoren etc. zwar
> determiniert sind, aber die Illusionen
> über die Freiheit für menschliches Handeln
> nützlich (pragmatisch) sind.

Genau davon rede ich. Wieviel Illusion jeder
braucht, um im Alltag pragmatisch zu
„Überleben", weiß ich natürlich nicht. Ich
erkenne nur aus eigener Erfahrung, dass der
Gedanke an eine Welt, die für uns subjektiv
zwar überraschend, aber objektiv
vorprogrammiert ist, nicht so erschreckend
sein muss.

> Auch wenn Einstein meint, dass Gott nicht
> würfelt, bleibt ja die Frage, warum es
> dann überhaupt irgendeine Entwicklung gibt
> und sich nicht gleich alles in einer
> „poststabilisierten Harmonie" (gegen
> Leibniz gesprochen) bewegt.

Harmonie ist m.E. ein sehr subjektiver und
relativer Begriff. Und das WARUM ist ja
wirklich jenseits aller Erkenntnis-
Sehnsüchte, darüber müssen wir nicht
diskutieren.

Ciao
Günther

Mail gesendet: Dienstag, 30.11.1999 00:28
Betreff: LIVE-NetArt

Hi Oliver,

Oliver Gassner schrieb:
> Ich hab mit Wittgenstein angefangen, da
> kommt man nie bis zu dem Punkt ;)

Schade ;)

>> Dein Verhalten wird sich nicht ändern,
>> das ist ja determiniert.
>
> Sagst du. Denk an die dynamischen Systeme.

Jetzt musst du genauer nachlesen (wenn du
willst) -> siehe *deterministische
Chaostheorie*

> „Alles hängt mit allem zusammen" heißt
> nicht, dass alles determiniert ist, da die
> Art der Relation unklar ist.

Nein, stimmt nicht. Sorry. Auch chaotische
(komplexe, dynamische) Systeme sind exakten
mathematischen Regeln unterworfen. Das ist
ja gerade das revolutionäre und
irritierende. Frag einen Mathematiker oder
Physiker, wenn du mir nicht glaubst :)

>>> WIE alles mit ALLEM zusammenhängt bleibt
>>> ja offen, das DASS ist langweilig.
>>> (sagen wir: im älternen Sinne trivial.)
>>
>> Gegenthese: das WIE ist langweilig, wenn
>> man einmal „weiß" bzw. ahnt, DASS
>> wirklich ALLES mit ALLEM zusammenhängt.
>
> Sorry: Unsinn. Das „Wie" ist das
> eigentlich Relevante.

Für einen gesponserten Profi-Wissenschaftler
sicherlich. Ich meinte für den „normalen"
Menschen wie du und ich :)

>> Die Frage ist m.E. nicht so naiv oder
>> trivial, wie sie im ersten Augenblick
>> scheint. Sie ist vielleicht ein Tabu.
>
> Yo.

Sind wir uns da jetzt einig?

Ciao
Günther

**Mail gesendet: Mittwoch, 1.12.1999 10:13
Betreff: Aporien des Cyberspace**

Hi Liste!

Als einer, der hier wirklich bewusst
vermeidet, Fachbegriffe zu verwenden (außer
vielleicht *deterministische Chaostheorie*,
von der ich „zufällig" glaube zu wissen,
wovon ich rede) möchte ich kurz vermittelnd
eingreifen.
Wenn wir den *radikalen Konstruktivismus*,
den Werner Stangl so oft hervorhebt, und von
dem ich nur einen blassen Schimmer einer
Ahnung habe, wirklich ernst nehmen, dann
darf es doch keinen Grund geben, mit
Emotions um Begriffe zu streiten. Jeder
hier hat eine andere Ausbildung, jeder lebt
in einem anderen Umfeld, jeder hier denkt
und (de-)konstruiert mit einem anderen
„Begriffsapparat". Und trotzdem REDEN wir
miteinander (bzw. manchmal aneinander
vorbei).
Es kann doch nicht darum gehen, WER die
Begriffe richtiger oder falscher
verwendet. Wenn etwas unklar ist, hat man
entweder ein Fremdwörterlexikon oder man
kann direkt nachfragen bei demjenigen, der
etwas unklar ausdrückt. Wo ist das Problem
dabei? Also ich habe bis jetzt keines
gefunden.

Ciao
Günther

**Mail gesendet: Mittwoch, 1.12.1999 11:35
Betreff: Aporien des Cyberspace**

Hallo Werner,

Werner Stangl schrieb:
>> ... mit *Emotions* um Begriffe zu
>> streiten. Jeder hier hat eine andere
>> Ausbildung, jeder lebt in einem anderen
>> Umfeld, jeder hier denkt und
>> (de-)konstruiert mit einem anderen
>> „Begriffsapparat“. Und trotzdem REDEN
>> wir miteinander (bzw. manchmal aneinander
>> vorbei).
>
> da stimm ich dir vollkommen zu.

Das tut guuut ;)

> aber es dient kaum dem verständnis,
> begriffe einfach immer schlampiger zu
> verwenden bis - wie ich glaube an zwei
> beispielen gezeigt zu haben - eher
> etwas gegenteiliges draus wird.

Ja so ist es. Dieses *Risiko* müssen wir
aber eingehen und gehen wir auch tagtäglich
ein, wenn wir kommunizieren (im RL und im
VL). Es ist, wie immer, eine Sache der
Effizienz (Wirksamkeit - im Verhältnis zu
den aufgewandten Mitteln). Oliver sagte das
schon irgendwann. Wenn ich etwas nicht
verstehe, dann lasse ich es. Keiner kann
ALLES in X Semster studieren, um eine
Antwort oder einen Beitrag zu senden. Mit
dem müssen wir uns wohl abfinden.

> metaphern sind ja schön und gut, aber sie
> sollten stimmen.

Ich glaube, *Metaphern* können nicht
„stimmen“, weil sie jeder anders
interpretiert. Deshalb haben wir sie ja, um
etwas auszudrücken, was vielleicht manche
erahnen, aber eben nicht sprachlich exakt
sagen können.

Kunst (dazu gehört auch die Literatur) ist
voll von Metaphern. Nur die exakten
Naturwissenschaften arbeiten mit
mathematischen Werkzeugen. Die Ergebnisse
z.B. der Physik sind dann aber nicht mehr
verstehbar und nicht mehr *begreifbar*.
Das ist für mich das *Problem*, von dem ich
vor einigen Wochen schon einmal gesprochen
habe.

Ciao
Günther

**Mail gesendet: Mittwoch, 1.12.1999 13:39
Betreff: Aporien des Cyberspace**

Hallo Werner,

Werner Stangl schrieb:
> wenn man tagtäglich arbeiten von
> studentInnen liest, dann wird man
> ohnehin sehr nachsichtig, was die exakte
> verwendung von begriffen angeht.

Wir sind alle deine „StudentInnen"!
Pleeease, sei nachsichtig ;)

> meine kritik galt allein einem text, der
> bloss vorgibt, wissenschaftlich
> zu sein, und diesen *anschein* wollte ich
> - mir fällt nix besseres ein -
> zerstören.

Da muss ich mich wieder einhacken:
philosophische oder literarische Texte kann
man m.E. nicht *kritisieren* im Sinne der
wissenschaftlichen Methodik. Was soll an
einem Text *falsch* sein? Ein mathematischer
Beweis kann falsch sein. Das Ergebnis eines
physikalischen Experiments kann falsch sein.
Aber ein Text? Ein Text kann vielleicht
nicht „stimmig" sein für das eigene „Gehör".

Aber das ist ja subjektiv, oder? Deshalb
kann man Texte m.E. nicht „zerstören". Man
kann sie ignorieren, weil man nichts mit
ihnen anfängt oder weil das eigene „Gehör"
beleidigt wird. Mehr braucht man nicht tun.
Noch schlimmer finde ich es allerdings, wenn
man den/die AutorIn von Texten „zerstört",
indem man ihn/sie unfair und persönlich
„angreift".

> nun ließe sich darüber streiten, ob
> wissenschaft nicht zu einem großen
> teil im erwecken von anschein des wissens
> besteht;

Diese Ahnung habe ich allerdings auch ;)

> ich meine, dass es im heutigen
> wissenschaftsbetrieb durch die
> überproduktion zu 99 prozent irrelevantem
> output kommt, also zu 99-prozentigem
> blabla.

Vielleicht sollten Wissenschaftler im *bla-
Ring* teilnehmen. Dann gibt's bald
blablabla ;)

> ich meinte mit stimmen was in richtung
> „stimmig", das würde für mich
> bedeuten, dass eine metapher wesentliche
> gemeinsamkeiten mit dem, wofür
> sie steht, haben sollte.

Das ist m.E. sehr subjektiv (siehe oben).

Ciao
Günther

**Mail gesendet: Mittwoch, 1.12.1999 13:52
Betreff: Aporien des Cyberspace**

Hi Oliver,

Oliver Gassner schrieb:
>> man kann direkt nachfragen bei
>> demjenigen, der etwas unklar ausdrückt.
>
> Das habe ich versucht und keine Antwort
> bekommen. Wenn ein argumentativer Text zum
> pomo-literarischen wird, dann muss man
> auch zugestehen, dass er langweilt und
> nicht rezipiert wird.

Witzig: meine LexiROM findet unter *pomo*
die Indianer Kaliforniens (Pomo, Yokuts).

> ... Wie Michael schreibt ist das auch von
> der Müdigkeit nach einem Arbeitstag
> abhängig. Nur fürs Denken und Schreiben
> würd ich mich auch gerne bezahlen lassen.
> ;)

Ich auch ;)

Ciao
Günther

Mail gesendet: Mittwoch, 1.12.1999 15:45
Betreff: Aporien des Cyberspace

Hallo Werner,

Werner Stangl schrieb:
> du willst doch nicht im ernst behaupten,
> dass die philosophie keine
> wissenschaftliche methodik hätte.

Ich bin mir nicht sicher, ob die Texte von
„Primär-Philosophen" (Originalliteratur von
Philosophen) nicht auch zur Literatur
gehören (sollten). Zumindest diskutieren
sollte man darüber (dürfen).

>> Noch schlimmer finde ich es allerdings,
>> wenn man den/die AutorIn von Texten

>> „zerstört", indem man ihn/sie unfair und
>> persönlich „angreift".
>
> das habe ich nie getan!

O.K., mir gegenüber nie, das gebe ich zu :)

Ciao
Günther

Mail gesendet: Mittwoch, 1.12.1999 15:55
Betreff: Aporien des Cyberspace

Hi Oliver,

Oliver Gassner schrieb:
>> Was soll an einem Text „falsch" sein?
>
> Es kann uneinsichtig, unverständlich,
> unstimmig sein. Es kann langweilig
> sein.

Ja, das habe ich auch so geschrieben und
gemeint.

>> Ein Text kann vielleicht nicht „stimmig"
>> sein für das eigene „Gehör".
>> Aber das ist ja subjektiv, oder?
>
> Eben, aber er ‚funktioniert' dann auch
> nicht.

... das verstehe ich nicht. Wie
„funktioniert" ein Text? Wie soll ein Text
„funktionieren"? Was ist die „Funktion"
eines Textes? Wer bestimmt diese „Funktion"?

> Man kann darüber kommunizieren und um
> Klärung bitten. Scheitert das, ist es
> bedenklich.

„Bedenklich" für was oder für wen?

>> Noch schlimmer finde ich es allerdings,
>> wenn man den/die AutorIn von
>> Texten „zerstört", indem man ihn/sie
>> unfair und persönlich „angreift".
>
> Isses nun subjektiv oder nicht?
>
>> das ist m.E. sehr subjektiv (siehe oben)
>
> Eben, bei ‚Kunst' ist das alles, was
> zählt.

Da sind wir uns sicher ganz einig :)

Ciao
Günther

**Mail gesendet: Mittwoch, 1.12.1999 17:23
Betreff: Aporien des Cyberspace**

Hi Oliver,

Oliver Gassner schrieb:
>> Wie soll ein Text „funktionieren"?
> „Ein Roman ist eine Maschine zur Erzeugung
> von Bedeutung." (Eco)
>
> In diesem Sinne: Funktionieren. Etwas
> verändern an Denken und Wahrnehmung, etwas
> zeigen was unsichtbar war, etwas
> ‚herstellen' was es noch nicht gab. Etwas
> mitteilen, was nicht ‚gewusst war'.

Ja, das ist der IDEALFALL. Aber nicht jedem
gelingt das im großen Maßstab, sprich eine
große *Bedeutung* für sehr viele Menschen
„herzustellen". Außerdem ist es (leider)
wieder so, dass jedem LESER subjektiv ein
anderer TEXT etwas bedeutet.
Was ich meine, ist: Schreiben ist für JEDEN
Autor mehr als „nur" *Text-produzieren* wie

eine Maschine. Er schreibt, weil er
schreiben muss (warum auch immer). Genau das
sollte man m.E. tolerieren und respektieren,
unabhängig von gängigen Qualitätsmaßstäben
und Bewertungskriterien.
Im „Cyberspace" kostet es (fast) nichts
mehr, seine Texte zu publizieren. Was
gefällt, wird gelesen - was nicht, wird
einfach weggeklickt. Das ist „künstliche
Selektion". Wie du aber schon oft richtig
gesagt und geschrieben hast: digitale
Informationen leben „EWIG", sind
„umweltverträglich" und noch dazu schnell
und einfach kopierbar. Also folgere ich
daraus, dass es egal ist/wird, ob ein Text
im Cyberspace „gut" oder „schlecht" ist. Es
braucht keine Kritiker mehr. Was es
vielleicht braucht, sind Anlaufstellen und
Ausgangspunkte.

> Wenn ein Text NICHTS kommuniziert (auch
> kein Gefühl, keine Irritation, oder keinen
> Eindruck oder keine „Musik") dann ...
> wozu?

Das *WOZU* ist m.E. objektiv nicht
feststellbar. Wer etwas schreibt/produziert,
HAT einen subjektiven GRUND. Das reicht
doch, oder?

Ciao
Günther

Mail gesendet: Mittwoch, 1.12.1999 19:26
Betreff: Aporien des Cyberspace

Hi Oliver,

Oliver Gassner schrieb:
>> Aber nicht jedem gelingt das im großen
>> Maßstab, sprich eine große „Bedeutung"
>> für sehr viele Menschen „herzustellen".

>
> Wer redet von viele und große?

Die Frage verstehe ich in diesem
Zusammenhang nicht ganz. Ich wollte sagen,
dass die *Bedeutung* insoferne „messbar"
war/ist, dass gewisse Texte in Buchform mehr
gelesen werden als andere. Das ist keine
Wertung von mir, sondern meine Beobachtung.
Ich meine damit nicht Texte im Web, sondern
Offline-Texte in Buchform. Manche Bücher
werden über Jahrzehnte/Jahrhunderte von
jeder neuen Generation neu gelesen. Andere
Texte werden hingegen nur von ein paar
hundert LeserInnen gelesen. Das sagt
natürlich auch nicht unbedingt etwas über
die Qualität dieser Texte aus. Aber ein
Richtwert ist es m.E. schon.
Im Web ist/wird das ganz anders. Ich tippe
einen/mehrere Suchbegriff/e ein und bekomme
eine Liste mit möglichem *Lesestoff*. Da
lese ich kreuz und quer, schnell und
langsam, je nach Lust und Laune. Da
kaufe/erwerbe ich kein Produkt mehr, sondern
bin in einem ständigen *Leseprozess*. Und
dieser Leseprozess ist weder quantitativ,
noch qualitativ messbar.

>> Im „Cyberspace" kostet es (fast) nichts
>> mehr, seine Texte zu publizieren. Was
>> gefällt, wird gelesen - was nicht, wird
>> einfach weggeklickt.
>
> Soll ich dir auflisten, was ich die
> letzten zwanzig Jahre (oder zwei Jahre)
> für Rechner ausgegeben habe und kann ich
> meine Telefonrechnung von Deinem Konto
> abbuchen lassen?

Ich meinte die Datenspeicherung auf
irgendwelchen Webservern. Die Textproduktion
am eigenen PC und das „Online-Sein" kostet
natürlich etwas. Dafür ist die Information

im Web dann gratis :-| Ich bin mir nicht
sicher, was unterm Strich teurer kommt: eine
Bibliothek mit Büchern, oder ein PC mit
Internet-Zugang.

>> Also folgere ich daraus, dass es egal
>> ist/wird, ob ein Text im Cyberspace „gut"
>> oder „schlecht" ist. Es braucht keine
>> Kritiker mehr.
>
> Aber Leser.

Die hat man m.E. im Cyberspace potentiell
viel eher, als im Buchhandel. Welche Auflage
hat ein durchschnittliches Buch in D? Damit
ist aber noch nicht einmal gesagt, dass
gekaufte Bücher auch gelesen werden!

>>> Wenn ein Text NICHTS kommuniziert (auch
>>> kein Gefühl, keine Irritation, oder
>>> keinen Eindruck oder keine „Musik") dann
>>> ... wozu?
>>
>> Das WOZU ist m.E. objektiv nicht
>> feststellbar.
>
> Wer redet von objektiv?

Gut, dann nehm ich es zurück. Dein
subjektives WOZU verstehe ich aber trotzdem
noch nicht. Muss ich aber auch nicht
verstehen. Ich akzeptiere es auch :)

Ciao
Günther

Mail gesendet: Donnerstag, 2.12.1999 14:29
Betreff: Aporien des Cyberspace

Hi Oliver,

Oliver Gassner schrieb:

> Jetzt klarer?

>> genau, bestimmt, fest umrissen, greifbar,
handfest, exakt, präzis[e], prägnant,
unmissverständlich, eindeutig, kategorisch,
apodiktisch, unzweideutig, deutlich,
glasklar, sonnenklar, anschaulich, bildhaft,
unverblümt, im Klartext, mit anderen Worten,
ungeschminkt, klipp und klar
<< (...gefunden auf meiner LexiROM :)

Ciao
Günther

Mail gesendet: Samstag, 4.12.1999 22:27
Betreff: Monitor-Picking

Hi Liste,

Claudia Klinger hat in ihrem heutigen
Webdiary auf neue *Flusser-Files*
hingewiesen, die ich mir natürlich gleich
durchgelesen und dabei folgenden Text
gefunden habe, in dem es um *Ursula Bertram-
Möbius* (freischaffende Künstlerin,
Professorin an der Universität Dortmund für
Plastik und dreidimensionale Objekte) geht:

(Zitat/Anfang)
Im zweiten Teil ihres Vortrages stellte die
Künstlerin einige Arbeiten vor und
kommentierte sie. An die subtilen
Verdrehungen Flusserscher Ironie erinnerte
die in einem Weinkeller erstellte
Installation für ein Künstlerfest, das eine
dreitägige Kunstvernissage beschließen
sollte. Das an Kunstproduktion überfütterte
Publikum, das sich zwar bloß zum Verzehr von
Hühnerschenkeln und Wein eingefunden hatte,
aber doch nicht ganz auf Kunstgenuss
verzichten wollte, bekam einen Hühnerstall

vorgeführt, in dem sich froh gackernde
Hühner pickend um einen Monitor scharten,
auf dem das Künstlerfest live übertragen
wurde. Im Festsaal wiederum standen
Monitore, auf denen das Geschehen im
Hühnerstall mitverfolgt werden konnte. In
einem dritten Raum schließlich standen sich
zwei Monitore gegenüber, auf denen ein
bewegungsloser Mensch und ein völlig
erstarrtes Huhn zu sehen waren ...
(Zitat/Ende)

... es darf/soll assoziiert werden - rein
subjektiv, versteht sich - wir sind ja alle
(sehr) radikale (De-)Konstruktivisten ...
Sind eigentlich Hühner nicht auch radikale
Konstruktivisten?
;)

Ciao
Günther

Mail gesendet: Sonntag, 5.12.1999 10:27
Betreff: Monitor-Picking

Hallo Werner,

Werner Stangl schrieb:
> während sich unsere elite zu köln
> theoretischen und präsentatorischen
> aufgaben hingibt - wir sollten hier nach
> ihrer rückkehr u.a. einmal Reinhard Döhls
> beitrag diskutieren -

Vor allem folgendes Zitat hat mich sehr
beeindruckt [R.D. gemeinsam mit Max Bense
1964 geschrieben]:

(Zitat/Anfang)
„Der Künstler heute" realisiere „Zustände
auf der Basis von bewusster Theorie und
bewusstem Experiment. Wir sprechen von einer

82

experimentellen Poesie [und Kunst, R.D.],
insofern ihre jeweiligen singulären
Realisationen ästhetische Verifikationen
oder Falsifikationen bedeuten. Wir sprechen
wieder von einer Poietike techne. Wir
sprechen noch einmal von einer progressiven
Ästhetik bzw. Poetik, deren bewusste
Anwendung ein Fortschreiten der Literatur
demonstriert, wie es schon immer den
Fortschritt der Wissenschaft gab."
(Zitat/Ende)

> ... froh gackernde Hühner ...
> ein übel in manchem diskurs ist unser
> notorischer anthropomorphismus.
> woher wissen wir denn, dass diese
> körnerpickenden und gackernden hühner
> froh sind?

Eben. Das können wir NIE wissen. Macht ja
nichts ;)

> ... ein völlig erstarrtes Huhn ...
> vermutlich ist es bloß tot oder ...
> hypnotisiert, was mich an eine meiner
> lieblingsbeschäftigungen im hof meiner
> großmutter erinnert.

Hab ich bei meinen Großeltern in deren
„Hendlhof" auch gemacht :)

> im übrigen:
> „Ursula Betram-Möbius, freischaffende
> Künstlerin für Plastik und
> dreidimensionale Objekte" ist wohl wieder
> ein nettes exempel einer meiner
> lieblingsthesen zur notwendigen
> ganzheitlichen betrachtungsweise von
> mensch und produkt.

Deine Analogie der „Möbiusschleife" für die
Unendlichkeit, die du vor einigen Wochen

hier gepostet hast, gefällt mir auch sehr
gut :)
Übrigens: kennst du das Buch „GÖDEL, ESCHER,
BACH" von Hofstaedter?

Ciao
Günther

Mail gesendet: Sonntag, 5.12.1999 16:53
Betreff: Monitor-Picking

Hallo Werner,

Werner Stangl schrieb:
> du fragtest:
>> kennst du das Buch „GÖDEL, ESCHER, BACH"
>> von Hofstaedter?
>
> hab ich *ganz* gelesen, schon deshalb,
> weil so viele meiner studentInnen
> und kollegInnen es vorgaben, auch zu tun
> ;-)

Ich hab es etwa 1985 gelesen - genauer:
etwas intensiver durchgeblättert.
Oberflächlich habe ich bestimmt auch einige
Kapitel verstanden...
Vor kurzem wollte ich es wieder lesen, hab
es aber in meinem „Chaos" (noch) nicht
gefunden. Anlässlich eines bevorstehenden
Umzuges sind alle meine Bücher in Kartons
verpackt. Aber ich suche weiter ;)

> am buch hat mich allerdings weniger der
> inhalt fasziniert [das meiste fiel in mein
> fach und war deshalb nicht so weltbewegend
> neu], aber die form.

Ja, es ist ein faszinierendes Buch in einer
wirklich schönen und einmaligen *Form*.
Inhaltlich haben mich die Escher-Bilder und
die ZEN-Texte sehr beeindruckt, weniger das

84

reine „Wissen" über Biologie und Informatik.
Obwohl die *Zusammenhänge* schon auch sehr
interessant sind...

> h. ist zwar ein stück auf den baum der
> erkenntnis hochgestiegen, vermutlich aber
> auf den falschen baum. nichtsdestoweniger
> halte ich es auch heute noch für eine
> gelungene sache.

Auch hier halte ich es, wie Christiane
gestern beschrieben, mit dem *olympischen
Prinzip*: „Dabeisein ist alles" :)
WELCHEN Baum wir hochsteigen, ist m.E.
weniger wichtig, Hauptsache wir klettern
überhaupt :)

> und das buch hatte mich damals sicher
> beeinflusst, auch wenn die allgemeine
> rezeption der gedanken bei vielen an der
> oberfläche blieb, vor allem bei den
> folgerungen daraus.

Ja, da hast du wohl recht. Bücher wie
„G.E.B." kann man wahrscheinlich „unendlich"
oft lesen und bleibt doch immer auf
irgendeiner Oberfläche...

Ciao
Günther

Mail gesendet: Freitag, 10.12.1999 19:30
Betreff: Netz-/Theater-Literatur

Hi Liste!

Bov Bjerg schrieb:
> Netzliteratur und Theater, vor allem
> TheaterIMPROVISATION haben imho sehr
> vieles gemeinsam.

Ja, unbedingt! Ich sehe da auch sehr viele
Gemeinsamkeiten, die m.E. sehr
erkenntnisreich und produktiv sein können.

> Ich habe bisher nichts gelesen, was
> Reinhold Grethers Begriff des „Psychismus“
> (als die menschliche Seite der
> Netzliteratur) anschaulicher gefüllt
> hätte, desgl. seine Formulierung von der
> „Ausdifferenzierung der Differenz
> berechenbar/unverrechenbar“ als „Treibsatz
> jeder Netzästhetik“
> (Grether, Thesen zur Netzliteratur)

Hmm, gibt's davon auch eine verständliche
Übersetzung? ;)
Oder kann mir jemand erklären, was er meint?

> Vor ein paar Monaten hab ich mich mal
> sporadisch mit diesem Zusammenhang
> befasst, doch der Aufsatz dazu ist noch
> immer sehr rudimentär; wenn du möchtest,
> schick ich ihn Dir gern per pm.

Bov, kannst du mir bitte deinen Text mailen?
THX.

> Im Netz ist die Improvisationsgemeinde
> nicht allzu stark vertreten, Schauspieler
> haben's halt nicht so mit dem
> Vormrechnersitzen.

Zu *Shakespeare* habe ich folgendes
recherchiert (das vielleicht LitWiss-Leute
eh schon wissen, aber für mich ist es neu
und aufschlussreich):

(Zitat)
„Auch Entstehungszeit und Chronologie seiner
Werke sind nur ungefähr bekannt, in der
Forschung besteht jedoch ein weitgehender
Konsens darüber. S. schrieb seine Dramen für
seine Schauspieltruppe (auch im Kollektiv,

u.a. mit C. Marlow, B. Jonson, T. Kyd) zum
einmaligen Zwecke der unmittelbaren
Aufführung; gedruckt wurden sie ohne sein
Zutun..."
(/Zitat) (c) Meyers Lexikonverlag

Shakespeare schrieb also im *Kollektiv* zum
einmaligen Zwecke der *unmittelbaren*
Aufführung, und das vor 400 (!) Jahren. Na
wenn das kein Vorbild für *NetLit* ist, wer
oder was sonst?

Auch ich bin...
> über weitere Anregungen, Erkenntnisse und
> Debatten in diesem Zusammenhang immer
> erfreut

Ciao
Günther

Mail gesendet: Samstag, 11.12.1999 12:08
Betreff: Netz-/Theater-Literatur

Hi Andreas,

Andreas Horbelt schrieb:
> Ich sehe da aber schon einen großen
> Unterschied zur Netzliteratur (zu dem
> bisschen, das ich kenne ;-))

Ich weiß nicht, wie lange du schon
„Zuschauer" hier in der Liste bist, aber wir
hatten vor einigen Wochen eine (für mich)
spannende Diskussion über LIVE-NetArt...

> Eben in der einmaligen, unmittelbaren
> Aufführung, also in der Tatsache, dass
> eine Theateraufführung immer nur im hier
> und jetzt passiert und keinesfalls
> identisch wiederholbar ist. (Der
> Bühnenverein würde sagen:
> „Theater ist live").

Die Diskussionen hier in der NetLit-Liste
sind auch LIVE im *hier und jetzt* (was
immer das auch heißen mag ;) Man kann sie
zwar nachlesen, aber das ist nur ein
technischer Nebeneffekt. Theoretisch
könntest du auch eine Theateraufführung
„nachlesen" oder „nacherleben", wenn sie
multmedial irgendwie aufgezeichnet wird.

> Aus dem Blickwinkel des Lesers ist
> Netzliteratur dagegen immer wieder lesbar,
> es ist eben kein Live-Ereignis, sondern
> zumindest aus Lesersicht, eher mit dem
> Genuss eines Buches vergleichbar, oder?
> Ich kann genau dieselben Stellen zu einem
> späteren Zeitpunkt wieder lesen...

Als Wiederholung ist eine Theateraufführung
natürlich beim zweiten *Erleben* nicht mehr
so spannend. Das hast du aber bei
Diskussionen hier in der Liste auch. Beim
zweiten Mal Durchlesen fehlt irgendwie der
LIVE-Kick.

> Theater dagegen ist unwiederholbar
> (solange es von Menschen dargeboten
> wird). Ich kann mir zwar eine zweite
> Aufführung ansehen, es wird aber nie ein
> identisches Erlebnis sein (die Semiotik
> könnt ihr Euch jetzt selbst dazudichten
> ;-))

nee, zu *Semiotik* musst du schon selbst
genau beschreiben, was du konkret damit
meinst ;)

> Andreas „Der Zuschauer"
... der jetzt auch zum *Schauspieler*
mutiert ist ;)

Ciao
Günther

Mail gesendet: Sonntag, 12.12.1999 17:30
Betreff: Eigenzeit der Liste

Hi Liste,

Claudia Klinger brachte mich mit ihrer
Formulierung...
> Jan Ulrich Hasecke hat erst vor ein paar
> Mails den Wunsch formuliert,...

... auf folgende Idee: wie wäre es, wenn wir
die *Zeit* in der Liste nicht in Tage/
Stunden/... einteilen, sondern in *Mail-
Einheiten*!?
Die relative *Eigenzeit* der Liste
entwickelt sich also ja nach Mail-Aufkommen
manchmal schnell und manchmal langsam, je
nachdem, wieviel gepostet wird.
Also ich melde mich dann „in ein paar
Mails...“ wieder ;)

Ciao
Günther

Mail gesendet: Sonntag, 12.12.1999 22:34
Betreff: Mein Beitrag zur ‚Jahrtausendwende‘

Hi Dirk,

Dirk Schröder schrieb:
>> ... Es gibt mehrere Varianten von
>> Netzliteratur - warum nicht auch Deine?
>
> nun, meine gibt es nicht.

Nun Dirk, verzeih, dass ich jetzt gleich
etwas versuche, das m.E. deine neue
künstlerische Position doch wieder in
Beziehung zur *Netzliteratur* bringen wird.
Sieh es nur als EINE mögliche (andere)
Perspektive, wie man die *Mailingliste/

Netzliteratur*(ML/NL) auch als allgemeines
„künstlerisches *Netz-Objekt*"
interpretieren kann.

> Nachdem mir der Literaturbegriff
> herausgefallen ist, bleibt etwas übrig,
> das ich so beschreiben könnte: es hat
> keinen Ort, keine Adresse, die man
> anwählen könnte - und dann sieht man da
> was.

Die ML/NL ist genau *so etwas*. Sie hat
keinen „Ort". Sie existiert in den Köpfen
aller Beteiligten. Man kann mitmachen:
lesen, schreiben, denken. Aber man kann
nichts „anwählen" und man „sieht" auch
nichts besonderes, außer Texte, die per e-
mail „kommen". Das „Ganze" entsteht wieder
nur in EINEM Kopf.

> es existiert nur, wenn jemand es will (und
> dann) es ist nicht unbedingt benutzbar -
> aber eher benutzbar als vorhanden

Die ML/NL ist nur „vorhanden", wenn sie auch
benutzt wird. Schreibt keiner, so existiert
eine Mailingliste nur als unsichtbare IDEE
auf einem Server.

> es hat nicht einen Urheber, der zur
> Verantwortung gezogen werden könnte

Die ML/NL hat nicht EINEN Urheber, sondern
VIELE. Es kann/soll auch keiner zur
Verantwortung gezogen werden. Wozu auch? Wem
gegenüber auch?

> es ist immer mehr als es selbst und dieses
> Mehr kommt von außen

Die ML/NL ist auch immer MEHR als es selbst
und dieses Mehr kommt vom globalen „Außen"
der virtuellen/realen Welt.

> es ist meist sehr simpel.

Die ML/NL IST sehr simpel: es fliegen „nur“
e-mails durch den Cyberspace und das Ganze
hat NICHTS mit dem „glatten“ Web zu tun!

> Zur Zeit interessiert mich Software zur
> Visualisierung von globalen Linkstrukturen
> und die Suche nach winzigen
> Handlungspunkten, an denen ich
> (durch Handeln im Netz, nicht in der
> Software) deren Resultate etwas
> beeinflussen kann. Was kümmert das
> Literaten?

Die ML/NL IST *Software*. Visualisiert
werden Gedanken in schriftlicher Form. Diese
Texte verweisen oft auf globale
Linkstrukturen im Web. Jeder gepostete
Beitrag ist ein Handlungspunkt, deren
Resultat man zwar nicht vorhersehen, aber
gewiss etwas beeinflussen kann.
Und jetzt willst du wissen, was das alles
Literaten kümmert???

Ciao
Günther

**Mail gesendet: Montag, 13.12.1999 09:00
Betreff: ?offtopic?: ‚Wir amüssieren uns zu
Tode‘**

Hi Liste,

Wodile schrieb:
> ... gerade postman redet viel.
> witzigerweise kritisiert er die medien, um
> sie anschließend zur steigerung seiner
> auflage einzusetzen. ich habe mittlerweile
> aufgegeben, ihn ernst zu nehmen ;o).

Soweit ich mich erinnere (ich hab es gerade
auch nachgelesen) ist sich Postman dieser
Paradoxie durchaus bewusst und macht sich
selbstironisch gegen Ende seines Buches auch
lustig, indem er sagt:

(Zitat)
Nur eine gründliche, unbeirrte Analyse der
Struktur und der Auswirkungen von
Information, nur in einer Entmystifizierung
der Medien liegt Hoffnung, eine gewisse
Kontrolle über das Fernsehen, den Computer
und andere Medien zu erlangen. Wie lässt
sich ein solches Medienbewusstsein
entwickeln?
Mir fallen nur zwei Antworten ein; die eine
ist unsinnig und kann eigentlich gleich
verworfen werden, die andere hat etwas
Verzweifeltes, aber eine andere kennen wir
(noch) nicht.
Die unsinnige Antwort läuft auf die
Empfehlung hinaus, Fernsehsendungen zu
produzieren, die die Leute nicht zum
Abschalten bringen, sondern ihnen zeigen,
wie man fernsehen sollte; die ihnen
vorführen, wie das Fernsehen unsere
Vorstellungen von Nachrichten, von
politischer Debatte usw. verwandelt und
verkümmern lässt. Ich glaube, solche
Demonstrationen nähmen notgedrungen die Form
von Parodien im Stil von (...) Monty Python
an, und ihr Effekt wäre, die ganze Nation in
ein wieherndes Gelächter darüber zu
versetzen, wie das Fernsehen den
öffentlichen Diskurs kontrolliert.
(/Zitat)

Ich liebe *Monty Python*. Hier in der Liste
geht es ja auch oft so ähnlich zu. Aber es
gibt m.E. so etwas wie eine „heilende"
Wirkung des *Humors*. Humor schafft Distanz.
Distanz schafft Überblick. Überblick schafft
(vielleicht) ein kritisches Bewusstsein.

Und weiter Postman:
(Zitat)
Aber zuletzt lachen würde natürlich doch das
Fernsehen. Denn um einen relevanten Teil des
Fernsehpublikums zu erreichen, müssten
solche Sendungen äußerst unterhaltsam sein,
und zwar im Stil des Fernsehens. Am Ende
würde also die Kritik selbst vom Fernsehen
vereinnahmt. Aus den Parodisten würden
Prominente, sie würden Starrollen beim Film
übernehmen und zu schlechter Letzt im
Werbefernsehen auftreten.
(/Zitat)

Um jetzt die Kurve zum Internet und zur
Netzliteratur zu kratzen: hier sind
(potentiell) ALLE Parodisten und können
prominente *Starrollen* übernehmen, indem
sie einfach AKTIV am Netz teilnehmen (wie
auch immer).

Ach ja, Postman weiter:
(Zitat)
Die verzweifelte Antwort empfiehlt, auf das
einzige Massenmedium zu setzen, das,
zumindest theoretisch, imstande ist, sich
mit dem Problem auseinander zu setzen: auf
unseren Schulen.
(/Zitat)

Gibt's eigentlich auch *Lehrer* hier in der
Liste? *grins* und *duck*

Ciao
Günther

PS: Der zweite Teil von „Wir amüsieren uns
zu Tode" ist m.E. sehr lesenswert, weil er
viele scharfsinnige, kritische und relativ
zeitlose Gedanken zu Medien enthält.

Hi Liste,

Roberto Simanovski schrieb über Pascal:
> Bei ihm ist es tatsächlich der horror
> vacui, der die Menschen schließlich Kriege
> führen lässt... Pascals Fazit: „dass das
> ganze Unglück der Menschen aus einem
> einzigen Umstand herrühre, nämlich, dass
> sie nicht ruhig in einem Zimmer bleiben
> können"...
> Seit der Leserevolution haben die Menschen
> es einfacher. Sie bleiben mit Büchern im
> Zimmer. Dann kam TV, nun Internet. Am
> horror vacui hat sich nichts geändert, nur
> die Medizin ist jetzt eine andere.

Ich wollte folgenden Text zum Thread
„Geschichtslose Hypertexte" schreiben, aber
er passt auch zu diesem Thema (und ist zur
Abwechslung kein „Kinderkram"). Am „horror
vacui" ändert er aber auch nichts, aber das
Thema hatten wir schon einmal: Rette sich
wer kann...

Zur *Geschichtslosigkeit am Computer* im
speziellen und zur *Geschichtslosigkeit* im
allgemeinen folgende Gedanken, die (m)ein
Lebensgefühl widerspiegeln:
DAS etwas ist, ist immer etwas rätselhafter
und unheimlicher als WAS etwas ist. Das
Dilemma besteht darin, andauernd wählen zu
müssen ... zwischen dem *Unerträglichen* und
dem *Unmöglichen* ... zwischen dem Zustand
„Alles ist möglich" und dem Zustand „Nichts
ist möglich".
„Anything goes" - der Leitspruch toleranter
und distanzierter Zeitgenossen. Die
Maximierung der Freiheitsgrade hat m.E. die
Maximierung der Bedeutungslosigkeit zur
Folge. Je mehr Möglichkeiten denkbar sind,

desto bedeutungsloser wird die einzelne „Schöpfung". Wenn die Welt, wie wir sie sehen, nur EINE unter unendlich vielen möglichen Welten ist, dann wird sie mit der Anzahl denkbarer Varianten immer bedeutungsloser. Wenn Geschichte auf Grund „zufälliger" Ereignisse entsteht, dann ist der sogenannte *rote Faden* der Geschichte nur eine *überinterpretierte banale Tatsache* OHNE tiefe Bedeutung - etwa so wie das Bild eines Fadens am Boden, das entsteht, wenn man eine Spule fallen lässt und sich der aufgewickelte Faden in „zufälliger" Richtung entrollt.

Die Barbarei der Freiheit

Aus der Verweigerung der Überlieferung entsteht die *Gelassenheit der Distanz* und die *Emanzipation* gegenüber der Autorität „Geschichte". Da liegt irgendein *Text*, und hier sind wir. Da hängt irgendein *Bild*, und hier sind wir. Da spielt irgendeine *Musik*, und hier sind wir. Da existiert(e) irgendeine historische *Persönlichkeit*, und hier sind wir. Da entwickelt sich irgendeine *Geschichte* oder *Tradition*, und hier sind wir.

Die Gelassenheit des distanzierten Deobachters

Als kühle *Barbaren* stehen wir vor einer klassischen Fundsache, gespenstisch gleichgültig von oben bis unten, und drehen den (Hyper-)Text oder das Bild ratlos in Händen - oder scrollen den Balken im Textfenster am Bildschirm. Wir geben *alten Texten* und *alten Bildern* keinen Bedeutungskredit mehr. Große literarische Texte und große Kunstwerke verlieren immer mehr „Wert an sich". Wir glauben nicht mehr von vornherein an eine tiefe versteckte

Bedeutung einer Überlieferung. Es muss nicht
mehr alles gut sein, was alt ist. Es hat
nicht mehr alles Zukunft, was Vergangenheit
hat. Es gibt keine Erfolgsgarantie mehr für
etwas, was einmal erfolgreich war.

Meine Leitsprüche in Zeiten wie diesen:
kreatives Chaos
statt *konservative Ordnung*
lebendiges Risiko
statt *tödliche Sicherheit*
intelligente Kunst
statt *künstliche Intelligenz*
ironischer Unsinn
statt *ernster Tiefsinn*
furchtloses Wundern
statt *ehrfürchtiges Bewundern*
heiteres Nicht-Wissen
statt *dogmatisches Letzt-Wissen*
kritische Aufmerksamkeit
statt *mediale Beliebigkeit*
freie Individualität
statt *aufgezwungene Autorität*
unberechenbare Innovation
statt *berechenbare Konvention*
unwahrscheinliche LebensKunst
statt *wahrscheinliches KunstLeben*

Ciao
Günther

**Mail gesendet: Dienstag, 14.12.1999 22:30
Betreff: Netzliteratur im Kopf**

Hi Oliver,

Oliver Gassner schrieb:
>> Die Literatur im Kopf des Lesers
>> entstehen zu lassen (der Roman sozusagen
>> als Baumaterial) ist die eine Sache. Der
>> fertige Bau in Hypertext aber eben eine
>> andere. (Derzeit häufige Hyperfiction-

>> kritik: sie nehme dem Leser genau das,
>> die Aneignung des Textes.)
>
> Eventuell liegt die „Lösung" mal wieder
> jenseits von Hypertext und Link.

DIE „Lösung" wird es - wie immer - nicht
geben, glaube ich. Manche Texte - ob
verlinkt oder nicht - „transportieren"
vielleicht mehr Komplexität und manche sind
„einfacher gestrickt". Es gibt so viele
Bedeutungsebenen, zu denen wir auf sehr
komplexe Art Zugang haben. Die technische
Anordnung von Zeichen/Wörtern/Sätzen/Texten
ist m.E. beim Entschlüsseln bzw.
Interpretieren zweitrangig. Genauso das
Speicher- und Präsentationsmedium von
„Literatur" (bei Bildern ist das m.E. (noch)
ganz anders).
Ich lese seit langem auf meinem A5-Notebook
(ohne CD- und Floppy-LW, nur mit eingebautem
Modem), beim Sitzen, Liegen, Stehen - weil
er so leicht (ca. 1 kg) und die Schrift so
gut erkennbar ist (TFT-800x600 Pixel). Beim
intensiven Lesen merke ich dann einfach
keinen Unterschied mehr zwischen Papier und
Computer. Ich „versinke" in den Text. Aber
das erleben LeserInnen schon seit langer
Zeit.
Das gleiche passiert beim Schreiben. Ich
skizziere zwar viele Ideen nach wie vor mit
Bleistift auf Papier, weil ich sehr
grafisch/visuell denke, aber Texte schreibe
ich ausschließlich mittels Tastatureingabe
(Headset und Spracherkennungssoftware habe
ich zwar schon, aber ich war bis jetzt zu
faul, sie zu erlernen ;)

> An carpe librum merke ich, dass ein
> Inhaltsverzeichnis mit 1000 Files wenig
> sinnvoll ist und dass es ne Suchmaschine
> (oder Datenbank) auch täte bzw. besser
> ist...

Yep. *Suchmaschinen* sind ein SEHR
nützliches Werkzeug, wenn man Inhalte
schnell finden will (also fast immer). Dazu
gehört auch schon die primitive „Such"-
Funktion in einem einfachen Textfenster.
Solche Software-Hilfen sind einfach viel
sinnvoller als jedes Inhaltsverzeichnis.

> Das Link ist dann ‚nur' noch der
> Dateienaufruf aber nicht mehr ‚von
> Menschen' gesetzt (und dann auch nicht
> mehr ‚für Menschen', eben ohne
> Au(c)tor(itas)). Vulgo: wenn wir mit den
> Maschinen verscholzen sind (Surfer oder
> Webber als ‚Knoten' im Linknetz) sind wir
> auch überflüssig. cf. „Matrix" bzw.
> „Terminator"

Also ich glaub, da kann ich dir nicht mehr
folgen. Wenn mich eine *Maschine* nicht
braucht, dann braucht sie mich halt nicht.
Ob Maschinen jetzt global vernetzt sind oder
„nur" lokal (zB in einem Kraftwerk), ändert
ja nichts Wesentliches. Wenn sie sinnvoll
funktionieren, prima. Schlimmer als
Tschernobyl wird's hoffentlich nicht werden.
Mich als Mensch macht so etwas weder
euphorisch noch besonders ängstlich.

Mein *Lebensgefühl* berühren solche
Entwicklungen irgendwie nicht besonders.
Aber vielleicht sehe ich manche technische
Dinge einfach sehr pragmatisch und nüchtern,
weil ich mir die „Machbarkeit" und
„Funktionsweise" manchmal ganz gut
vorstellen kann. Da stecken keine
Geheimnisse dahinter. Eine Fliege oder Blume
fasziniert mich da schon viel mehr :)
Und ob ich mich jetzt mit einem *Mensch*
oder einem *Cyborg* oder einer *KI-Maschine*
online unterhalte, ist m.E. egal - was solls
;) Solange es für mich geistreich,

informativ oder amüsant ist, sehe ich auch
da kein wirkliches „Problem". Offline im RL
sind natürlich *Maschinen* aller Art, wenn
sie „menschlich" wirken sollen, immer ein
wenig lächerlich. Aber auch das verändert
sich vielleicht irgendwann.
Meine *Welt-Wahrnehmung* ändert sich
ständig, weil sich die Welt um mich ständig
(mit zunehmender Geschwindigkeit) verändert.
Für mein existentielles *Ich-Bewusstsein*
sind technische Innovationen weder
Problem/Risiko noch Lösung. Zumindest bis
jetzt. Positive *Chance* zur Steigerung der
Lebensqualität sind sie allemal.

Ciao
Günther

Mail gesendet: Mittwoch, 15.12.1999 08:45
Betreff: Netzliteratur im Kopf

Hi Werner,

Werner Stangl schrieb:
>> Meine „Welt-Wahrnehmung" ändert sich
>> ständig, weil sich die Welt um mich
>> ständig (mit zunehmender Geschwindigkeit)
>> verändert.
>
> das halte ich für ein grundlegendes
> problem unseres jahrhunderts. zumindest
> aus der sicht der psychologie sind die
> menschen nicht für es gebaut.

Wenn mich meine Intuition nicht völlig in
die Irre führt, dann haben wir in naher
Zukunft nichts anderes zu erwarten. Die
Beschleunigung der Änderungen wird zunehmen.
Das sind alles nicht-lineare Entwicklungen.
Alle Kurven, die wir kennen, steigen
exponentiell. D.h. was sich in 100 Jahren
geändert hat, wird sich voraussichtlich in

den nächsten Jahrzehnten wieder vollkommen
verändern. Die Komplexität der Welt wird
steigen. Das haben wir längst nicht mehr
unter Kontrolle (hatten wir wohl auch nie,
nur war es uns nicht bewusst). Als radikaler
Optimist glaube ich aber, dass sich unser
Bewusstsein auch verändern/anpassen kann,
wenn wir es zulassen. Aber das ist eine
andere Geschichte ;)

Ciao
Günther

Mail gesendet: Mittwoch, 15.12.1999 09:09
Betreff: Net-Art der neuen Art

Hi Liste,

Dirk Schröder antwortete auf Jan Ulrich
Hasecke:
> Ich denke, das ist alles nicht, was du
> meintest. Statt dessen, unterstelle ich
> mal, ging es dir um „was ist Kunst". Und
> dazu sag ich lieber nix.

Warum so scheu?
Meine LexiROM hat dazu folgendes zu sagen,
was natürlich nicht stimmen muss ;)

(Zitat)
KUNST, die Gesamtheit der Werke menschl.
Produktivität, die nicht an einen prakt.
Nutzen oder Zweck gebunden sind: die der
bildenden und darstellenden Künste, der
Literatur und Musik. Die K. ist Ausdruck der
freien schöpferischen Potenzen des Menschen,
die letztendlich außergewöhnl. Können bzw.
Fähigkeiten voraussetzen, die in der
Geschichte der Kunst, wenn auch immer wieder
umstritten, mit den Begriffen der Intuition,
Inspiration, Imagination oder auch der
Genialität umschrieben worden sind.- Der

100

Anspruch des einzelnen Kunstwerks ist seine
(zeitenüberschreitende) Originalität bzw.
Authentizität: anders als in Philosophie und
Wiss. überwiegt in der K. nicht das
Diskursive, sondern das Assoziative; K. ist
das immer wieder neu Gesehene, neu
Erfundene, neu Erdachte, das dem Menschen
die Summe seiner Möglichkeiten deutlich
macht: ,Das Leben soll kein uns gegebener,
sondern ein von uns gemachter Roman sein'
(F. Schlegel).
(/Zitat) (c) Meyers Lexikonverlag

Hat sich da irgendetwas Wesentliches
geändert? Eine Diskussion darüber lohnt sich
m.E. immer, auch wenn nichts Nützliches
dabei heraus kommt ;)

Was ich von *Kunst* i.A. halte, habe ich ja
an anderen Stellen schon angedeutet (...
hmm, ohne Zustimmung oder Ablehnung!?)

Ciao
Günther

Mail gesendet: Mittwoch, 15.12.1999 10:18
Betreff: Netzliteratur im Kopf

Hi Werner,

Werner Stangl schrieb:
>> Die Komplexität der Welt wird steigen.
>
> dazu eine triviale offtopic anmerkung:
> autofahrerInnen werden durch zb
> die schilderwälder hoffnungslos
> überfordert und wir finden uns nur dann
> zurecht, wenn wir einen teil ignorieren.

Ich habe mir persönlich vorgenommen, (fast)
nur mehr authentische/ künstlerische
Primärliteratur zu lesen und keine

(pseudo) wissenschaftliche „Literatur" mehr,
wo die Zitatenliste länger als der
eigentliche Text ist - der dann oft nur von
einem Kollegen abgeschrieben wurde ;)
Mich verwirren meist solche Texte, weil es
so viele interessante Wissensgebiete gibt
und so wenige „wirkliche" Wissenschaftler.
Wo soll man da zum Lesen anfangen? Und wo
aufhören?
Primärliteratur ist in den letzten 2500
Jahren so viel geschrieben worden, das sich
lohnt zu lesen. Ich kann z.B. kaum noch
Zeitunglesen (tue ich nur soviel, dass ich
nicht völlig den „realen" Bezug zur
gemeinsam vereinbarten Wirklichkeit
verliere ;)

>> Als radikaler Optimist glaube ich aber,
>> dass sich unser Bewusstsein auch
>> verändern/anpassen kann, wenn wir es
>> zulassen.
>
> nein, dazu gibt es keinerlei
> wissenschaftliche evidenz. nach allem was
> man wissen kann, ist unsere entwicklung in
> dieser hinsicht abgeschlossen, [...] ich
> denke, der mensch hat nicht den funken
> einer chance, die dinos mit ihren über 100
> millionen jahren weltzeit zu erreichen,
> aber ein paar jahrtausende bleiben uns
> noch.

uff, ich dachte schon, das „Mensch-Ende"
muss ich noch erleben ;)

Ciao
Günther

Mail gesendet: Donnerstag, 16.12.1999 15:09
Betreff: Netzliteratur im Kopf

Hi Liste,

102

Michael Charlier schrieb:
> Genauso lustig ist die Konsequenz, die
> Deloitte Research daraus zieht:
> Internet-companies sollten künftig nicht
> nur an eine user-, sondern auch an eine
> maschinenfreundliche Oberfläche denken.

Vielleicht meinen sie ein *maschinen-
freundliches Verhalten*. Gestern musste ich
mit Entsetzen eine Untersuchung im Auftrag
von Microsoft lesen, die ergeben hat, dass
in Spanien beispielsweise Computer
regelmäßig verprügelt werden! Mehr als 57
Prozent der User haben ihr Gerät mindestens
einmal geschlagen. Und das so kurz vor
Weihnachten... ;)

Ciao
Günther

**Mail gesendet: Mittwoch, 17.12.1999 10:18
Betreff: Netzliteratur im Kopf**

Hallo Liste,

Werner Stangl schrieb:
> der knackpunkt: diese "muss man"-
> unterscheidung macht im praktischen leben
> vielleicht sinn, bringt aber für unsere
> debatte letztlich genau jene differenz
> zwischen autor und leser künstlich hinein,
> die wir dann mit allerlei gedanken-
> verrenkungen wieder herausklauben/-
> glauben. das problem ist genau das, was du
> so einfach mit „der rest" umschreibst,
> denn ich greife nicht mit meinen händen
> sondern mit meinem gehirn.

Und dieses Gehirn muss noch mit Folgendem
fertig werden (weil wir gerade von völlig

weltfremden „Grundlagen" sprechen, die wir
eh nicht wirklich „verstehen" können ;)
Unsere Hand greift nicht nach *etwas*, weil
es kein *Material* im objektiven Sinn gibt.
Festigkeit wird von uns nur subjektiv
interpretiert und ist deshalb ein relativer
(sprich unsinniger) Begriff. Objektiv im
physikalischen Sinn gibt es überhaupt NICHTS
Stoffliches/Materielles. Es gibt keine
festen Teilchen/Elemente in unserer Welt.
Jeder „Teil" besteht wieder aus „Teilchen"
und diese wieder aus irgendwelchen
„Subteilchen" usw.. Theoretische Physiker
sprechen sehr selbstironisch von einem
„Teilchenzoo", den sie natürlich mit einem
Irrsinns-Milliardenaufwand hegen und
pflegen.
In Wirklichkeit sind ALLE Objekte und
Strukturen immateriell (also auch ein
„Buch", ein „Computer", ein „Mensch" usw.).
Formen und Muster, die wir erkennen, sind
nur Schein. Nur im täglichen *Alltagsleben*
müssen wir Gegenstände klassifizieren, um
sie leichter manipulieren zu können. Wir
geben ihnen *Namen*, um leichter denken und
sprechen zu können. Das alles hat seine
guten praktischen Gründe. Unser
Alltagsverstand hat sich eben so
entwickelt und angepasst. Konsequenz: wir
können uns NICHT und NIE vorstellen, wie die
objektive Welt wirklich aussieht!

Werner Stangl analysiert klar und brillant
unsere *subjektive Welt*:
> zurück zum kern-/knackpunkt. vereinfacht:
> [...] und um noch genauer zu sein: [...]
> wenn ich das in einem diskurs noch
> vertiefe, [...] aus dieser „falle" kommen
> wir nun einmal nicht hinaus - die einzige
> konsequenz kann imho nur sein, [...]
>> ich höre aber nicht auf zu denken ;-)
> in dem von dir angedeuteten prinzip
> unseres denkens liegt wohl auch dieser

> unendliche regress, der uns am denken
> hält.

Werner, du bist ein wirklicher
Wissenschaftler: redlich, konsequent und
bescheiden (du brauchst nur deinen Kopf zum
Denken und Schreiben - und keinen „Gehirn-
Teilchen-Beschleuniger" ;)

> vielleicht sollten sich einmal literatur-
> wissenschaftlerInnen darüber den kopf
> zerbrechen, warum so wenige arztromane in
> der psychiatrie spielen, sondern eher in
> der chirurgie ;-)

Einer flog über das Kuckucksnest ... ein
Film, der diese *Falle* m.E. sehr gut zeigt!

Ciao
Günther

Mail gesendet: Sonntag, 19.12.1999 12:44
Betreff: Veröffentlichen ist einfach

Hi Oliver,

Oliver Gassner schrieb:
> Sorry, psychedelische Science Fantasy
> hosten wir nur in Ausnahmefällen.

THX!!! Endlich habe ich einen *Genre-
Begriff* für manche meiner Beiträge hier in
der Liste ;)

Ciao
Günther

Mail gesendet: Dienstag, 21.12.1999 10:54
Betreff: OpenVOX

Hallo Liste!

Christopher Ray alias ‚Der Poet' schrieb:
>> zwar nicht im selben „feld": aber durch
>> meine netpräsenz habe ich bisher 1 buch
>> und weitere 20 artikel im print
>> untergebracht.
> Gratuliere, Werner!

Gratuliere euch beiden :)
Besonders gratuliere ich all jenen
Glücklichen, die von ihrer Publikationen
wirklich leben können. Das sind
schätzungsweise 0,03 Prozent aller
Schreibenden (wahrscheinlich verschätze ich
mich um ein paar Stellen hinter der Null ;)

>> das sind um ca 1500 prozent mehr als in
>> den vor-net-zeiten.
>
> Bei mir lief das andersrum ;-)

Und bei mir liefs/läufts ganz anders: ich
habe in vor-net-zeiten NICHTS veröffentlicht
und werde (wahrscheinlich) in- und nach-net-
zeiten nichts publizieren (im RL). Aber eins
werde ich trotzdem immer: SCHREIBEN (und sei
es „nur" in dieser Liste oder irgendwo
anders im Web). Und um das geht's ja primär
jedem Schreibenden, denk ich (natürlich erst
nach/neben/während dem physischen Überleben
;)
Ja, ja, ich weiß schon: es gibt da auch noch
die LESER, die haben ein *Recht* auf (guten)
Lesestoff. Und es gibt die VERLAGE, die
haben ein *Recht* auf Gewinne und es gibt
die vielen LIT-WEBSITES, die haben ein
Recht auf „Traffic"/"Hits". Alles O.k.,
soll auch so sein, wenns so sein muss. Ich
kanns ja eh nicht ändern - will ich auch gar
nicht :)
Wenn ich mir aber etwas wünschen könnte,
dann dies: SCHREIBT und schreibt und
schreibt ... und stellt es dann ins Internet

- völlig egal, wo und wie und was Kritiker,
Jurymitglieder, LitWissenschaftler oder
sonstige Berufene dazu sagen werden :)
Auch wenn dann im Web Texte von Grass neben
„Hölderlins des 21. Jh." stehen. Was solls?
Ist ja zumindest eine NEUE Wahrnehmung, mit
der man aber m.E. fertig werden kann. Schön
sortierte „Buchhandlungen" wie im RL will
ich persönlich im VL nicht (nur). Aber
Ansichten sind verschieden...

Ciao
Günther
****
Ach ja: Schöne F(R)EIE(R)-TAGE je nach
philosophischem Hinter-/Vorder-/Ober- und
UnterGRUND :)
****

Mail gesendet: Mittwoch, 22.12.1999 21:33
Betreff: OpenVOX

Hallo Liste!

Jörg erklärte uns seine Geschäftidee:
> Content ist nicht unser Job. OpenVOX ist
> kein Autor und kein Verlag, sondern eine
> Plattform zur Vermarktung. Wir aquirieren
> Content. Jeder, der Content hat, kann ihn
> bei OpenVOX draufstellen und
> veröffentlichen. Kostet nix und wird
> niemanden schaden.

und fragte dann:
> Wo ist das Problem?

... da ist noch nirgends ein „Problem".

aber dann:
> Ich gehe nicht davon aus, ohne Wettbewerb
> zu sein.

... klar, aber jetzt wird's gleich
„problematisch"...

> Es gibt genügend schlaue Leute, die sich
> in diesem Land um Contentvermarktung
> kümmern.

Yep. Genau DAS ist das „Problem", besser das
Faktum: Es gibt sehr viele schlaue Leute.
Diese *Geschäftsidee* ist so simpel, dass
sie jeder, der das „kleine 1x1" beherrscht
(sprich schlau ist) nachmachen wird. Jeder
kann sich ausrechnen, dass wahrscheinlich ab
dem Zeitpunkt, wo sich so ein Geschäft
wirklich rechnet, sehr viele kleine
„OpenFIX&FOXIS" aus dem digitalen Boden
sprießen werden, die alle sehr schnell
Erfolg haben wollen und ihn vielleicht auch
haben werden. Das hat zwei Gründe:
a) die Einstiegsschwelle ist sehr gering
(Homepage + Partner)
b) genügend schlaue Leute wollen schnell
sehr reich werden.

> Mal sehen, was passiert.
> ... ich glaube an das Potential digitalen
> Publizierens...

...das ist m.E. keine *Glaubenssache*,
sondern eine Sache des *Rechnens*, soweit
man damit Geld verdienen will. Rechnet sich
digitales Publizieren, dann stürzen sich
mit fast 100-prozentiger Wahrscheinlichkeit
ALLE auf diese Idee, überall und sehr
schnell (inkl. Software- und Buch-Giganten).
Rechnet es sich nicht, dann wird's keiner
machen, der Geld verdienen will. Wer kein
Geld damit verdienen will, macht es schon
jetzt. Und Autoren machen es auch schon sehr
lange und werden es immer wieder tun, egal,
ob sie damit Geld verdienen oder nicht.

> Autoren können aber ihre Werke auch

> woanders hintragen und andere Deals
> aushandeln, so what, wir werden es nicht
> verbieten oder irgendjemand (Verlag/Autor)
> blocken.

Eben. Dann kann es m.E. nur zwei extreme
Szenarien geben:
Szenario 1: es gibt sehr viele kleine
OpenFIX&VOXIS, wo Autoren ihre Texte (mehr-
/vielfach) anbieten können (wie im RL:
Bücher werden an verschiedenen Orten und
Geschäften angeboten) - mit dem Effekt, dass
eben die Qualität der Texte den Erfolg
ausmachen wird und Autoren bekannt werden,
die Erfolg haben (sprich viel Geld
verdienen). Die große Mehrheit der Autoren
wird wenig bis gar nichts verdienen (wie im
RL). Sicher sehr viel Geld verdienen werden
immer nur die Betreiber/Eigentümer der
Plattformen.
Szenario 2: es gibt nur ein großes
OpenFIX&VOXI. Dann haben wir den gleichen
Effekt wie im Szenario 1.
Natürlich gibt es noch viele denkbare
Mischszenarien wie im RL (zB gibt es ja
auch ein buntes Verlagswesen und viele
lukrative Nischenmärkte). Aber der Effekt,
wie im Szenario 1 beschrieben, wird m.E.
immer gleich bleiben.

Konsequenz für Jörg: Viel Erfolg mit deiner
Geschäftsidee und erzähl nicht gleich
weiter, wieviel du damit verdienst ;)
[vielleicht kannst du irgendwann einen
Geldpreis stiften für arme Netzliteraten,
deren digitale Werke man nicht downloaden
(also auch nicht kaufen) kann ;)]

Konsequenz für Autoren: ausprobieren, wer
will, und abwarten. Widerstand ist zwecklos.
Was machbar ist, wird gemacht. Sobald nur
ein Einziger damit wirklich Geld verdient,

wird die digitale Lawine der OpenFIX&VOXIS
zu rollen beginnen.

Ciao
Günther

**Mail gesendet: Mittwoch, 22.12.1999 22:58
Betreff: Vorstellung und Thema *Kunst***

Hallo Susanne,

ich bin erst zwei Monate aktiv dabei und
habe auch noch keinen Überblick, was hier
Topic und was *OffTopic* ist. Hier
schreiben manche Teilnehmer schon mehrere
Jahre mit und haben in dieser Zeit sicher
schon über viele allgemeine Themen
diskutiert (zB über *Gott*, *Welt*, *Kunst*
und andere Kleinigkeiten ;)
Bei so allgemeinen Themen wie *Kunst* wird
es halt oft schwierig, weil es
wahrscheinlich kaum ein anderes Wort gibt,
das vieldeutiger ist und damit zu
Missverständnissen führt. Diese führen dann
vielleicht zu schwierigen *Emotions* und
diese dann zu wirklich überflüssigen
OffTopics.
Hier wird lieber sehr konkret über
Netzliteratur und *NetArt* diskutiert,
wobei keiner wirklich weiß, was das ist bzw.
sein soll. Hier in der Liste geht's, soweit
ich das schon erkenne, genau um diese
theoretische und praktische Suche. Hier
findet ein „interkatives Gespräch"
(viellicht) ohne *HappyEnd* statt ;)
Du zitierst freundlicherweise eine Mail von
mir:

Susanne Kunjappu schrieb:
>> Eine Diskussion darüber [KUNST] lohnt
>> sich m.E. immer, auch wenn nichts
>> Nützliches dabei heraus kommt ;

110

>
> Diese Bemerkung passt genau in meine
> Vorstellungen.
>
>> Was ich von *Kunst* i.A. halte, habe ich
>> ja an anderen Stellen schon angedeutet
>> (... hmm, ohne Zustimmung oder
>> Ablehnung!?)
>
> Das habe ich leider verpasst - ließe sich
> das nachträglich einsehen?

Es gibt, soviel ich weiß, demnächst ein
Archiv dieser Mailingliste auf der neuen
Netzliteratur-Homepage (die im Jänner
fertig sein soll), wo jede(r) Listen-
teilnehmerIn die bisherigen Mails einsehen
kann.

> Ab wann Literatur Netzliteratur ist -
> diese Frage wurde hier schon gestellt (und
> hat leider nicht den gleichen monströsen
> thread ausgelöst wie die harmlose Frage
> „Wo kann man veröffentlichen?", die etwa
> 45 Postings nach sich zog) -, finde ich
> auch sehr interessant und ich bereite mich
> darauf vor zu antworten.

Naja, so monströse threads gibt's
wahrscheinlich nur, wenn es um das Thema
Geld geht, das jedem wirklichen *Künstler*
fehlt, um wirkliche *Kunst* zu schaffen ;)
Als *Malerin* hast du m.E. bessere Chancen
reich und berühmt zu werden wie als
NetzLiteratin. Bilder kann man im *Real
Life* kaufen :)

Ciao
Günther

**Mail gesendet: Donnerstag, 23.12.1999 11:33
Betreff: Vorstellung und Thema *Kunst***

Hallo Werner,

Werner Stangl schrieb:
>> ...keinen Überblick, was hier *Topic* und
>> was *OffTopic* ist.
>
> das hängt immer von der stimmung der liste
> ab :()

Ja, so sehe ich das mittlerweile auch.
Improvisation ist angesagt. Es fließt der
Mailstrom einmal in diese und dann in jene
Richtung ... Wie bei allen *lebendigen
Partnerschaften* ;)

>> *NetArt* ... wobei keiner wirklich weiß,
>> was das ist bzw. sein soll.
>
> die kunst sind wir selber :)

So sehe ich ...

> *die liste ist mehr als die summe der
> teilnehmerInnen*,

... das auch :)

Ciao
Günther

Mail gesendet: Samstag, 25.12.1999 19:32
Betreff: Friede! [War: Werner's „Yoga"]

Hallo Liste,

Claudia Klinger schrieb zerknirscht:
> Es wirkte auf mich in diesem Moment, als
> wolltest du dich über die ganze Umfrage
> nur lustig machen, das ganze Yoga-Thema
> mit dem Witz-Hammer erschlagen, wo sich
> doch immerhin viele Leser auch ganz

> ernsthaft geäußert haben.

Soviel ich von *ZEN* weiß/verstehe, geht es
dabei (auch) darum, mit einem paradoxen/
absurden *Witz-Hammer* solange auf ALLES
scheinbar „Wichtige" und „Ernste" IN unserem
Kopf zu „schlagen", bis NICHTS mehr übrig
bleibt...
...außer *WEISHEIT* (was auch immer das ist)

Natürlich gibt es auch billiges,
oberflächliches „Fun, Event, Blabla...",
aber das ist meist nur *Witz* und kein
Hammer - also harmlos. Also, was solls

Ciao
Günther

Mail gesendet: Montag, 27.12.1999 09:12
Betreff: Mikado !?

Hi Liste,

spielen wir momentan *Listen-Mikado*? Wer
zuerst mailt hat verloren!?
Oder *Zen-Mikado*? Wer zuerst
denkt/schreibt, ist nicht (mehr)
weise/erleuchtet!?
;)

Ciao
Günther

Mail gesendet: Montag, 27.12.1999 10:17
Betreff: Mikado !?

Hi Claudia,

Claudia Klinger schrieb:
> ... wundere dich doch nicht, dass an ein
> paar wenigen Feiertagen im Jahr mal etwas

> Flaute ist im Mailwesen! Das geht schon
> wieder los...

O.k., danke für das *feedback* :)
Ich dachte schon, ich hab ein technisches
Problem. Sorry, das *Wundern* ist so eine
schlechte Angewohnheit von mir ;)

> Besten Gruß und viel Freude in der 5.
> Jahreszeit!

Dir auch :)

Ciao
Günther

Mail gesendet: Dienstag, 28.12.1999 13:59
Betreff: Briefe an die Zukunft

Hi Liste,

Oliver Gassner schrieb:
>> problem: wer soll die dinger jemals
>> wiederfinden?
>
> Wenn ne Stadtbibliothek sowas macht kann
> man da etwas sicherer sein, dass die Info
> 100 Jahre überlebt. (etwas)

Vielleicht sollten Provider das in ihren
Rechenzentren auch machen: ein paar
ausgedruckte Logfiles, News- und Mailinglisten im Keller ihrer Firmensitze
verbuddeln. Datenträger mit
Sicherungsdateien sind ja relativ sinnlos.
Wer soll die it welchem Gerät in 100 Jahren
lesen??? An diesem Problem tüfteln Archivare
schon sehr lange herum, soviel ich weiß.
Außer man verbuddelt auch das (Lese-)Gerät
inkl. Software und Bedienungsanleitung (und
Stromgenerator ;)

Zumindest DIESE Liste in ausgedruckter Form
halte ich schon für sehr rettungswert für
zukünftige Generationen. Auch wenn spätere
LeserInnen vielleicht nur grinsen würden ;)

Ciao
Günther

**Mail gesendet: Mittwoch, 29.12.1999 16:27
Betreff: Halbwertszeit von Geschriebenem und
Wissen überhaupt in den Zeiten des Netzes**

Hi Liste,

Guido Grigat schrieb:
> nicht unspannend...:
> http://www.spiegel.de/netzwelt/netzkultur/
> 0,1518,57918,00.html

... naja, bei einem „Fachmann der
angewandten Philosophie" bin ich zuerst
einmal skeptisch (gibt es denn „Fachmänner
der nicht-angewandten Philosophie"? Wenn ja,
was machen die dann??? Und wozu??? Und für
wen???).

(Zitat)
Die zunehmende Verbreitung des Internet
führt nach Einschätzung des Philosophen
Wather Zimmerli zu einem gravierenden Wis-
sensverlust der Menschen. "Wir entwickeln
uns nicht in eine Wissensgesellschaft",
meint der neue Präsident der Privat-
Universität Witten-Herdecke. "Zwar haben wir
immer besseren Zugang zu Datenbanken, aber
wir verlieren dabei Teile unseres Wissens."
(/Zitat)

Welche „Teile des Wissens" meint er wohl?

(Zitat)

Die enormen Langzeitfolgen des Internet für
die Menschen würden bislang zu wenig diskutiert, kritisierte der Fachmann für ange-
wandte Philosophie.
(/Zitat)

Wir haben ja noch nicht einmal die enormen
Langzeitfolgen mancher (jahrhundertealter)
Philosophien/Glaubenssysteme wirklich
diskutiert.
Warum will er wohl das Internet kritisieren,
das es erst lächerliche paar Jahrzehnte
gibt?

(Zitat)
"Das Problem ist, dass man benötigtes Wissen
in den Datenmengen nicht mehr findet", sagt
Zimmerli. Die Halbwertszeit von Geschriebe-
nem werde immer kürzer.
(/Zitat)

Gegenthese: Das „Problem" war bisher, dass
die Halbwertszeit von Geschriebenem (Wissen)
Jahrhunderte dauerte, bis es sich als
falsch erwiesen hat.

(Zitat)
Wissenschaftler, Wirtschaftsexperten, Poli-
tiker und Journalisten hätten bereits den
Überblick über die ständig anschwellenden
Datenmengen in ihren Fachgebieten verloren.
"Die Fähigkeit, die wachsenden Angebote zu
selektieren, erreicht ihre Grenzen", meint
Zimmerli.
(/Zitat)

„Gretchenfragen":
WER will wozu welchen *Überblick* haben?
WER will wozu welche *Grenzen*
ziehen/kennen/selektieren?

(Zitat)

Unternehmen der Informationstechnologie be-
kämen dadurch immer mehr Macht. Mit Suchma-
schinen und Internet-Diensten für einzelne
Branchen und Wissenschaften machen sie das
Internet für viele Anwender erst nutzbar.
"Der Wissenszugang kann dabei selbstver-
ständlich manipuliert werden", warnt
Zimmerli.
(/Zitat)

Lebt dieser „Philosoph" in einem einsamen
„Zimmer(li)"? Oder hat er noch nie etwas von
Erziehungs-/Bücher-/Zeitungs-/Radio-/TV-
Zensur gehört? Seit wann bitte ist
Wissenszugang nicht manipuliert? Gerade
diesen freien unkontrollierten Zugang des
Internets zum *Wissen* (was immer das auch
ist) empfinden manche Leute als
anarchistischen Sprengstoff, den sie
offensichtlich nicht ganz verkraften
wollen/können/dürfen!? Fragt sich nur, warum
sich manche Leute so den Kopf über ZUVIEL
Information/Wissen zerbrechen. Vor was
fürchten sie sich wohl?
Wie gesagt, bin ich bei solchen Themen eher
skeptisch und kritisch. Im Zweifel ist mir
WENIGER Zwang/Einschränkung/Bevormundung und
MEHR Freiheit/Offenheit/Individualität
lieber! Weniger *Gedächtnisleistung*,
sondern mehr *Denkleistung* ist m.E. in
Internet-Zeiten gefordert! Und (Selber-)
Denken hat noch niemanden geschadet, oder?
;)

Ciao
Günther

Mail gesendet: Donnerstag, 30.12.1999 19:05
Betreff: Halbwertszeit von Geschriebenem und
Wissen überhaupt in den Zeiten des Netzes

Hallo Christian,

Christian schrieb:
> Ich bin auch sehr dafür zwischen
> Information und Wissen zu unterscheiden.
> Im Internet findet man IMO ausschließlich
> Informationen. Erst wenn diese kognitiv
> entsprechend „verarbeitet" werden, kommt
> „Wissen" heraus.

... einverstanden (obwohl mir jetzt Werner's
lange URL's über *Gehirn* und *Gedächtnis*
irgendwie abgehen ;) Der *Zugang* zu
(möglichst vielfältigen) Informationen
sollte aber (jederzeit, radikal,
kompromisslos) FREI sein (für Erwachsene!).
Die *Menge* an Informationen ist m.E.
nicht/nie das Problem. Das *Finden* der
Information ist oft ein technisches Problem
und m.E. (bald) befriedigend lösbar - mit
Softwaretools.

> Man braucht ja überhaupt schon eine Menge
> implizites erkenntnistheoretisches Wissen,
> um zwischen Wissen und Nicht-Wissen (oder
> Scheinwissen) unterscheiden zu können. Hat
> man diese Kompetenz, kann man sie auf
> Informationen unabhängig vom Medium
> anwenden. Hat man sie nicht, dann ist
> daran sicher nicht das Internet schuld.

Ja, genau auf diesen Punkt bezieht sich
meine Kritik an Zimmerli's Aussagen. Das
Internet ist NICHT schuld am mangelnden
Überblick und der Unfähigkeit, aus einer
Informationsflut brauchbares *Wissen* (für
sich ganz persönlich) zu schaffen.
Das Aneignen von einer „Menge impliziten
erkenntnistheoretischen Wissens" (*würg* ;)
ist m.E. auch keine elitäre Zauberei,
sondern nur *der kleine Schritt zum eigenen
Denken*.
:)

Ciao
Günther

**Betreff: Halbwertszeit von Geschriebenem und
Wissen überhaupt in den Zeiten des Netzes**

Hallo ZaZa,

ZaZa schrieb:
> Wissen ist etwas anderes als ein reiner
> Gedankenakt. Es entsteht im
> Zusammenspiel von VOR-Stellung und
> gemachter Erfahrung, wobei Letztere
> nicht in gleichem Maße zu beschleunigen
> sind wie Erstere.

Wenn wir vom *CyberLife in Internet-Zeiten*
reden und RL nicht vom VL unterscheiden,
dann entwickeln sich m.E. VOR-Stellungen und
gemachte Erfahrungen parallel/gleichzeitig
und in immer größerer Geschwindigkeit/
Beschleunigung. Das ist natürlich eine
subjektive Erfahrung, klar. Was ich konkret
meine ist einfach: wer im/mit Internet lebt,
für den passieren in kurzen Zeitabschnitten
sehr viele Dinge/Ereignisse. Diese Erfahrung
führt m.E. zu der Illusion, die *Zeit*
verginge schneller, was natürlich Unsinn
ist. Die bewusst wahrgenommenen Ereignisse
werden nur zahlreicher und folgen in immer
kürzeren Abständen. *Zeit* ist objektiv m.E.
ein relativer und deswegen unsinniger
Begriff.

> Schlimmer noch wird unser Blick im Rausch
> der geschwinden Gedanken für die
> Wirklichkeit getrübt, ...

... jeder soll m.E. so schnell denken, wie
er/sie glaubt (mit oder ohne *Rausch* ;)

> die Einzelheiten konkreter Wirklichkeit an
> denen wir unser Wissen erwerben und
> vertiefen könnten, gehen in der Unschärfe
> am Rande unter.

... naja, *Unschärfe* und *Tiefe* in der
Wahrnehmung sind ja m.E. wieder so
subjektive/relative (obwohl interessante)
Begriffe. Wie *scharf* siehst du? Wie *tief*
siehst du? Wie können wir das vergleichen?
Wozu sollen wir das vergleichen?

> Sich ebenfalls der Entschleunigungs-
> Bewegung anschließend

... ja, das tue ich auch ab-und-zu. Das
Schöne an eigenen (Denk-) *Bewegungen* ist
ja, dass die *Beschleunigung* gesteuert
werden kann - ganz subjektiv, jeder wie
er/sie will...
:)

Ciao
Günther

Mail gesendet: Samstag, 1.1.2000 14:34
Betreff: ein zipfel der ewigkeit

Schönen guten Morgen im neuen JahrX,

Ingo Mack schrieb:
> der ganze muellenium unfug ist nichts
> weiter als ausgemachter
>   B.L.O.E.D.S.I.N.N.

...nana, ich hab gerade gehört, dass Chinas
Taxi-Uhren seit heute Mitternacht versagen.
Ist doch immerhin irgendein *y2k-Bug* ;)

> falls mir doch noch ein flugzeug auf den
> kopf fallen sollte, möchte ich doch noch
> gesagt haben: es war mir eine ehre, in

120

> dieser liste zu posten.

dito ;)

Ciao
Günther
... der sich heute noch *Entschleunigungs-
Tendenzen* hingibt *schnarch*

Mail gesendet: Sonntag, 2.1.2000 17:05
Betreff: Halbwertszeit von Geschriebenem und
Wissen überhaupt in den Zeiten des Netzes

Hi Listige,

Susanne Kunjappu schrieb im letzten
Jahrtausend:
> *Das Fernsehen macht Dumme dümmer und
> Kluge klüger.*
> Warum sollte es im Internet anders sein???

Yep, so kann man es auch sehr schön auf den
Punkt bringen :) (die Frage ist natürlich
immer, wie mensch klug wird/bleibt!?)
Das ist irgendwie genauso wie in jeder
pädagogischen Bildungsstätte ;)

Ciao
Günther ... der froh ist, keine Hausaufgaben
mehr machen zu müssen ;)

Mail gesendet: Sonntag, 2.1.2000 17:06
Betreff: frau turkle im audiostream

Hi Jörg,

Jörg Wittkewitz schrieb:
> nun bin ich eher einer aus der fraktion,
> die dramen schreiben, ja das gibt's noch,

... dieser Hinweis macht neugierig ...

(Du hast dich hier noch nicht kurz
vorgestellt, oder?)

> und möchte sowas mal als audiostream auf
> meine HP stellen.

HP? Wo? Gibt's da irgendetwas schon zu
sehen/lesen/klicken?

> wie realisiere ich das, ohne mir so n
> pluginshockwavegerät dazuzuhauen und jeden
> besucher mit brutalo „bitte loaden sie
> erst plugin xy für ihren browser" zu
> vergraulen.

M.E. immer ein Problem der Dateigröße von
jeder Audiodatei. Außer ein paar Audio-/
Sound-Effekte/Experimente ist bei den
momentanen Übertragungsgeschwindigkeiten
LIVE (noch) nichts wirklich sinnvoll. Und
irgendwelche gezippte Downloads zum offline-
Hören bringen es m.E. irgendiwe nicht.
(wenn, dann vielleicht als *MP3* oder
RealAudio oder so!?)

> bei grafiken geht's ja mit gifs statt
> javaapplets für die animation, aber
> bei audio?? wer kennt überhaupt
> audioliteraturprojekte?

Probier mal: ... *low-tech sound for high-
tech people* http://www.micromusic.net/
... leider auch mit „download-
Vergewaltigung" :(
(ich kenne mich da nicht aus, sondern habe
den Link eher „zufällig" gefunden;
audioliteratur ist das allerdings nicht!?)

> falls das zu abgefahren klingt, bitte hier
> kurz reflektieren, warum.

... abgefahren, warum? Ist doch zur
Abwechslung einmal wirklich ein *OnTopic*
für *NetzliteratInnen* :)
... vielleicht als Thema etwas
(Monate/Jahre?) seiner Zeit voraus.

Ciao
Günther

Mail gesendet: Montag, 3.1.2000 10:31
Betreff: frau turkle im audiostream

Hi Jörg,

Jörg Wittkewitz schrieb:
> tja nun, die kurzvorstellung ist kaum kurz
> möglich:

THX :)

> student phil&literaturwissenschaft im
> hauptstudium [...]
> bataille, celine, ibm, azulejos, rimbaud,
> villons, kinski, blake, buber, picabia

THX, jetzt habe ich wieder etwas zu meiner
literarischen Allgemeinbildung getan und
ein paar deiner Stichwörter nachgelesen.
Vorallem *ibm* ist für mich ein echtes
Vorbild ;)

(OT)
Immerhin wurde in einem IBM-Forschungslabor
nahe New York ca 1980 vom genialen
französischen IBM-Wissenschaftler Benoit
Mandelbrot die „Fraktale Geometrie"
entwickelt und das berühmte „Apfelmännchen"
(mathematische Figur in der komplexen
Zahlenebene von atemberaubender Schönheit)
das erste Mal auf einem Computer
berechnet/entdeckt.
(/OT)

Auswirkungen auf die Literatur gibt's noch
nicht, oder? Welcher *ismus wird das wohl im
21 Jh.?

> kein liebling der frostmoderne.

... naja, da hilft wahrscheinlich nur *warm*
anziehen. Gegen chaotische *Wetter/Klima-
Trends* ist schwer anzukämpfen und
„Verantwortliche" und „Klassenfeinde" gibt's
da auch nicht, so viel ich weiß ;)

> arbeit und studium fressen nicht nur
> seelen sondern auch uhren

... welche *Seele* braucht Uhren??? ;)
(„das mit der zeit ist schwindel" <zit/Ingo
Mack>)

> dialogphilosophie-drama-web sind zur zeit
> mein bermuda-dreieck.

... na hoffentlich verschwindet da drinnen
nichts ;)

> übrigens herr O.G., die sehr seltsam und
> immer wieder veränderte art, die sätze auf
> dem bildschirm zu setzen, die sie als
> schlechte formatierung erkennen, ist das,
> was man als poetischen akt beschreibt.

Oliver ist seit Anfang an dabei,
theoretischer und praktischer *NetzLiterat*
und seit kurzem *Listenowner*. Er weiß
(meistens *duck*) sehr genau wovon er redet,
glaub mir ;)
Du kommst hier an einen virtuellen
Stammtisch, wo seit über drei Jahren über
(Netz)Literarisches berichtet, spekuliert,
geplaudert, diskutiert, philosophiert und
manchmal auch gestritten wird.

> ich bin kein freund von genormten formaten
> - der kopf ist rund, damit das denken die
> richtung ändern kann.

Du schreibst aber schon mit *Buchstaben*,
oder? Da können doch die paar „Regeln" einer
Mailingliste nicht das Problem sein, oder?
(„Form follows dingsbums" <zit/Oliver
Gassner>)

> ps: internet2 wird probleme um audio und
> web besser lösen als alle fuckin's von
> röhl oder schlockwelle.

Yep ;)

Ciao
Günther

Mail gesendet: Montag, 3.1.2000 11:48
Betreff: frau turkle im audiostream

Hi Oliver,

Oliver Gassner schrieb:
>> Auswirkungen auf die Literatur gibt's
>> noch nicht, oder?
>
> Hm, also ich denke dass man das meinen
> (hyper) Texten ansehen sollte.
> Auch wenn sich das nicht auf der
> Oberfläche abspielt.

... hm, jetzt schau ich noch einmal,
genauer, länger und tiefer ...
(dass du das Thema sehr gut kennst, sagt ja
schon eine deiner *mail-Adressen* -
fraktal@... ;)

> Ein mir bekannter Mathematiker hat zudem
> einen Roman namens „Chaos" geschrieben
> (Wolfgang Jenne). Ich hab erst angelesen

> aber es geht bereits auf S. 1 mit dem
> Thema los.

THX für den Lesetipp. Ich mag Mathematiker,
die Bücher (ganz ohne Formeln) schreiben ;)

> „it's times like this i wished i had
> listened to what my mother used to
> tell me." „why? what did she say?" „i
> don't know. i didn't listen!"
>   [douglas adams, the hitchhiker's
>   guide to the galaxy]

Yep, dieses Buch sollte ich auch wieder
einmal lesen :)

Ciao
Günther

**Mail gesendet: Montag, 3.1.2000 12:10
Betreff: webkultur als anderwelt ? ein
fugenloses rondo.**

Hi Listige,

MorphorM <...@bonsai.fernuni-hagen.de>
schrieb an Ingo Mack:
> ist meine schreibe so opak, dass man den
> inhalt in einem argumentum ad hominem
> unterschlägt.
> oder hast du dein blumenbeet überdüngt?
> hat noch ein/e andere/r ne meinung zur
> ,webkultur...'?

(Zitat)
Die Bonsais in der Natur
****
Unter bestimmten ungünstigen Lebens-
bedingungen, beispielsweise auf sehr kargem,
steinigem Boden, wachsen manche Bäume wie
Fichten und Kiefern nur sehr langsam und
erreichen, selbst nach mehreren hundert

126

Jahren, nicht einmal eine Höhe von einem
Meter. Ihre Blätter sind dann klein, und
ihre Zweige und Wurzeln sind kaum
entwickelt. Dieses natürliche Phänomen haben
die Japaner in der Kultur der *Bonsais*
nachahmen können.
(/Zitat) <LexiROM>
;)

Ciao
Günther
The Irony-Machine

Mail gesendet: Montag, 3.1.2000 12:17
Betreff: frau turkle im audiostream

Hi Listige,

Michael Charlier schrieb etwas schneller als
ich auf Werner's letzte Sehnsüchte im VL:
>> außerdem: ein apfelweibchen würde mir
>> mehr zusagen ;-)
>
> hast du's denn schon mal mit einer Julia-
> Menge versucht? Das sind die Schwestern
> vom Apfelmännchen, und einige davon sind
> recht wohlgeformt.

Julia-Mengen sind nur die andere
Perspektive/Schnittmenge in der vierten
(*uff*) Dimension der *Mandelbrotmenge*.
Eigentlich gehören sie zum _selben_
mathematischen Objekt ;)

Ciao
Günther

Mail gesendet: Mittwoch, 5.1.2000 12:53
Betreff: Gesellschafts-System

Hi Listige,

Ingo Mack schrieb:
> ich weiß zwar nicht, warum ich nix anderes
> mache; zum jahreswechsel hab ich halt
> immer etwas mehr zeit als sonst... :)

Ok, mir geht's genauso. Deshalb kommen hier
gleich meine eigenen *Reflexionen* zu dem
Themenkomplex (leider etwas kurz skizziert,
aber nachvollziehbar, hoffe ich jedenfalls).

> allerdings ist diese womöglich -nicht-
> beabsichtigt (?).
> Gesellschaften funktionieren nun mal so.
> Das System an sich ist in sich
> geschlossen-- und: funktioniert.
> Glaubst du tatsächlich an gesellschafts-
> verändernde Kräfte, ich nicht.

... ich *glaube* es zwar auch nicht, bin mir
aber nicht sicher dabei (ich lasse mich sehr
gerne und oft überraschen).

Nun zum (scheinbar) perfekt funktionierenden
Regelkreis:

(X) -> Aufklärung/Bildung/Wissen
****

-> Demokratie/Marktwirtschaft (Kapitalismus)
****
-> Freie Meinungsäußerungen von sehr vielen
Individuen
-> Informations-Überangebot/-Überfluss
-> Medien (TV, Zeitungen, Bücher, Internet
...)

Objektives Faktum:
-> unendlich großer *Informationsraum* mit
ständig produzierten Primär-/Sekundär-/.../-
Informationen
****

Subjektives Empfinden von vielen einzelner
Individuen:
-> Diffuse Des-Information, Konfusion,
„Chaos"
-> Ablenkung, Zerstreuung, Verblödung,
oberflächliches „Klickibunti"
(Info-/Entertainment)
-> Orientierungslosigkeit, Angst,
Überforderung, „Information overflow"

-> geregeltes, (scheinbar) abgesichertes,
durchorganisiertes Leben
****
-> geregelte *Arbeit* in einer Leistungs-
gesellschaft
-> Wettbewerbs-/Erfolgsdenken
-> „geistlose" Geschäftigkeit
-> negativer (unangenehmer) Stress

-> geregelte Pause/Urlaub/Freizeit
-> Entspannung mit (meist) „geistlosen"
Tätigkeiten: Hobbys, Action, Fun, Abenteuer,
Events
-> Scheinbefriedigungen/Kaufrausch
-> negativer (unangenehmer) Stress

-> Suche nach Auswegen/Lösungen/
Verbesserungen usw.:

(X) -> Aufklärung/Bildung/Wissen
****

Thesen:
Es gibt eine versteckte/unauffällige
Diktatur ohne Diktator. Sie war nicht
geplant, nicht vorhersehbar, nicht
beabsichtigt. *Aufklärung/Bildung/Wissen*
waren ursprünglich positive Ziele/Ideale.
Heute sind sie oft kontraproduktiv.
Die „denkende Lawine" ist unkontrollierbar,
irreversibel, ausweglos, nicht mehr zu
stoppen. Einzelne Publikationen sind

wirkungslos (weil auch nur winzige/
unauffällige Teile einer ständig wachsenden
unüberblickbaren Informationsmenge).
Auch sog. „Drahtzieher"/Entscheidungsträger
an der „Macht" (Politiker, Manager,
Bildungsträger usw.) sind (meist) „Täter"
plus „Opfer" dieser eigendynamischen
Systementwicklung. Es gibt keinen greifbaren
menschlichen Feind (mehr). Das „Feinbild"
ist das SYSTEM, also WIR ALLE.
Wer profitiert davon?
-> keiner / wir alle / das *System*!?
Wer ist der Diktator?
-> keiner / wir alle / das *System*!?
... *Irgendetwas geht seinen Gang*
... *Irgendwie hängt alles zusammen*
Mein persönlicher Ausweg:
Zynisch/kynische Lebensphilosophie;
distanziert/gelassen leben und mir Zeit
lassen, um für mich „Wesentliches" zu
erkennen/denken/lesen/schreiben :)
Es steckt nichts dahinter. ES ist einfach so
wie es ist.
... *Der Clou ist, es gibt keinen Clou* ;)

> genug, es gibt andere dinge zu tun.

Yep, klick und weg ;)

Ciao
Günther

Mail gesendet: Donnerstag, 6.1.2000 16:08
Betreff: Gesellschafts-System

Hi Jörg,

Jörg Wittkewitz schrieb:
> [...] systemgedanke ist sowas von
> überholt, das man darüber gar nix mehr
> liest, echt keiner äußert sich mehr dazu.

hmm...

> nein, die veränderung ist ein statischer
> zustand und daher nicht intentional zu
> überhöhen man kann nichts wollen, was
> einen hervorgebracht hat. (das wäre
> platter als ein unzulässiger schluss)

hmm, wenn ich/wir weder platt noch
(bio)logisch sein soll/en, dann bleibt wohl
nur eine (absurde) „intentionale Überhöhung"
zB a la *Zen* übrig? Oder siehst du noch
andere Möglichkeiten?

Ciao
Günther

**Mail gesendet: Donnerstag, 6.1.2000 21:08
Betreff: Gesellschafts-System**

Hi Jörg,
hi Listige,

Zitate sind natürlich ein schwacher Ersatz
zum eigenen Denken und Formulieren, aber
manche „Dinge" können nun mal wirklich nicht
klar ausgesprochen werden bzw. sind von
manchen Leuten schon klar gesagt worden.
Wichtig ist m.E. letztendlich nur, ob das
dann auch im Alltag gelebt wird - JEDEN Tag
und in JEDEM Augenblick. Das ist für mich
die wesentliche Herausforderung: mit hellem
und klarem Bewusstsein sein Leben aufmerksam
zu leben :)
Wittgenstein hat zwar auch schon sein
„Existenz-Problem" gelöst, aber m.E.
wichtige Gedanken sehr klar formuliert -
jenseits von sog. „Autoritäten" und dieseits
von „Zen-Koans".

Jörg Wittkewitz schrieb:

> aus der philologie in die philosophie ist
> das dann als das dass-sein, im unterschied
> zum was-sein eingegangen.

„Nicht wie die Welt ist, ist das Mystische,
sondern dass sie ist."
(zit/Wittgenstein, Tractatus, Satz 6.44)

> vielleicht erinnert sich einer an den
> Großinquisitor (Dostojevskij), dort finde
> ich die worte, die mir fehlen, denn mein
> gefühl zu existenz ist die leere, vor der
> ich angst hab, weil sie groß und umfassend
> ist, wie der tod. [...]

„Die Lösung des Problems des Lebens merkt
man am Verschwinden dieses Problems. (Ist
nicht dies der Grund, warum Menschen, denen
der Sinn des Lebens nach langem Zweifeln
klar wurde, warum diese dann nicht sagen
konnten, worin dieser Sinn bestand.)"
(zit/Wittgenstein, Tractatus, Satz 6.521)

> p.s.: um die frage praktisch zu
> beantworten: seit ich die hausgeburt
> meines sohnes erlebte, bin ich von solchen
> fragen geheilt!

„Die für uns wichtigen Aspekte der Dinge
sind durch ihre Einfachheit und
Alltäglichkeit verborgen. (Man kann es nicht
bemerken, - weil man es immer vor Augen
hat.) Die eigentlichen Grundlagen seiner
Forschung fallen dem Menschen gar nicht auf.
Es sei denn, dass ihm *dies* einmal
aufgefallen ist. - Und das heißt: das, was,
einmal gesehen, das Auffallenste und
Stärkste ist, fällt uns nicht auf."
(zit/Wittgenstein, Philosophische
Untersuchungen, Satz 129)

Jede Literatur, die *dieses* Existenz-Gefühl
(wie auch immer) authentisch beschreiben

kann, ist für mich wesentlich und zeitlos.
Solche Literatur lese ich (immer wieder)
gerne :)

Ciao
Günther

Mail gesendet: Freitag, 7.1.2000 09:13
Betreff: Werte und Menschen im Netz...

Hi Listige,

Jörg Ziesche schrieb:
> openvox will aber nicht in das metier der
> verlage, lektoren oder so eingreifen,
> sondern diesen lediglich eine plattform
> zur verfügung stellen, die sie sowieso
> brauchen werden.

Ich will ja ambitionierte sympathische
Menschen nicht desillusionieren, aber ich
verstehe bei dieser *Idee* noch immer
einiges nicht: Warum sollen bestehende
Verlage diese Web-Plattform nicht selbst
machen, wenn es soweit ist, mit *Downloads*
Geld zu verdienen? Die haben schon ihre
Lektoren, die halt dann zu Web-Lektoren
werden. Vor einem Computer-Kastl sitzen die
ja eh schon alle. Verlage verstehen ihr
Geschäft von der Textauswahl bis zum
Marketing und Verkauf. Was sollen die
nicht können? Und das *Finden* der Verlage
im Web ist doch auch kein Problem, oder?
Irgendeine Suchmaschine hernehmen: zB
„suhrkamp" + „Autor" + „Thema" eintippen ->
Search -> Bingo
Wozu EINE Plattform? Wozu dieser ZENTRALE
Aufwand? Das kann ja dann bloß EINE
Verlags-LINK-Liste auch leisten!?

> der wert von openvox ist zum einen erstmal
> die technik, die permament

> weiterentwickelt werden muss.

Dann ist OpenVox eine *Software-/Consulting-Firma*, oder? (das würde ich verstehen, damit kann man auch Geld verdienen)
Warum sollten bestehende Verlage diese *Technik* nicht auch binnen kurzer Zeit (zu ihrem eigenen Nutzen) anwenden können?
Technik kann man im Gegensatz zu *Content* IMMER kaufen ;)
Mir scheint, die „Investoren" bei OpenVox benuzen Jörg&Co. als (billige?) Markttester, um das dann selbst zu machen, wenn's funktioniert. Aber ich kann mich natürlich täuschen.

Ciao
Günther

Mail gesendet: Freitag, 7.1.2000 11:11
Betreff: Werte und Menschen im Netz...

Hi Oliver,

Oliver Gassner schrieb:
>> Verlage verstehen ihr Geschäft von der
>> Textauswahl bis zum Marketing und
>> Verkauf. Was sollen die _nicht_ können?
>
> Die haben weniger Geld als Du denkst
> (sagten vorgestern der Verlagsleiter von
> Goldmann und ein Lektor von Eichborn).

Mein „Mitleid" hält sich in Grenzen ;)
Im Ernst: glaubst du wirklich, wenn Bertelsmann bis Suhrkamp & Co. solche eigenen Download-Plattformen machen woll(t)en, dass ihnen dann das Geld fehlt (bzw. sie es nicht schnell auftreiben könnten)?

>> Wozu EINE Plattform? Wozu dieser ZENTRALE

>> Aufwand?
>
> Traffic ist sexy und Traffic bringt $$$.

Glaubst du wirklich, dass Verlags-download-
Plattformen sooo wenig Traffic haben werden,
wenn dann auf jedem ihrer (offline-)Bücher
und auf jedem Verlagsprospekt ihre *Web-
download-/-cybershop-Adressen* leuchten?

>> Das kann ja dann bloß EINE *Verlags-LINK-
>> Liste* auch leisten!?
>
> Zu wenig Traffic. Content ist Trumpf.

Guten *Content* haben und bekommen m.E. die
bekannten Verlage viel leichter als neue
(noch unbekannte) „Plattformen". Aber
vielleicht täusche ich mich da.

>> Warum sollten bestehende Verlage diese
>> *Technik* nicht auch binnen kurzer Zeit
>> (zu ihrem eigenen Nutzen) anwenden
>> können?
>
> Cash. S.o.
>
>> *Technik* kann man im Gegensatz zu
>> *Content* IMMER kaufen ;)
>
> Eben, kaufen.

Ich weiß ja nicht, welche „tolle" (teure?)
Technik bei openvox eingesetzt wird, aber
ich kann mir einfach nicht vorstellen, dass
ein mittelgroßer Verlag sich diese nicht
leisten will/kann, _wenn_ er mit dieser
Technik *Geld* verdienen kann (das ist m.E.
eine triviale mittelfristige Kosten/Nutzen-
Rechnung).

>> Mir scheint, die „Investoren" bei OpenVox
>> benuzen Jörg&Co. als (billige?)

>> Markttester, um das dann selbst zu
>> machen, wenn's funktioniert. Aber ich
>> kann mich natürlich täuschen.
>
> Die Investoren ,machen' es ja indem sie
> Openvox das Geld geben.

Ich habe angenommen, dass die „Investoren"/
"Gründungsväter" auch selbst (bekannte?)
Verlage sind.

Ciao
Günther

Mail gesendet: Freitag, 7.1.2000 13:21
Betreff: Werte und Menschen im Netz...

Hi Oliver,

Oliver Gassner schrieb:
> Also wenn der Goldmann Mensch sagt, dass
> sein Geld begrenzt ist, stimmt das sicher;
> weil Bertelsmann es ihm nicht einfach
> schenken wird.
> Und ne Firmenwebsite kostet echtes Geld.

... mag sein (geschenkt bekommt man ja nur
das echte RL ;)

>> Glaubst du wirklich, dass Verlags-
>> download-Plattformen sooo wenig Traffic
>> haben werden, wenn dann auf jedem ihrer
>> (offline-)Bücher und auf jedem
>> Verlagsprospekt ihre *Web-download-/-
>> cybershop-Adressen* leuchten?
>
> Glaubst du die machen auf ihrem Site für
> andere Werbung? Und die Leute kaufen
> Suhrkamp bei Amazon, nicht unbedingt bei
> Suhrkamp.

Ich meinte *Suhrkamp-download-Eigenwerbung*
auf eigenen *Suhrkamp-Bücher/Prospekte*
usw., wenn es jemals ein solches *download-
Geschäft* auf JEDER Verlagsseite einmal
geben sollte... [... ich finde zB die
Suhrkamp-Site nicht so schlecht und kann mir
durchaus vorstellen, dass sie irgendwann
ihre _eigenen_ download-Texte anbieten
werden, _wenn_ das ein Geschäft sein
sollte...]
Der Suhrkamp-Verlag verdient aber schon
mehr Geld pro Suhrkamp-Buch als Amazon
(oder andere Online-Shops), denk ich. Amazon
macht zwar sehr viel Umsatz, das stimmt -
aber auch (noch immer) große Verluste. Aber
einen sexy Traffic haben sie ;)
Aber egal, wir werden ja sehen, wie es mit
den *Text-downloads* so weitergeht... so,
und jetzt ruft das echte RL... ;)

Ciao
Günther

Mail gesendet: Freitag, 7.1.2000 19:16
Betreff: Antworten zum Verständnis

Hi Jörg,

Jörg Ziesche schrieb:
> OpenVOX ist für Verlage nichts anderes als
> eine neue Vermittlungsplattform. Neue
> Einkünfte, neue Zielgruppen, neue
> Möglichkeiten.

Ja , das verstehe ich schon. Aber wenn ich
als (Neu-)User gute texte suche und
openvox noch nicht kenne, dann suche ich
wahrscheinlich nach einem bekannten
Verlag, den ich vom RL kenne oder ich
befrage eine Suchmaschine (=VL-„Expertin"),
die mir dann (meist) weiterhilft.

> Geht jemand, der Suppe kaufen will, zum
> Maggi-Werk? Das Finden ist auch kein
> Problem. - Nein, er geht zum Vermittler.

Stimmt das auch dann noch, wenn Produzent/
Autor, Verlag und Vermittler nur einen (oder
zwei) Mausklick(s) voneinander entfernt
sind?

> Genaugenommen ist OpenVOX exakt diese
> Linkliste. Nur dass wir nicht nur die
> Verlage verlinken, sondern die Werke. Also
> deutlich aufwendiger. Geht nicht in einem
> Tag. Und viele Leser werden sich mal über
> exakt diese „Linkliste" freuen...

... ja, da hast du sicher Recht :)

> Wir verschenken die Technik sogar, wenn
> sie fertig ist!

Wow, jetzt fällt mir bald kein Gegenargument
mehr ein :)
Jetzt verstehe ich aber noch immer nicht,
wie das Modell bei einer
Mehrfachverwertung von Texten konkret
funktionieren soll. Angenommen ich stelle
meinen TEXT (im pdf-Format)...
1. auf meine Homepage (mit eurer Technik)
2. auf die openvox-HP als Vermittler
3. auf irgendeine Verlags-HP (mit euer
Technik)
4. und vielleicht noch x-mal irgendwo anders
ins Web...
...und _überall_ kann jede/r den TEXT
downloaden UND (gleichzeitig) bezahlen!? ...
träume ich jetzt vom $$$-Paradies oder soll
das wirklich einmal so funktionieren? Was
hat openvox konkret davon, wenn mein TEXT
von irgendwo im Web (mit euer Technik)
downgeloadet und bezahlt wird? ...
kon(indis;)kreter: wie schaut die
Gewinnverteilung genau aus?

> OpenVOX soll zeigen, dass es funktioniert.
> Bitte berücksichtigt aber, dass wir gerade
> erst angefangen haben, was ins Netz zu
> stellen.

... na ich bin wirklich sehr gespannt, ob
das was wird :)

Ciao
Günther

**Mail gesendet: Freitag, 7.1.2000 21:28
Betreff: Antworten zum Verständnis**

Hi Jörg,

Jörg Ziesche schrieb:
>> Wow, jetzt fällt mir bald kein
>> Gegenargument mehr ein :)
>
> Es gibt auch keines. Außer Ignoranz. Oder
> „Das war bisher so und wird so bleiben"

In *Internet-Zeiten* bleibt _nichts_ wie es
ist/war (egal, ob mit oder ohne Ignoranz),
für manche erschreckend, für viele aber
spannend :)

> ...wenn ich das alles erkläre, könnte ich
> das komplette Programm- und Business-
> Konzept ins Netz stellen. Dies kann ich
> nicht tun.

O.k., verstehe ich.

> Es geht wirklich einiges, wenn uns nicht
> vorher die Luft ausgeht...

...na dann wünsch ich euch einen langen Atem
oder ein großes „Sauerstoffgerät"... ;)

Ciao
Günther

**Mail gesendet: Freitag, 7.1.2000 21:30
Betreff: Macrohard et.al.**

Hi Jörg,

Jörg Wittkewitz schrieb:
> ich weiß, in zwei jahren hat keine sau
> mehr eine dicke pc-kiste unterm tisch,
> weil alles was es gibt bluetooth kann und
> drahtlos, schick und klein sein wird...

Yep, ich kann mir so eine dicke Kiste schon
jetzt nicht mehr vorstellen.

> aber wie bewertet ihr nun diese e-book-
> geschichte?

Wenn ich mir so mein A5-Notebook anschaue,
auf dem ich gerade schreibe und lese, dann
habe ich schon jetzt das Gefühl, dass es
eine Art *e-book* ist.
Ich denke, die Hardware wird noch kleiner
und noch benutzerfreundlicher werden, und
mir ist es dann schnurz egal, von wem das
Kastl und von wem die SW ist (ich kenne ja
auch nicht den Hersteller von meinem
Bleistift und dem Papier, auf dem ich
manchmal noch schreibe ;)

> wird mein sohn kein neues buch mehr
> riechen können und nach acht jahren keine
> dieser buskarten aus athen im urlaubs-
> ‚plexus' von ol' henry miller finden? wie
> sind da die visionen?

Visionen in Internet-Zeiten haben
vielleicht eine Halbwertszeit von einigen
Monaten. 8 Jahre??? Ich weiß nur, dass ich
vor 8 Jahren keinen Schimmer einer Ahnung

hatte, dass ich heute manchmal mehrere
Stunden am Tag mit Menschen kommuniziere,
die ich noch nie gesehen habe, aber trotzdem
ein besseres Gefühl dabei habe, als wenn ich
„nur" mit meinem Nachbarn über das Wetter
rede ;) In 8 Jahren habe ich wahrscheinlich
eine VR-Brille auf und der Rest der Hardware
ist so klein, dass er wahrscheinlich in eine
Funk-Armbanduhr passt oder so ähnlich... das
Einzige was bleiben wird, ist das Denken,
Sprechen und Schreiben... wie, wo und wann
wir das tun... pfff, wen kümmerts? ... auf
den *Content* kommt es an :)

Ciao
Günther

Mail gesendet: Freitag, 7.1.2000 22:01
Betreff: Macrohard et.al.

Hi Wodile,

Wodile schrieb:
> ein paar banale gründe PRO buch:
... ich liebe Bücher, aber das ist
sentimental ... und reine Gewohnheit,
„fürchte" ich - deshalb ein paar KONTRA's...

> kann man ein e-book problemlos 8 stunden
> am strand in der sonne liegen lassen?

... ja, eine reine Materialfrage und die
Energie liefert die Sonne :)

> kann man es für 3 wochen in eine
> blockhütte mit holzofen, aber ohne strom
> mitnehmen?

... ja, Akkus werden leistungsfähiger und
innovative Energie-Technologien sind sehr
wahrscheinlich.

> kann man seiten rausreißen und über den
> badezimmerspiegel hängen, weil so
> treffende sätze drauf stehen?

... hmm, ich arbeite dran ;)

> kann man es ohne sorge um die technik
> unters kopfkissen schieben?

... ja, tue ich heute schon :)

> fragen über fragen ... ;o)

... und die Antworten sind gar nicht so weit
weg :)

Ciao
Günther

Mail gesendet: Samstag, 8.1.2000 12:30
Betreff: Das 18. Jh.

Hi Listige,

Ingo Mack verriet uns:
> ich hab wohl in geschichte ab 1701
> geschlafen. tief und fest.
... und fragte uns dann im 21. Jh., als er
aufwachte ;)
> was war wohl *das* merkmal des 18.
> Jahrhunderts?

... ich habe drei persönliche *Favoriten*
(gefunden auf meiner LexiROM ;)
*1737. Der Franzose Jacques de Vaucanson
(1709-1782) baut seinen ersten AUTOMATEN,
den *Querflötenspieler*.
*1740. Entdeckung der PARTHENOGENESE bei der
Blattlaus (Fortpflanzung allein durch das
Weibchen ohne Paarung mit dem Männchen)
durch den schweizerischen Naturforscher
Charles Bonnet (1720-1793).

*1764. Erster mechanischer WEBstuhl
(*Spinning Jenny*), gebaut von dem Briten
James Hargreaves (um 1710-1778).
;)

Ciao
Günther

Mail gesendet: Sonntag, 9.1.2000 09:52
Betreff: internetsurfen bald verboten

Hi Listige,

danke Ingo für...
> Ach Sprach, wie bist du sonderbar
> wie nimmt dich jeder anders wahr

Verstehen ist wie die *Zeit* eine
teuflische Sache, bei der *mensch* meist
ver-rückt wird, wenn er zuviel Zeit in das
Verstehen dieser *Begriffe* investiert ;)
carpe buch ... *carpe lit* ... *carpe
netlit* ... *carpe net live* ...
live or die ... *never say die!*
carpe diem ... pflücke und koste den Tag
voll aus ... genieße jeden Augenblick :)
Banale Frage: Gibt es eigentlich so etwas
wie *Lebens*-Freaks?
(FREAK [frik; engl.-amerk.] der; -s, -s:
1. jmd., der sich nicht in das normale
bürgerliche Leben einfügt.
2. jmd., der sich in übertriebener Weise für
etwas begeistert. ;)

Ciao
Günther
The Irony-Machine

Mail gesendet: Montag, 10.1.2000 19:01
Betreff: internetsurfen bald verboten

Hi Listige,

ACHTUNG
... professionell Gläubige und Laiengläubige
aller Religionen mögen bitte jetzt gleich
wieder wegklicken!!!
WEITERLESEN nur auf eigene Verantwortung!

... ich habe gerade „zufällig" einen m.E.
gut passenden Namen für mein zukünftiges
Zuhause im Web gefunden:
*** Günther's KLOster ***

[Kloster [lat.], abgeschlossener Lebens- und
Kultbezirk des organisierten (männl. und
webl.) Mönchtums.- auch in nichtchristlichen
Religionen ist das Kloster im Buddhismus und
Lamaismus verbreitet, aber auch im Taoismus,
in der islamischen Mystik und im Judentum
(Kumran) anzutreffen]
In meinem KLOster kann ich zukünftig sowohl
meine geniale Phi*LOL*osophie als auch
meinen banalen *LOL*tag beschreiben. Wenn
das Ganze dann *Sch....* ist, macht das auch
nichts - steht ja ganz groß auf meiner
Haustür. Ich habe schon viele Ideen für die
komplizierten VR-3D-Räumlichkeiten (an den
genauen Plänen arbeite ich gerade) ... an
die *Kirche* schließt sich um einen Hof der
Kreuzgang an, von dem aus *Dormitorium*
(Schlafraum), *Refektorium* (Speisesaal),
Küche, Wärmeraum und Kapitelsaal (diese
Elemente gehören zur *Klausur*) zugänglich
sind. Weitere Klostergebäude sind dann noch
Bibliothek, *Abtshaus*, *Hospital* und
einige *Wirtschaftsgebäude* (moderner
ausgedrückt: *Cyber-Shops*, wo dann diverse
heilige pdf-Texte gegen eine geringe
Spende downgeloaded werden können).
Der *Bau* der gesammten KLOsteranlage wird
aber einige Jahre dauern und wahrscheinlich
nie ganz fertig werden... ;)

Ciao
Günther

PS: sorry, diese Mail ist Sch**** ehm
Satire ... und dient ausschließlich der
persönlichen Information der hier
versammelten ML/NL-Listenmitglieder.
Jegliche darüberhinausgehende Nutzung,
insbesondere Weiterleitung, Veränderung und
kommerzielle Speicherung oder Verwertung der
veröffentlichten Inhalte ist untersagt.
Nachdruck nur mit Zustimmung des
KLOsterbruders Günther, der keine Haftung
für den Sch***-Inhalt übernimmt.

**Mail gesendet: Dienstag, 11.1.2000 09:16
Betreff: internetsurfen bald verboten**

Hi Olivia,

Olivia Adler schrieb:
> ... das erinnert mich an eine Synthese aus
> meiner alten Lieblings-Mailbox, dem
> „Kloster Eichenau" (dessen Sysop Werner
> Heine leider dieses Jahr verstorben ist)
> und dem Café Nirvana, das vermutlich auch
> mal in VRML zugänglich sein soll... :)
> Wirklich nur ein Scherz? Warum? Wäre doch
> interessant!

Wenn der Sysop *Heine* stirbt, deine
Projekte *Cafe Nirvana* und
mephistopheles.de heißen, dann ist das
schon eine m.E. sehr „gefährliche"
Versuchung ;)
(... wie ich mich aber kenne, kann ich kaum
einer Versuchung widerstehen ;)
Wie lang hat *Faust* eigentlich gelebt? Hat
er überhaupt gelebt?

Ciao
Günther

Mail gesendet: Dienstag, 11.1.2000 17:42
Betreff: Die PlumpsKLO-Parabel

Hi Listige,

H.P.Daniels interessiert sich für Werner's
PlumpsKLO-Erfahrungen:
> Aber mal im Ernst, Werner: wie war denn
> nun genau das Vorgehen der Großeltern?
> Haben sie die Bücher gelesen bevor sie
> angenagelt wurden? Und wurden alle Bücher
> genagelt ... oder nur bestimmte,
> ausrangierte?

Obwohl ich nicht dabei war, spielte es sich
m.E. so oder so ähnlich ab:

Die PlumpsKLO-Parabel
****
Das ganze Schauspiel spielte sich meist auf
einem Clos (= KLO; lat.-fr.,: von einer
Mauer oder Hecke eingefriedeter Weinberg
oder -garten) ab, umgeben von einer großen
ZyKLOpenmauer (= frühgeschichtliche Mauer
aus unbehauenen Bruchsteinen).
Es kam immer genau zur richtigen Zeit ein
unbekannter *ZyKLOp* (= einäugiger Riese der
griechischen Sage). Nachbarn beschrieben ihn
als *zyKLOthym* (= von extravaganter,
geselliger, dabei aber Stimmungsschwankungen
unterworfener Wesensart) bzw. *zyKLOid* (=
kreisähnlich, besonders stark und regelmäßig
zwischen Heiterkeit und Traurigkeit
schwankend).
Dieser ZyKLOp *KLOnte* (= durch künstlich
herbeigeführte ungeschlechtliche Vermehrung
genetisch identische Kopien von Lebewesen
herstellen) mit Hilfe eines sehr komplexen
ZyKLOtrons (= Gerät zur Beschleunigung
geladener Elementarteilchen und Ionen zur
Erzielung hoher Energien in der Kernphysik)
monoKLOnale (= aus einem Zellklon

146

gebildeter Antikörper) *EnzyKLOpädien* (= übersichtliche und umfassende Darstellung des gesamten vorliegenden Wissensstoffs aller Disziplinen oder nur eines Fachgebiets in alphabetischer oder systematischer Anordnung; vgl. Konversationslexikon), die dann an die Wand genagelt wurden. Manche Nachbarn bezeichneten den ZyKLOpen auch als *EnzyKLOpädist* (= Herausgeber und Mitarbeiter der großen franz. „Encyclopédie", die unter Diderots und d'Alemberts Leitung 1751-1780 erschien). *KLOthilde*, die unsichtbare *KLOfrau* litt sowohl unter *ZyKLOnopathie* (= Wetterfühligkeit) als auch manchmal unter einem *KLOnus* (= krampfartige Zuckungen infolge rasch aufeinander folgender Muskelzusammenziehungen; Schüttelkrampf), weil die produzierte *KLObassi* (= eine grobe, gewürzte Wurst) oft *zyKLOpisch* (= von gewaltiger Größe, riesenhaft) war und einer *KLOthoide* (= Spiralkurve mit immer kleiner werdendem Krümmungsradius, der Übergangsbogen zwischen einer Geraden und einer Krümmung im modernen Straßenbau) glich. Das entstehende Bild im PlumpsKLO war immer ein *ZyKLOgramm* (= graphische Darstellung einer in sich geschlossenen Folge zusammengehörender Vorgänge, besonders in der Bautechnik in bezug auf Fließfertigung im Taktverfahren).
Die *antizyKLOnale* Strömung (= Luftströmung, die auf der Nordhalbkugel der Erde im Uhrzeigersinn - auf der Südhalbkugel entgegengesetzt um eine *AntzyKLOne* kreist) wurde dabei regelmäßig als ein seltsam riechender *ZyKLOn* (= Wirbelsturm) in der ganzen Umgebung wahrgenommen.
Solche Geschichten können leicht zur *LogoKLOnie* (= krankhaftes Wiederholen von Wort- oder Satzenden) führen. Deshalb höre ich jetzt lieber auf und verlasse mein *KLOster*.

Ciao
Günther

**Mail gesendet: Mittwoch, 12.1.2000 08:32
Betreff: Flucht**

Hi Listige,

Wodile schrieb:
> ich glaube, was manche netizens als „zu
> hohe telefonrechnung" oder „zu hohe
> providerkosten" sehen, ist vor diesem
> hintergrund...
> ich akzeptiere diese kosten mit einem
> einfachen „so be it - gespart wird
> woanders".

Yep - *Mails* zu schreiben/lesen kostet mich
Zeit, sie zu senden/empfangen kostet einen
klax - naja, und *Surfen* ist m.E. auch
kein *Luxus*, nicht mehr wie Zeitungen,
Bücher, Theater u.a.
... click und weg.

Ciao
Günther

**Mail gesendet: Mittwoch, 12.1.2000 10:17
Betreff: literaturWELT.de**

Hi Olivia,

Olivia Adler schrieb:
> Aber ich habe literaturwelt.de, die im
> Moment nicht verwendet wird.
> Vielleicht findet sich ja im Rahmen dieser
> Liste was...

... das wäre m.E. etwas für literarische
VR-3D-Welten, nur ist es dafür noch zu

früh (große 3D-Bilder sind meist noch lästig
langsam und VRML ist ja auch noch -
praktisch - Zukunftsmusik, denk ich).
In einer *literaturWELT* können ja dann
viele *KLOester* gebaut werden - für jeden
Mitbewohner eins. Jeder hat schließlich
seine eigene Religion (oder was auch immer
;).

Ciao
Günther

**Mail gesendet: Mittwoch, 12.1.2000 11:40
Betreff: Spaghetteria**

Hi Listige,

mein Magen knurrt und deshalb „koche" ich
gerade. Auf der Packung lese ich:

*Pasta alla Bolognese - Nudeln in Fleisch-
u. Tomaten Sauce*
2 Portionen in 5 Minuten.

Spaghetteria Pasta Gerichte sind raffinierte
Nudelvariationen aus der abwechslungsreichen
Küche Italiens: Unkompliziert, schnell
zubereitet und ein kleiner Leckerbissen.
Pasta alla Bolognese sind feine Nudeln in
einer herzhaften Sauce mit Fleisch, Tomaten,
Karotten, Sellerie und typischen Kräutern.

Wo *mensch* nicht überall „Literatur"
hinterlässt... die wirklich inspirieren
kann, solange *mensch* satt ist.

Mahlzeit :)
Günther

**Mail gesendet: Mittwoch, 12.1.2000 12:20
Betreff: Spaghetteria**

Hi Listige,

frisch gestärkt (mmh) schreibe ich euch
jetzt noch die *Zubereitungsanleitung*, da
ich beim Kochen keine Zeite hatte:
---
1. 1/2 l lauwarmes Wasser in einen weiten
Topf gießen.
2. Beutelinhalt einrühren und zum Kochen
bringen.
3. Bei mittlerer Hitze ohne Deckel 5 Minuten
kochen.
Ab und zu umrühren. Nach Belieben etwas
Butter zugeben.
[aus der Serie *Creative Kochidee* -
Treffpunkt Küche]

So, und jetzt koche ich Kaffee (aber darüber
schreibe ich nicht mehr - das ist ja keine
Kunst ;)

Ciao
Günther

Mail gesendet: Mittwoch, 12.1.2000 13:42
Betreff: Spaghetteria

Hallo Werner,

Werner Stangl schrieb:
> mein rezept:
> [...]
> 2-3 stunden auf kleiner flamme köcheln
> lassen,
> [...]
> nochmals ca 30 min köcheln lassen.
> mahlzeit!

... nix gegen deine gründlichen Kochkünste,
aber da kann ich leider (noch) nicht
mithalten - aus Zeitgründen. Ich werde

nämlich (noch) nicht bezahlt für's Kochen.
Weißt du irgendwelche Angebote für mich als
Koch?
[... bitte nicht aus der *netz*küche - die
zahlen so schlecht, soviel ich weiß - aber
vielleicht ändert sich das ja bald ;)]

Ciao
Günther

**Mail gesendet: Mittwoch, 12.1.2000 16:27
Betreff: Spaghetteria**

Hallo Werner,

Werner Stangl schrieb:
> also zeitmäßig ist das nicht so schlimm —
> vorbereiten ca 5 minuten, anbraten und
> würzen ca 5 minuten. dann jede halbe
> stunde kontrollieren, finish mit
> nudelkochen ca 5 minuten

... naja, ab und zu traue ich mich schon
über größere Gerichte - wie beim sehr
exotischen Versuch *spaghetti con zyklio*
(hoffentlich ist keinem übel geworden -
sorry, aller Anfang ist schwer, auch beim
„Kochen" ;).

> ... ein ideales rezept für kochen bei der
> arbeit - man braucht ohnehin pausen vom
> bildschirm.

... geht aber nur, wenn der Bildschirm in
der Küche steht. Oder man benutzt einen
mobilen Kochtopf. Das hat aber den Nachteil,
dass die meisten Zutaten nicht bei der Hand
sind und es unterwegs oft hektisch wird beim
Kochen.

> ich habe es schon immer für eine ausrede
> der hausfrauen gehalten, dass sie so lange

> in der küche stehen müssen - es ist alles
> nur eine frage der koch-organisation ;-)
> in erwartung eines feministischen
> aufschrei

... glaub ich nicht. In der Küche geht's
doch nur darum, ob es Spaß macht oder nicht.
Das Schönste ist das Improvisieren (nicht
das Organisieren) beim Kochen und
Zubereiten. Wenn es keinen Spaß macht, geht
mensch eben auswärts essen.
Jede/r kocht doch sein eigenes Süppchen, ob
es jetzt jemanden gut schmeckt oder nicht.
Die meisten KöchInnen kochen ja meist nur
für sich selbst oder nahe Bekannte. Die
Gerichte von SpitzenköchInnen in
Haubenlokalen kann ich mir eh nicht leisten
und Kantinen/Groß-Küchen habe ich schon
immer verabscheut mit ihren immer gleichen
öden Menüs, die einem nach kurzer Zeit beim
Hals raushängen. Dann schon lieber
eingefrorene interessante Dinge zum
schnellen Auftauen und Fertigkochen im
Mikrowellenherd, jeden Tag neu und
abwechslungsreich - und ein frischer Apfel
zwischendurch, wegen der Vitamine :)

Ciao
Günther

Mail gesendet: Mittwoch, 12.1.2000 22:00
Betreff: das highlight des minimalismus ;o)

Hi Wodile,

Wodile schrieb:
> http://emptywebsite.com/
> genial.

... die Homepage von Wittgenstein?

Ciao

152

Günther

**Mail gesendet: Mittwoch, 12.1.2000 23:07
Betreff: das highlight des minimalismus ;o)**

Hi Oliver,

Oliver Gassner schrieb:
>> http://emptywebsite.com/
> Vor allem der Quelltext (ist das jetzt
> Kunstraub?)

nö, aber mein zukünftiges Portal ins Web ;)

Ciao
Günther

**Mail gesendet: Donnerstag, 13.1.2000 10:35
Betreff: Elementarteilchen**

Hi Claudia,

Claudia Klinger schrieb:
> „Erfassen des Zeitgeists" ist so verdammt
> abstrakt und bringt das Lesevergnügen und
> auch den Schmerz, den dieses Buch macht,
> nicht rüber.
> [...] Besonders freut mich, dass
> Houellebecq ganz nebenbei wieder klar
> macht: es kommt nicht nur darauf an, WIE
> man etwas sagt, sondern auch, WAS gesagt
> wird.

Ingo, mein Idol, schrieb *DIE* Antwort (die
fast IMMER für fast ALLES passt:
> sieh dich um im erdenrunth, es ist kein
> flecken weiß geblieben.
> jeder flur in deinem hirn ist mit thürn
> verrammelt.
> die schlüssel, schussl seyh's versichert,
> haben andre schon gesammelt.

>
> mit dem bunde rammeln diese, rein und
> raus, das alte spiel,
> den kulthourträger papp und pier, fugenlos
> sind des unfugs mauern, hinter denen
> kröten lauern.
>
> da rennt er hin, der zeithgheist, mit
> EINEM schlüssel, den rest vom bunde ließ
> er hangen, es reicht dem narrn ein
> federstrich.

... seit gestern haben wir also auch den
weis(s)en Flecken im VL/RL.
(das wird WAHRscheinlich auch das letzte
BILD, das von einem *ZyKLOtron* irgendwann
irgendwie erzeugt werden wird)

Ciao
Günther

PS: das ist wahrSCHEINlich meine letzte
lesbare mail hier in der Liste, zukünftig
schreibe ich nur mehr emptymails in einer
emptyworld, zu der ich mit meinem
emptyportal den superschnellen emptyzugang
habe.
Es gibt keine ElementarTEILCHEN, weder im RL
noch im VL. Sorry, das ist konsequentes
DENKEN ... aber Denken ist nicht ALLES :)

**Mail gesendet: Sonntag, 16.1.2000 08:35
Betreff: ignore**

> ping

The Irony-Machine kann die ANTWORT nicht
anzeigen.

Die gewünschte ANTWORT ist zurzeit nicht
verfügbar. Möglicherweise sind technische

Schwierigkeiten aufgetreten oder Sie sollten
die Einstellungen überprüfen.

Versuchen Sie folgendes:
> Klicken Sie auf *Aktualisieren* [X] oder
wiederholen Sie den Vorgang später.
--> [X]-Hinweise beziehen sich auf Felder,
Menüs und Links auf
--> http://emptywebsite.com/ (*The Irony-
Machine*-mirrorsite)
> Falls Sie den Text der FRAGE manuell in
das Feld eingegeben haben, stellen Sie
sicher, dass die FRAGE keine Tippfehler
enthält.
> Klicken Sie auf *Extras* [X] und dann auf
Optionen [X], um die Einstellungen für die
Verbindung zu überprüfen. Wählen Sie die
Registerkarte *Verbindungen* [X], und
klicken Sie auf *Einstellungen*. Stellen Sie
mit Hilfe Ihres Netzwerkadministrators oder
Dienstanbieters sicher, dass die aktuellen
Einstellungen richtig sind.
> *the irony-machine*(R) kann das *Netzwerk*
überprüfen und automatisch nach
Einstellungen für Netzwerkverbindungen
suchen, wenn das vom Netzwerkadministrator
aktiviert wurde.
Klicken Sie auf *Netzwerkeinstellungen
überprüfen* [X], um die Überprüfung
durchzuführen.
> Einige FRAGEN erfordern 999-bit
Verbindungssicherheit. Klicken Sie auf das
Menü *Hilfe* [X] und dann auf *Info* [X] um
festzustellen, welche Sicherheitsstufe
installiert ist.
> Stellen Sie sicher, dass die Sicherheits-
einstellungen unterstützt werden können,
wenn Sie eine sichere ANTWORT möchten.
Klicken Sie im Menü *Extras* [X] auf
Optionen [X].
Überprüfen Sie in der Registerkarte
Erweitert [X] unter *Sicherheit* [X] die

Einstellungen für SSL 1999.0, SSL 2000.0,
TLS 27.0, PCT 42.0.
> Klicken Sie auf die Schaltfläche *Zurück*
[X], um eine andere FRAGE zu stellen.

Fehler: *ANTWORTserver* oder *DNS* kann
nicht gefunden werden.

/software: *The Irony-Machine*
/version: *27x281099-160100-i42*
/author: *the chief software architect*

Mail gesendet: Sonntag, 16.1.2000 18:23
Betreff: Selbstgespräch

Hi Listige,

Wodile schrieb:
> ich denke, claudia's webdiary, juh's
> sudelbuch und meine weekly-texte sind ja
> gewissermaßen verwandte, die nur eben in
> unterschiedliche richtungen tendieren.
> bei claudia kommen die gedanken
> ungefiltert durch, im sudelbuch wird ein
> essay aus dem alltag und bei mir eben
> fiktion. ist doch interessant, wie
> unterschiedlich man den alltag verwursteln
> kann...

Ja - ich sehe das auch so, weil ich euch
drei meistens parallel lese und auf meine
Art wahrnehme -, aber wohin wird das
letztendlich führen? Hat bald JEDER sein
Daily/Weekly oder gleich eine *LIVE-
Webcam* mit Mikrofon am Kopf (und diktiert
gleichzeitig seine Gedanken mit)?

Meine (zugegeben trivialpsychologischen -
bitte um Nachsicht, Werner ;) Alltags-Thesen
sind (arg gekürzt):
* Schreiben/Lesen (im RL/VL) ist Selbst-
therapie.

* Kommunizieren (im RL/VL) ist auch Selbst-
therapie.
* Miss-/Unverständnisse haben weiter nichts
zu bedeuten, außer die banale Botschaft:
„Ich komm leider noch nicht ganz klar mit
mir".
* Kritik an Anderen richtet sich meist an
sich selbst (außer bei Oliver, dem geht's
meistens um die Einhaltung der
Therapiezentrumsregeln ;)

... und ein paar Extra-Thesen für Jan Ulrich
Hasecke ;)
* politische (Selbst-)Gespräche nimmt (fast)
keiner mehr ernst (solange wir in einer
Demokratie leben - die wir ständig
verteidigen müssen, klar)
* Politiker sind immer arme, wenn auch
manchmal intelligente, Schweine.
* Journalisten und andere Medienleute sind
auch meistens arm und auch manchmal
intelligent.
* Schriftsteller und Philosophen sind immer
sehr arm, aber dafür meistens auch sehr
intelligent.
* die übrigen Menschen sind meistens recht
nett, soweit sie mit sich selbst klar
kommen.
* Glücksschweine (egal ob intelligent oder
nicht) sind sehr selten.
;)

Ciao
Günther

Mail gesendet: Montag, 17.1.2000 10:04
Betreff: Selbstgespräch

Hi Listige,

Ingo Mack schrieb:
> nun, eine meiner Wahrheiten ist, dass ein

> Vermerk wie „die Zinsen sind
> Einkommenssteuerpflichtig" auf einem
> Kontoauszug wie der blanke Hohn wirkt.
> Dabei ist es unerheblich, ob es sich - wie
> in dem letzten konkreten hier - um DM 3,85
> (eine Gutschrift auf
> Genossenschaftsanteil) oder [...]

... und löst bei mir damit den „Pawlowschen
Reflex" aus, weil ich auf die Zahl *27*
meistens irgendwie reagieren muss (DM 3,85 =
ATS 27,--).

<wuff>
Eine der wenigen wirklichen Begegnungen mit
hoh(l)en öffentlichen Meinungsträgern hatte
ich vor einigen Jahren. Beim
vorweihnachtlichen Einkaufsbummel gemeinsam
mit meiner Frau trafen wir „zufällig" den
amtierenden Bundeskanzler in einem
Bekleidungsgeschäft. Das war für uns absolut
überraschend, weil das irgendein
mittelmäßiger Shop in einer grauen
hässlichen Gegend ist und keine noble
Boutique in der Wiener Innenstadt.
Umgeben war der Bundeskanzler von einigen
jungen Mitarbeitern. Wie Bodyguards schauten
sie für mich irgendwie nicht aus, weil ich
mir darunter wahrscheinlich immer Kevin
Costner vorstelle. Begleitet wurde er auch
von seiner jungen Frau, die in den Medien
gerne als die schönste First-Lady gezeigt
wird. Offensichtlich hatten sie vor, länger
im Geschäft zu bleiben, weil eine nette
Verkäuferin Kaffee servierte.
Wie der „Zufall" es so wollte, waren die
Umkleidekabinen der Damen und Herren
nebeneinander. Meine Frau probierte
Pullover, ging einmal rein und einmal raus
aus der Kabine, schaute sich in den Spiegel
und suchte dazwischen verschiedene Pullover
in verschiedenen Größen. In einiger
Entfernung stand ich etwas gelangweilt, wie

meistens beim Einkaufen mit meiner Frau, und
verspeiste einen Apfel nach dem anderen, die
an der Kasse in einem Korb zur freien
Entnahme lagen.
Nach einiger Zeit musste ich mitansehen,
dass der Bundeskanzler meine Frau
beobachtete, als sie sich mit ihrem Pullover
im Spiegel betrachtete. Meine Frau bemerkte
das natürlich auch und spielte dieses
Spielchen einfach mit. Sie wusste, dass ich
das ganze mitverfolgte. Wir grinsten uns nur
wortlos zu. Der Bundeskanzler small-talkte
also einmal mit seinen Mitarbeitern, seiner
unachtsamen Frau und den Verkäuferinnen, und
gleichzeitig flirtete er offensichtlich mit
meiner Frau.
Und ich stand unbemerkt in einiger
Entfernung und dachte mir nur, dass ich wohl
einer der wenigen Männer bin, die auf einen
Bundeskanzler eifersüchtig sein durften,
wenn auch nur für kurze Zeit und als
bewusstes Spielchen inszeniert. Danach kam
ich mir irgendwie privilegiert vor ;)
</wuff>

Ciao
Günther

Mail gesendet: Montag, 17.1.2000 23:19
Betreff: hohle Kohlitik und andere Pfründe

Hi Volker,

Volker schrieb:
> Wie schrieb Herr Hans A. Pestalozzi in
> seinem Bestseller „Auf die Bäume ihr
> Affen"?

... jaja, Herr Pestalozzi hat sein
(finanzielles) „Existenz-Problem" also
gelöst, aber wir aufgeklärten Affen haben

weder Bäume zum Klettern, noch irgendeinen
festen Boden unter den Füßen ;)

> Sinngemäß schrieb er u.a. etwa folgendes:
> es gilt, sich jeden Tag aufs Neue zu
> fragen - wie entziehe ich mich dem ...
> üblichen Wahnsinn?

... NEIN, Einspruch, das sehe ich
(mittlerweile) anders:

<ACHTUNG: esoterik-blabla>
Es geht m.E. „einfach" darum, dem *Wahnsinn*
zuzuhören und zuzusehen. Klingt paradox, ist
aber so - zumindest bei mir. Und weil der
Wahnsinn nicht irgendwo und irgendwann,
sondern gleich in der Früh anfängt, wenn ich
das erste Mal die Augen aufmache, habe ich
gar keine Chance, mich ihm zu entziehen. Und
wenn ich irgendwie irgendwo handeln MUSS,
dann tue ich es - oder lasse es. Das kommt
darauf an...
Jetzt ersetze einmal den Begriff *Wahnsinn*
mit irgendwelchen anderen Begriffen aus
unserer subjektiven Gefühlswelt („Wahrheit",
„Existenz", „Glück", „Licht", „Sinn",
„Zeit", „Zufall" usw.), und der Satz stimmt
wahrscheinlich immer noch.
</esoterik>

Aaargh, ich hasse solche Statements, sorry.
Dabei hasse ich momentan nicht viel in
meinem Leben, ganz ehrlich ;)

> JEDEN TAG NEUE IDEEN
> JEDEN TAG FROH
> ge
> MUT
> aufstehen
> ---
> Na, nun bin ich mal gespannt, was nun
> kommt...

... wahrscheinlich ein neuer Tag.
Sch****

Ciao
Günther

**** ich finde das derzeit SCHÖN, aber das
ändert sich sicher bald wieder. Thats Life.
Sch****

Mail gesendet: Dienstag, 18.1.2000 08:46
Betreff: Albtraum

Hi Listige,

gestern/heute Nacht hatte ich einen
Alptraum. Auslöser war ein *Kulturbericht*
im öffentlich-rechtlichen Fernsehen gestern
Abend, wo auf die Wiener *Cezanne-
Ausstellung* hingewiesen wurde.
[Zur Erinnerung, Paul Cezanne (1839-1906)
war der geniale Wegbereiter der Modernen
Kunst im 20 Jh., auf den sich Picasso und
viele andere Künstler bis heute direkt oder
indirekt berufen]
Die Wiener Ausstellung findet im *Kunstforum
der Bank Austria* statt, umfasst über achzig
Bilder mit einem Versicherungswert von ca.
ATS 12.000.000.000,-- und soll alle
bisherigen Besucherrekorde brechen. Im
gestrigen Fernsehbericht sagte nun eine
nette offline-Sprecherin mit freundlicher
Stimme, während man die genialen Bilder von
Cezanne kurz betrachten konnte, einen
grandiosen Satz: „... es wird eine der
erfolgreichsten Ausstellungen, obwohl einige
Bilder nicht fertig gemalt wurden und man
ihnen gar nicht ansieht, dass Cezanne ein
schwieriger Mensch war...". (/frei zitiert
aus meiner Erinnerung)
<schluck>

Nach soviel Kunstverstand und Aufklärung
träumte ich davon, dass in 100 Jahren die
netzliteratur.de-Texte irgendwo im Web auf
irgendeiner Homepage der *Bank of World*
gratis zum download bereitgestellt werden
... mit dem Hinweis: „... hier sind noch ein
paar Texte, die nicht fertig sind, denen man
aber nicht ansieht, dass die Autoren
schwierige Menschen waren...".
Dann wachte ich auf und konnte nicht mehr
einschlafen. Vielleicht lag es aber auch am
starken Sturm, der momentan über Österreich
fegt...
:)

Ciao
Günther

Mail gesendet: Dienstag, 18.1.2000 21:38
Betreff: Buchtipp

Hi Michael,

Michael Charlier schrieb:
> Nein, nicht so wie üblich.

Warum nicht? Macht doch Spaß, oder nicht?

> Bei conlibro ist derzeit der Dornseiff:
> Der deutsche Wortschatz nach Sachgruppen,
> für 50 Mark zu bekommen - kostet sonst
> 120. Falls ihn wer nicht kennen sollte:
> Wer das „richtige" Wort sucht, aber es
> nicht packen kann, findet in den Hunderten
> von sachgruppenbezogenen Wörterlisten des
> Dornseiff fast immer, was ihm gerade noch
> gefehlt hat.

Einen hab ich noch (... sagte Otto doch
immer ;)
Was heißt für mich (gaaanz subjektiv ;)
DORNSEIFF?

162

Packst du das jetzt?
:)

Ciao
Günther
„The Irony-Machine"

**Mail gesendet: Mittwoch, 19.1.2000 07:36
Betreff: Spiegel-Theorie**

Hi Dirk,

Dirk Schröder schrieb:
>> Pfui, auf *unsubscribe-mails* antwortet
>> ein ordentliches Listenmitglied nicht,

>> das habe ich von Oliver gelernt. Punkt.
>> Recht hat er.
>
> versteh ich nicht. Oliver antwortet doch.

*gag*s und Witze soll man nicht erklären,
sonst sind sie nicht mehr lustig :)
„Ernst" kann ich dazu Folgendes bemerken:
... ich arbeite derzeit an der *Speziellen
und Allgemeinen Spiegel-Theorie*. Eine
vorläufige *These* aus der *Speziellen ST*
ist folgende:
Kunst-Werke sind m.E. *Spiegel*, in denen
sich jeder so sieht, wie er ist. Was ich
hier schreibe, sind meine ganz subjektiv
geschaffenen *Spiegel*, die ich so klar wie
mir möglich produzieren will. Ich muss mich
darin erkennen können. Das ist meine einzige
egoistische Vorgabe und mein einziges Ziel.
[... was ich allgemein von *Kunst* halte,
das weißt du ja schon ... -> mails vom
6.11.99: *Kunst-System* und vom 29.11.99:
Beuys-Zitat]
Wenn sich jetzt irgendwer in einem meiner
produzierten Spiegel erkennt, bin ich für
das von ihm wahrgenommene Bild nicht
verantwortlich. Jeder erkennt sich eben wie
er ist, wenn er in einen Spiegel schaut.
Wenn er nichts erkennt, dann kann ich auch
nichts dafür und ihm wahrscheinlich auch
nicht weiterhelfen. Auch mir tun manche
Blicke in andere Spiegel manchmal weh. [...
es soll ja noch immer viele Leute geben, die
beim Anblick eines Picasso-Bildes
kritisieren (!), dass das Gesicht
unnatürlich und die Nase schief ist...]
Einzig zugegebener Nachteil ist, dass man im
VL nicht hinter die Spiegel schauen kann.
Die *Illusion* ist also perfekt.
:)

Ciao
Günther

Mail gesendet: Mittwoch, 19.1.2000 07:36
Betreff: Spiegel-Theorie

Hi Jörg,

Jörg Wittkewitz schrieb:
>> ... ich arbeite derzeit an der
>> *Speziellen und Allgemeinen Spiegel-
>> Theorie*. Eine vorläufige *These* aus der
>> *Speziellen ST* ist folgende:
>> *Kunst*-Werke sind m.E. *Spiegel*, in
>> denen sich jeder so sieht, wie er
>> ist.
>
> ich bin ja begeistert, machst du mit
> jacques lacan rum und das am
> kulturprodukt!
> oder woher kommt diese spiegeltheorie, ist
> sie eine freudsche kulturpsychologische
> anwendung, wie siegmunds tolldreiste
> literatur-auf-der-couch-sitzungen
> berühmter dramen?

Ehm, also Freud kenne ich nur sehr
oberflächlich ;)
... und als *Spiegeltheorie* nenne ich meine
Reflexionen, die so im Laufe der *Zeit*
bei mir entstanden sind. Woher sie genau
kommen, weiß ich nicht mehr so genau ... ich
habe immer nur irgendeinen blassen Schimmer
einer Ahnung ... und den notiere ich dann,
oder auch nicht ...

> das interessiert mich ja jetzt wirklich
> brennend: bitte mehr davon!

<Transliteration>
> „Sie haben keinen Zugriff auf diese
> Leistungseinheit"
> „das ist eine kostenpflichtige
> Dienstleistungseinheit"
> „für modelle ab 4.32 programmiert"

> „upgrade nur bei authorisiertem
> housekeeper 3"
> „ab version IIIc"
</Transliteration> ;)

... im Ernst: ich hab noch nicht viel MEER,
es ist alles im FLUSS ;)
> DAS MEER IN SEHNOT (anonymus)

DAS MEHR IN SEENOT
:)

Ciao
Günther

Mail gesendet: Mittwoch, 19.1.2000 13:40
Betreff: REH:REHE:REHBOCK>>> Re:de und
Ant:wort

Hi Jörg,

Jörg Wittkewitz schrieb:
> wie ich zu beginn meiner mitgliedschaft in
> der netzliteratursekte mitteilte, bin ich
> da einer analogie von sakralem und
> poetischem auf der spur (christen bitte
> überlesen) und bits und bytes sind

... einfach geil :)

> mir ... tja, teufelszeug würde der christ
> wohl sagen; präziser: in punkto dichtung
> lass ich nix virtuelles zu. da will ich
> blatt und schrift in der hand oder wort im
> ohr...
....
... wie klingt das?

> bernard marie koltés, für mich der einzige
> wirklich legitime dramatiker des letzten
> Jahrhunderts (im sinne goethes und ibsens
> für das 19.) hat mal über beckett gesagt,

166

> er könne nicht verstehen, wie der sich
> inszenierungen seiner werke im tv ansehen
> könnte...

... ich kann Beckett gut verstehen ...
... daneben würde ich noch Radio hören ...
... und beim Fenster raus schauen ...
... und .... lächeln ...
:)

Ciao
Günther

**Mail gesendet: Mittwoch, 19.1.2000 20:45
Betreff: Wer ist X?**

Hi Listige,

Jörg Wittkewitz schrieb über Bernard Marie
Koltés:
> [...]

<weis(s)e Text-Übermalung>

Wer ist X?
X: *19 T19
regisseur und autor theater und radio
- in der einsamkeit der
- rückkehr in die wüste

Der X ist fort. Er, der Provokateur und
Außenseiter, der es als einziger geschafft
hat, X zu verlassen, hat sich erschossen.
Sein Tod stellt Fragen, der Verlust
hinterlässt eine Lücke. Auf der Suche nach
den Gründen seines Selbstmordes begegnen
seinen Angehörigen ihren eigenen Ängsten,
Sehnsüchten und der Einsamkeit eines Lebens
in einem Vorort. X sucht zweifelnd Halt in
Werten, Schauspieler X träumt vom Ausbruch
aus der Isolation, und hoffte auf ein fernes
Leben in den Armen eines Geliebten. Doch die

Erlösung bleibt aus. Der Traum ist
ausgeträumt. Die Zukunft ist anderswo.
Mit Jahren bin ich explodiert, das war sehr
schnell, sehr schnell und sehr schnell. Und
dort sprang mir plötzlich das Leben an die
Gurgel. So beschreibt X sein Lebensgefühl,
als er sein haus verlassen hatte, um X zu
studieren. Was dann folgte, waren Jahre
eines intensiven und produktiven Lebens, das
dem X den Stoff für eine Vielzahl von
Stücken gab. X starb im Alter.
Ich habe keine Feinde, und ich greife nicht
an. Ich zerquetsche die anderen nicht aus
Bosheit, sondern weil ich sie nicht gesehen
habe und weil ich auf sie getreten bin. Ich
bin ein normaler vernünftiger X, ich bin nie
auffällig geworden. Ich bin kein Held.
Helden sind Verbrecher.
Wenn man Sicherheit haben will, muss man
erst Chaos machen!

X inszeniert Komödie
RÜCKKEHR IN DIE WÜSTE

Eine Provinzstadt zu Beginn der Jahre. X
kehrt zurück, um sich, wie für die in der
Vergangenheit erlittene Demütigung zu
rächen. Opfer ist ein wohlhabender X, der -
hinter hohen Mauern von der Außenwelt
abgeschottet - mit seinem X, seiner X und
der alten X ein geordnetes, bequemes Leben
führt. Jedenfalls bis die Katastrophe
hereinbricht und das Duell der hassliebenden
die scheinbar intakte Idylle in ein
Schlachtfeld verwandelt.
Aber der Krieg macht nicht vor dessen Mauern
halt. Vor Jahren wurde X Opfer einer
Intrige. Der Urheber war X, der sich so
bedienen konnte und sich gleichzeitig der
unkonformen, streitsamen X entledigte.
Möglich wurde dies erst durch die Hilfe
seiner einflussreichen Freunde, einer auch

heute noch unheilvollen Allianz. Also gilt
X's Hass dem Haus.
Und so verliert X nicht nur seine Haare.
Freundschaften werden aufgekündigt, Menschen
fliegen durch die Luft; im Garten
beunruhigen rätselhafte Erscheinungen die
Bewohner, handgreifliche
Auseinandersetzungen sorgen für Scherben und
die Unterhaltung der Anwesenden. Jedes Wort
scheint Mord; jede Szene treibt auf
Totschlag zu.
Wenn man Sicherheit haben will, muss man
erst Chaos machen, behauptet X im Stück. Er
könnte die Situation nicht besser umreißen.
Am Ende gleicht das Haus einer Wüste, die
schlimmer sein dürfte als die, aus der X
kam. Und was noch keiner ahnt: der „schwarze
Kontinent" steht schon mit mehr als zwei
Beinen im Garten. Da hilft nur noch die
Flucht.
Der Mythos vom ewigen Krieg, die Farce vom
Aufstand, die Lust am Kollaps der Werte und
am Schlagen der Türen, alles scheint sich im
Stück kunstvoll zu vereinen. Es darf, es
soll gelacht werden. X hat mit diesem Stück
ein Kuckucksei ins Nest gelegt und sich
dabei seiner Kindheit erinnert. Sein Vater
war im Krieg. Während dort die auf X
schossen, schien X gar nicht existent zu
sein. Trotzdem, so erinnert sich X später,
explodierten in der Idylle plötzlich Cafes,
warf man X in die Flüsse. Und während man
diese Ereignisse unter die diversen Teppiche
zu kehren suchte, wurden über diese
WeltXphantasien und Xkriege ausgebreitet.
Die Provinz wirft mit all ihrer Ignoranz,
Egozentrik und Arroganz ihre Schatten, und
die können eben sehr oder mitunter auch gar
nicht amüsant sein. Der Boden, auf dem X
seine Helden toben lässt, ist jedenfalls
dünn, und unter ihm lauern ihre gefährlichen
Widergänger.

Der farcenhafte Charakter von RÜCKKEHR IN
DIE WÜSTE hat nach jenen Stücken, die X
mitunter den Ruf eines düsteren Outlaw-
Poeten eingetragen haben, für einige
Überraschung gesorgt. Die Verlagerung der
Handlung ins Milieu und die bewusste
Annäherung an die Tradition der Komödie
markieren einen Wendepunkt im Werk des noch
jungen X. Doch ein Jahr später starb X im
Alter an den Folgen. So blieb seine
„schwarze" Komödie mit ihrer Mischung aus
Alptraum und Farce, Wirklichkeitsabbild und
Poesie sein vorletztes Stück.

</weis(s)e Text-Übermalung>

Ciao
Günther

Mail gesendet: Montag, 24.1.2000 14:29
Betreff: Irseer Thesen

Hi Wolfgang,

Wolfgang Tischler schrieb:
>> Natürlich wird sehr bald so ziemlich
>> jeder Printautor mit einer Homepage als
>> _Reklametafel_ im Netz sein. Doch der
>> damit verbundene Zwang zur
>> _Kommunikation_ mit Gott und der Welt
>> liegt den wenigsten Autoren.

Yo.

> Ich denke auch, dass die Frage eigentlich
> anders herum gestellt werden muss: Warum
> sollte ein Autor ins Netz? Viele der
> Autoren sind nicht an der Öffentlichkeit
> interessiert und manche haben ja selbst
> ein Problem bei Lesungen. Das ist ja auch
> OK, denn letztendlich geht es ihnen um
> das, was sie schreiben.

170

Yo.

> Dann gibt es natürlich diese neue
> Generation der „Performance-Writer",

Woher hast du denn diesen schönen Begriff?
Der gefällt mir :)

> die dürften natürlich eher nach
> Öffentlichkeit lechzen,

nö, ich lechze zB nach gar nichts, es reicht
mir meistens, dass ich DA bin.
... und für die anderen schönen Dinge habe
ich meine Katzen ;)
(... Katzen sind wirklich beneidenswert
geniale Lebewesen :)

> aber denen geht es dann wohl eher darum
> BEWUNDERT zu werden, als um Kommunikation.

... diesen Unterschied musst du mir jetzt
näher erklären.

> Und dann ist da immer noch der
> entscheidende Punkt: Geld. Mit dem
> Schreiben im Netz verdient man ja (noch?)
> nichts.

Ja - noch ... $-)

Ciao
Günther

Mail gesendet: Montag, 24.1.2000 14:33
Betreff: Irseer Thesen

Hi Oliver,

Oliver Gassner schrieb:
>> Wenn einer nicht mit allen Kindern

>> spielen will, ist er noch nicht
>> zwangsläufig ein Autist ;-) Ersetze
>> Autismus durch: Konzentration,
>> Besinnung, Innenschau, was auch immer.
>> Dann haut's imho eher hin.
>
> Mir kommen Autoren selten sehr spirituell
> sondern immer eher ‚seltsam‘
> vor.

... ehm, erklärst du mir bitte den
Unterschied?
... ich glaub, ich versteh dich nicht ganz.
Wie sollte deiner Meinung nach ein idealer
AUTOR sein?

Ciao
Günther

Mail gesendet: Montag, 24.1.2000 16:28
Betreff: Irseer Thesen

Hi Wolfgang,

Wolfgang Tischler schrieb:
>>> Dann gibt es natürlich diese neue
>>> Generation der „Performance-Writer“,
>> Woher hast du denn diesen schönen
>> Begriff? Der gefällt mir :)
>
> Ist mir gerade eingefallen ;-)
> Schnell ‚www.performance-writer.de‘
> delegieren ;-)

... gar nicht notwendig, es gibt ja
‚www.netzliteratur.de‘ als „Zentrum“
... die *Performance-Writer* werden diese
(oder andere) Mailinglisten benutzen :)

> Also ich hatte da Stuckdings-Barre (weiß
> jetzt nicht genau, wie man den schreibt),
> im Kopf...

... ehm, geht's bitte ein wenig genauer:
Stuckdings-Barre??? Wer ist das?

> Es ist eben ein Unterschied, ob man vor
> Publikum auftritt, weil man bejubelt
> werden will (was natürlich auch eine Art
> positiver Kritik ist) oder weil man sich
> mit dem Publikum näher unterhalten oder
> diskutieren möchte. Sozusagen etwas
> genauere Kritik möchte.

... ok, da ist vielleicht wirklich ein
gradueller Unterschied. Im Allgemeinen denk
ich aber, dass ein Jubel-/Buh-Ruf auch nur
eine etwas simplere *Kritik* ist. Buh-Rufe
gibt's ja eh meist nur dort, wo (noch)
verklemmte humorlose Zuschauer mit ihrer
starren Lebensphilosophie auf andere
Wertesysteme treffen ;) Kritik außert sich
m.E. nur dort, wo eine Erwartungshaltung
enttäuscht wird. Wenn ich mir nichts
erwarte, dann kann ich auch nicht enttäuscht
werden. Klingt vielleicht simpel, aber so
lebt es sich leichter :)
(... mich stört eigentlich nur die
Erwartungshaltung meiner Katze: sie will
einfach tagtäglich von mir gefüttert und
gekrault werden... ;)

> Der Ausdruck „Bejubeln" kommt jetzt etwas
> negativ rüber, ist aber eigentlich nicht
> so gemeint, denn es ist ja auch schön und
> tut gut :-)

Ja, das beobachte ich auch. Bei einem *LIVE-
Musikkonzert* gibt es meist nur glückliche/
tanzende/besinnliche (ok, manchmal
hysterische) Leute, sowohl auf der Bühne als
auch im Zuschauerraum.
Nur im deutschsprachigen Literaturbetrieb
geht's eher trostlos zu. Aber es gibt ja
mittlerweile viele Ausnahmen und die

AutorInnen/LeserInnen beobachtet ja keiner.
Deswegen kann ja auch keiner wirklich
wissen, ob sie sich nicht manchmal totlachen
beim Lesen/Schreiben/Denken :)
Ich bin neugierig, wann das *Smiley* in der
deutschen Hoch/Buch/Kultur zum
Standardzeichen wird.
:)

Ciao
Günther

Mail gesendet: Montag, 24.1.2000 17:42
Betreff: Format

Hi Listige,

wer gute Nerven hat, der soll sich die
heutige FORMAT-Ausgabe (.at-Magazin für
Politik, Wirtschaft & Wissen) einmal
durchlesen (... nein, ich arbeite dort
wirklich nicht als Redakteur ;)
Auf Seite 135 der Bericht:
Ein Mekka der Kunst.
„Starparade: Während Paul Cezanne vom
Publikum gestürmt wird, sind in Kürze auch
Joseph Beuys, Bruce Naumann und Samuel
Beckett in Wien zu sehen".
Auf Seite 148: *Eine Notlösung* (ein Essay
von Umberto Eco).
„Horror Vacui: Was macht ein Kolumnist, wenn
es rein gar nichts Interessantes zu
berichten gibt, die Zeitungsseite aber
gefüllt werden muss?" [...]
„Heute will ich einfach nichts sagen. Ich
habe nichts Neues, alles ist gesagt. Das ist
die Nachricht, die ich die Pflicht habe
Ihnen mitzuteilen. Es gibt Momente, in denen
Schweigen die einzige Nachricht ist. Aber
wenn du schweigst, glauben sie, du hättest
ein Geheimnis. Vielleicht haben Sie welche:
Versuchen Sie, selbst eine wichtige Meldung

zu schreiben. Ich biete Ihnen einen Absatz
an. Ersetzen Sie jedes X mit einem
Buchstaben Ihrer Wahl, richten Sie
Leerzeichen ein und Wortgrenzen.
Xxxxxxxx xxx Xxxxxxx xxxxxx ...“

Der lebende (!) *Umberto Eco* müsste hier in
der Liste mitlesen/schreiben/denken. Würde
irgendeiner der hier Anwesenden auch IHN
kritisieren, wenn er einmal eine lange
OffTopic-Mail schreibt?
Ist nun U. Eco ein spiritueller oder ein
seltsamer Autor? Tot ist er nicht, der Dalai
Lama ist er auch nicht und ob er ein Patient
eines Psychiatrischen Krankenhauses ist,
können wir leider nicht wissen (macht ja
nichts, oder?)
:)

Ciao
Günther

Mail gesendet: Dienstag, 25.1.2000 08:45
Betreff: Format

Hi Fabian,

Fabian Kösters schrieb:
>>> coca cola wird mit wasser gemacht, da
>>> liegt der schlüssel.
> ... der knackpunkt ist ja, dass wir eben
> _mehr_ wollen als *nur* wasser. und eben
> AUCH coca cola. das ist eine kulturelle
> leistung. sich nicht mit dem zufrieden
> geben, was sowieso schon da ist, sondern
> mehr daraus machen zu wollen, es mit
> bedeutung aufzufüllen. und coca-cola ist
> extrem mit bedeutungen aufgeladen, glaubt
> mir! das ist nicht einfach nur eine süße
> pampe, es handelt sich um ein symbol. aber
> genug davon.

... es gibt noch Steigerungen. Nicht nur
coca-cola, sondern auch das Wasser ist
extrem mit Bedeutungen aufgeladen, glaubt
mir ... ich erlebe es täglich ;)
Wer aufmerksam nach Bedeutung Ausschau hält,
der sieht und hört sie auch. Die Bedeutung
ist aber eine ganz subjektive Wahrnehmung.
Es hat keinen Sinn, anderen davon im Alltag
zu erzählen - sie können es ja nicht
verstehen. Wer ist im Alltag schon so
konzentriert und aufnahmefähig? Erst wenn
der Mensch sie in (Kunst-)Werke verwandelt,
können die Werke zu Symbolen werden, die
wieder für andere Bedeutung haben können ...
vorausgesetzt, sie schauen/hören/lesen
aufmerksam ... Wer Spaß an diesem Spiel hat,
kann rund um die Uhr *kreativ* sein ... und
wenn er Glück hat, verdient er auch noch
Geld damit :)

Ich habe in meinem *Entwürfe-Ordner* eine
Mail vom 29.11.99 gefunden, die ich nicht
weggeschickt habe:
--- snip ---
... zur Aufheiterung zwischendurch, mail ich
mal wieder etwas, was mir so in meinem
Alltag über den Weg läuft:
++ „Brands" brauchen keinen Web-Auftritt ++
+ Eine Analyse von Forrester Research zeigt,
+ dass nicht jeder Web-Auftritt notwendig
+ ist. Firmen wie Coca-Cola oder Pizza-Hut
+ könnten sich ihr Geld sparen.
Ich will ja jetzt nicht zum Assoziieren
anfangen, aber mir scheint,
netzliteratur.de entwickelt sich zu einer
brand ;)
--- snap ---

Ciao
Günther

Mail gesendet: Dienstag, 25.1.2000 14:23
Betreff: Format

Hi Listige,

Volker schrieb:
>> ... es gibt noch Steigerungen. Nicht nur
>> Coca-Cola, sondern auch das Wasser ist
>> extrem mit Bedeutungen aufgeladen, glaubt
>> mir ... ich erlebe es täglich

Achtung Widerruf in eigener Sache: glaubt
mir BITTE nicht! *Glauben* ist m.E.
kontraproduktiv und vernebelt das
Bewusstsein :)

> dazu ein (Buch)-Tip: „Lebendes Wasser"

<schluck>

> ... tja ...
> ... eben ...
> Viktor Schauberger zB machte keine Kunst —
> vielmehr Werke - für das Leben UND
> Überleben - es lohnt sich, darüber
> Informationen einzuholen

<schluck>

> ZU Lauten (in Kürze)

<SCHLUCK>

> - Laute formten Worte, Laute hatten von
> Anfang an vibratorische und gefühlstiefe
> sowie wahrnehmende Bedeutungen - sie
> drückten ... etwas aus.
> Es bildete sich aus Worten Sprache —
> versehen mit Bedeutungen - Urbedeutungen —
> die wir zugedeckt haben. Noch heute lassen
> sich Grundbedeutungen erkennen in den
> Worten jeder Sprache. Man muss sich dem
> widmen, um zu verstehen - ich kam durch

> NICHT-LESEN darauf. Ich formte die Laute
> bewusst - in mir - und dann bemerkte ich
> die Kraft der Sprache!

<kräftiger schluck>

> A, E, I, O, U --- und diese Laute, Vokale
> sind mittels Energie und Atmung (die wir
> unbewusst und zumeist falsch gebrauchen)
> mit den Energiezentren verbunden.

<energydrink schluck> und <rülps>

> Altes Wissen um diese Dinge ist (fast)
> verloren gegangen. Man muss es entdecken,
> sich be-mühren -, nur so lässt sich
> lernen, was Wissen unzureichend verbrät...

<schbeib>

> (Es gibt manche Bücher über Runen,
> verwoben mit unterschiedlichsten
> Ansichten, pult man das Eigentliche da
> heraus, und lässt die Ansichten und
> Urteile weg, bildet sich sein eigenes Ur-
> Teil und Erfahrungswissen, ent-deckt man
> ...)

<ur-schbeib>

> Noch ein Buch-Tipp: Ein Buch, das ich
> bisher nur überflogen habe, das sich aber
> dem Thema widmet: „Protokolle der
> Steinzeit"

tja ;)

> Und über Literatur zu Runen sage ich hier
> lieber nichts, denn es gibt zwar einige
> wenige gute, aber die sind mit Ideologien
> mehr oder auch weniger durchtränkt.
> Näheres über persönliche E-Mail.

... ich mag auch persönliche E-Mails ;)
> brandnew visions rising??

„Wer Visionen hat, gehört zum Psychiater",
hat irgendwann einmal ein .at-Bundeskanzler
gesagt.
„Es ist alles sehr kompliziert", hat sein
Vorgänger gesagt.
Ich glaube, sie haben beide Recht.
Ein zukünftiger .at-Bundeskanzler wird
einmal sagen: „Es ist alles ganz einfach".
DAS glaube ich dann aber sicher NICHT.
:)

Ciao
Günther

Mail gesendet: Dienstag, 25.1.2000 17:09
Betreff: Format

Hi Volker,

Volker schrieb:
>> ... ich mag auch persönliche E-Mails ;)
> denn mal los

... eine *Profi-Mail* kostet bei mir
DM 200,--/ ATS 1.400,-- $-)
... tja, auch poetisch/netz/literarische
„Psychiater" sind Profis ;)
... aber einstweilen arbeite ich noch gratis
:)

>> „Wer Visionen hat, gehört zum Psychiater"
>> ...
> tja, da mag was dran sein - aber, ...
> welche Visionen hat der Psychiater?
> Das Hilfe-Syndrom womöglich?

... nö, er verdient nur in sehr kurzer Zeit
irr-sinnig viel Geld $-)

... dabei braucht er nur seinen Patienten
zuhören und ihnen die Antworten geben, die
sie meistens eh schon wissen ;)

> vertrackte Spurensuche ;-))

... schaust du eigentlich öfters deine
Spuren im Schnee an?
Ja? ... dann solltest du im Kreis gehen und
den Radius ganz langsam vergrößern ... und
aufpassen, dass du niemand umrennst und bei
deiner Spurensuche nicht einfrierst *g*
:)

Ciao
Günther

**Mail gesendet: Mittwoch, 26.1.2000 13:01
Betreff: Adobe 42 - oneVISION**

Hi Listige,

da mich Volker gestern irgendwie dazu
brachte, über *Visionen* nachzudenken,
plaudere ich heute einmal aus meinem
Nähkästchen. Wer sich also für meine
Arbeitsweise näher interessiert, der kann
folgende *Kurzanleitung* durchlesen und die
Vorgehensweise auf seine ART anwenden. Ich
habe mich wirklich um Klarheit bemüht ;)

<Transliteration>
Installation des Druckertreibers *oneVISION*
(läuft unter *The Irony-Machine*)

Um den *oneVISION* Druckertreiber zu
installieren, nehmen Sie bitte irgendetwas,
das Sie jetzt sehen/hören/lesen, und gehen
wie unten beschrieben vor.
/Hinweis/: Durch die Installation eines
Drucker-Treibers kann es vorkommen, dass
The Irony-Machine die Installations-CD

verlangt. Es ist ratsam, erst mit der
Installation der Treiber zu beginnen, wenn
man *The Irony-Machine* Installations-CD
breitliegen hat.
Sollten wider Erwarten Probleme durch die
Installation des Drucker-Treibers auftreten,
setzen Sie sich bitte mit Ihrem
Ansprechpartner bei XBS in Verbindung
(Kontaktadresse siehe Seite 27).
/Achtung/: Durch verschiedene
Einstellungsmöglichkeiten und *The Irony-
Machine*-Versionen können die hier
beschriebenen Fakten von der Darstellung
leichte Abweichungen gegenüber den Fenstern
auf ihrem Bildschirm aufweisen.
Auf der CD befindet sich ein
selbstentpackendes Installationsarchiv, das
Sie mit einem Doppelklick starten. Das sich
öffnende Fenster des *ADOBE 42 POSTscript
Printer Driver* bestätigen Sie jetzt mit
„Ja".
[Anm.: ADOBE: [arab.-span.],
luftgetrockneter Lehmziegel; oft mit Stroh
vermischt]
Die nächsten zwei Fenster bestätigen Sie mit
„Weiter".
Auf der rechten Seite unter „Verfügbare
POSTscript-Druckerbeschreibung" wählen Sie
oneVISION aus und bestätigen mit „Weiter".
Unter „Verfügbare Anschlüsse" wählen Sie den
Anschluss „FILE: Create a file on disk" und
bestätigen mit „Weiter".
In dem Fenster „neuer Drucker" steht jetzt
unter Druckername *oneVISION*. Die beiden
Optionen, die darunter stehen, schalten Sie
auf „nein" und bestätigen wieder mit
„Weiter".
In dem jetzt folgenden Fenster
„Eigenschaften für *oneVISION* wählen Sie
unter „Papiergröße" „Benutzerdefinierte
Seite" und klicken auf das Feld „Eigene..."
im unteren Drittel des Fensters.

In dem dann erscheinenden Fenster geben Sie
die WERTE für Breite und Höhe der einzelnen
Seiten an z.B. 155 und 200. Die Maßeinheit
steht standardmäßig auf PiXel. Klicken Sie
jetzt auf „OK". (Planen Sie eine weitere
Seite in einem anderen Format, so ändern Sie
hier bitte das Format entsprechend)
Klicken Sie jetzt oben links auf das Feld
„Grafik". Unter „Auflösung" stellen Sie
„99hoch99 dpi" ein.
Jetzt klicken Sie auf das Feld „SchriftART"
und aktivieren das unterste Feld „Nur TRUE
Type - SchriftARTEN anwenden".
Direkt darunter befindet sich das Feld
„SchriftARTEN senden als...", auf das Sie
jetzt klicken.
Jetzt klicken Sie auf das Feld POSTscript".
Als POSTscript Ausgabeformat" wählen Sie
„POSTscript (Optimale Portierung - ADSC)".
Unten links klicken Sie bitte auf
„Erweitert...". In dem Fenster „Erweiterte
POSTscript-Optionen" wählen Sie unter
„Dateiformat" die Option „REINE
Binärdateien" und bestätigen mit „OK".
In dem Hauptfenster von „Eigenschaften für
oneVISION" müssen Sie jetzt unbedingt
unten rechts auf „Übernehmen" klicken und
dann auf „OK".
Sie bestätigen jetzt alle Einstellungen,
indem Sie „Beenden" drücken.
</Transliteration>
:)

Ciao
Günther

**Mail gesendet: Donnerstag, 27.1.2000 09:05
Betreff: Zensur**

Hi Listige,

Fabian Kösters schrieb an Volker:

> aber habe trotzdem den eindruck, dass wir
> zwei irgendwie in verschiedenen welten
> leben ... oder so ... jedenfalls hab ich
> manchmal arge probleme, in dem ganzen wust
> den roten faden wiederzufinden. naja,
> macht ja nix.

be cool ... seien wir doch froh, dass wir in
einer Demokratie leben und manchmal ir-reale
oder un-sinnige Dinge tun und schreiben
dürfen :)
Was sich in anderen Erdteilen ganz „real“
abspielt, ist imo weniger lustig (das meine
ich zur Abwechslung einmal wirklich ernst)
--- snip ---
China führt Internet-Zensurbehörde ein:
Websites nur noch mit staatlicher
Genehmigung
Source: http://futurezone.orf.at/...
--- snap ---
So eine Nachricht bringt zumindest mich
wieder zum roten Faden ...

Ciao
Günther

Mail gesendet: Freitag, 28.1.2000 07:38
Betreff: Ästhetik und Authorität

Hi Sebastian,

Sebastian Domsch schrieb:
> nachdem ich mir etwa zwei Wochen lang
> stumm das bunte Treiben in dieser Liste
> angesehen habe,

M.E. vielleicht zu kurz ... ich habe 8
Monate mitgelesen und bis jetzt 3 Monate
sehr aktiv mitgeschrieben. O.K. das war
vielleicht zu lang ;)
[... aber es gibt ja auch Leute, die sich am
Anmeldetag über die Mails hier wundern und

dann noch glauben, sie müssen das gleich
hier mitteilen. Das ist genauso absurd, wie
wenn ein neuer Mitarbeiter in eine Firma
kommt, und am zweiten Tag das Produkt, die
Strategie, den Standort und vielleicht auch
noch das Management ändern will. Ich bin mir
nicht sicher, wie lange so ein Mitarbeiter
toleriert wird ;)]

> möchte ich nicht länger lediglich als
> „lurker" agieren.

... bravo, herzlich willkommen :)

> Leider muss ich sagen, dass mich die
> offtopic-Diskussionen und die oft
> gewollt-witzigen Schlagabtäusche fast
> gleich wieder rückwärts aus der Liste
> herausgetrieben hätten. Zum Glück bin ich
> lange genug drangeblieben um
> festzustellen, dass tatsächlich auch über
> Netzliteratur geredet wird.

... tja, manchmal redet hier keiner darüber,
sondern tut ES einfach :)
... das Produzieren und Reflektieren ist
hier sehr eng verflochten und passiert in
der Regel gleichzeitig. Den meisten hier ist
das aber egal. Mir auch. Trennungen dieser
ART gibt es in der Kunstgeschichte m.E.
schon zu lange. Grenzen _aller_ Art sind
OUT. MULTIMEDIA-NETZ-ART muss zuerst einmal
in den Köpfen passieren und kann dann in
(Kunst-)Werke umgesetzt werden.

> Wie mir scheint, ist im derzeitigen Stand
> der Diskussion die Frage: „Was IST
> Internetliteratur?" längst als (momentan)
> unbeantwortbar oder gar (grundsätzlich)
> irrelevant abgetan.

... nö, die spannende Diskussion ist wie die
Netzliteratur selbst _immer_ *work in
progress* ohne Ende...
... es gibt für alle Interessierte ein
Listenarchiv, wo m.E. sehr viel Stoff zum
Nachdenken schlummert...
... für Praktiker gibt es sehr viele
interessante *NetArt-Websites*...
... für Theoretiker gibt es z.B.
http://www.dichtung-digital.de/

> Wie aber steht es mit einer anderen Frage,
> nämlich: „Was ist GUTE Internetliteratur?"
> und den sich daran anschließenden Fragen:
> - Welche ästhetischen Kriterien kommen
> überhaupt zum Tragen?

Was sind für DICH ästhetische Kriterien?
Wie müsste DEINER Meinung nach GUTE
Internetliteratur sein?

> - Gibt es bei der Bewertung von
> Printliteratur und Netzliteratur
> (grundsätzliche) Unterschiede?

Sollte es die geben? Wenn ja, warum? Wenn
nein, warum nicht?

> - Wer hat die ästhetische Authorität im
> Netz?

DU :)

> - Wie lässt sich eine solche Authorität
> herstellen?

Stell dich selbst her :)
[... dazu brauchst du aber Mut,
Risikobereitschaft, viel Humor und
Durchhaltevermögen ;)]

> - Ist eine solche Authorität überhaupt
> nötig, oder ist sie den Zielen der

> Netzliteratur entgegengesetzt?

DU hast Ziele, oder auch nicht, aber DIE
Netzliteratur tut nix und hat auch keine
Ziele.

> Jeder ist sein eigener Autor - jeder ist
> sein eigener Kritiker: ist diese
> anarchistische Ästhetik-Utopie
> verwirklichbar?

JA, das hoffe ich doch :)

> Ist sie schon verwirklicht?

... keine Ahnung, aber ändert ein JA oder
NEIN irgendetwas an deiner Tätigkeit oder an
deinen Zielen?

> Oder ist sie dafür verantwortlich, dass
> die revolutionären Möglichkeiten des neuen
> Mediums Chaos des Docuverse untergehen?

... ehm, das verstehe ich jetzt nicht ganz!?
Kannst du die letzte Frage bitte näher
erklären oder anders umschreiben?

Ciao
Günther

**Mail gesendet: Freitag, 28.1.2000 23:12
Betreff: Ästhetik und Authorität**

Hi Sebastian,

Sebastian Domsch schrieb:
>> ... bravo, herzlich willkommen :)
> zu kurz oder bravo?

... nur bravo :) ... der richtige Zeitpunkt
ist wohl bei jedem anders. Du hast ja

offensichtlich mit deinem ersten Thread
einen Volltreffer gelandet.

> Wie lange schätzt du braucht man, um sich
> durch dieses Archiv durchzuwühlen? (siehe:
> offtopic)

Um nur meine eigenen hier geschriebenen (ca
200) Beiträge wirklich im *Zusammenhang* zu
verstehen, brauche ich selbst wahrscheinlich
mein ganzes restliches Leben (... das meine
ich ziemlich ernst :)
Roberto sagt ja auf seiner DD-Website
irgendwo, dass Texte meist gescheiter sind
als ihre Autoren. Seit ich das gelesen habe,
schreibe ich einfach so „wild" vor mich hin,
und wundere mich nachher immer über den
wahn-sinnig-genialen Inhalt meiner Texte.
grins (... das meine ich weniger ernst :)
Das ganze Archiv habe ich ein paar Tage
oberflächlich quergelesen, aber schnell
wieder aufgegeben, weil mir die ganzen
Header-Daten der Mails zu mühsam waren. Das
Listenarchiv müsste in eine *Form* gebracht
und dann online oder offline präsentiert
werden ... Freiwillige vor! *duck*
Ich bringe nur meine eigenen Mails in eine
leserliche Form. Wenn das natürlich jeder
hier mit seinen Mails machen würde, hätten
wir das „Problem" weitestgehend gelöst :)

>> Was sind für DICH ästhetische Kriterien?
>> Wie müsste DEINER Meinung nach GUTE
>> Internetliteratur sein?
>
> Sorry, daran arbeite ich ja gerade, aber
> ich rücke schon noch damit heraus.

O.k. ich kann warten - ich arbeite ja selbst
erst an meinen eigenen netzliterarischen
Theorien/Thesen/Kriterien/... :)

>>> - Wer hat die ästhetische Authorität im

>>> Netz?
>> DU :)
> Das ist leider schon nicht mehr wahr.
> Schon längst ist das Netz so groß
> geworden, dass jeder Surfer (mindestens)
> einen Navigator (Suchmaschine, Linkliste
> etc.) braucht.

Die Suchmaschine liefert dir nur eine
„zufällige" Auswahl an Daten/ Informationen/
Wissen/ Texte/ usw... Die subjektive
Auswahl/ Bewertung/ Entscheidung triffst nur
DU. Da hilft dir keiner. Das ist deine
„Freiheit" (naja, ich tue mir ein wenig
schwer, das Wort „Freiheit" so einfach
hinzuschreiben, weil ich *scary things* hier
in der Liste erlebt habe... aber das führt
in den OffTopic-Bereich...)
Das VL-Netz ist genauso groß wie das RL-Netz
(ich unterscheide da nicht mehr). Im RL
brauchst du hoffentlich auch keine
Authorität, die dir vorschreibt, was für
dich wichtig/sinnvoll/ästhetisch/
oderwasauchimmer ist. Das meinte ich mit dem
schönen Wort „DU" :)

> „I calculated yesterday that if you'd read
> one book a day from age fourteen to age
> eighty-four, you'd still only have read
> about point oh one percent of all that's
> available, isn't that scary?" Christine
> Brook-Rose, Textermination, S. 102.

g ... ich finde noch ganz andere Dinge
scary ;)

> Natürlich gibt es DIE Netzliteratur nicht,
> aber worüber diskutieren wir
> denn hier?

... das frage ich mich allerdings auch schon
die ganze Zeit ...

... man gewöhnt sich aber komischerweise an
diesen Zustand ;)

> Sorry. Ich meinte tatsächlich das
> DOCUment-UniVERSE, also die Vorstellung,
> dass alle Informationen, jeder „Text" (im
> weitesten Sinn des Wortes) miteinander
> vernetzt ist und damit eine eigene Welt
> formt.

Ja, das sehe ich auch so: Informationen
aller Art hängen „irgendwie" miteinander
zusammen und verändern sich dynamisch. Und
diese abstrakten Informationsprozesse sind
alle determiniert...
... und das ist so *scary*, dass man kaum
darüber wirklich ernst reden kann ...
deshalb schreibe ich einfach „wilde" Texte
und nenne es nachher *Netzliteratur* ...
Kunst ist ja zum Glück frei :)

> Kennzeichen dieses Docuverse ist es
> natürlich, dass es keinen Anfang und kein
> Ende hat, und auch keinen Ariadnefaden,
> ein Labyrinth ohne Eingang und Ausgang.

Genau über diese *Zusammenhänge* denke ich
schon sehr lange nach. Das sprengt aber
diesen Listenrahmen bei weitem... und
außerdem habe ich mir als *NetLit-Junkie*
gestern für einige Zeit Abstinenz verordnet.
:)

Ciao
Günther

**Mail gesendet: Samstag, 29.1.2000 10:28
Betreff: Ästhetik und Authorität**

Hi V.,

V. schrieb:

> Also nochmals meine FRAGE: Offenbar wollen
> wir in dieser Liste eine nützliche Aufgabe
> erledigen - nicht aber einen
> Unterhaltungszweck befriedigen. Welche
> nützliche Aufgabe ist dies? - Das wäre
> jetzt - aktuell - meine konstruktive
> Frage.

... herzlich Willkommen in der fünften
Jahreszeit :)
Vielleicht weißt du DIE Antwort noch nicht,
aber lies deine eigenen Texte immer und
immer wieder ... bis es KLICK macht. Dann
stellst du solche Fragen wahrscheinlich
nicht mehr, denk ich ... sondern bist
distanziert von _allem_ was der Fall ist
(zit/Claudia Klinger)
:)

Ciao
Günther

**Mail gesendet: Samstag, 29.1.2000 17:48
Betreff: Neue Netz-Text-Formen**

Hi Listige,

... zu Oliver's *Thesen* ist mir bei einem
Punkt etwas eingefallen.

Oliver Gassner schrieb:
> III) der bevorstehende anstieg der
> bandbreiten (handys mit 7-facher
> übertragungskapazität von isdn) wird das
> netz zum a/v-medium erweitern.

Dieser Punkt stimmt wahrscheinlich, aber die
Behauptung...
> JETZT ist der zeitpunkt für die
> wortarbeiter, um einen ‚fuß in die tür'
> zu bekommen. sonst wird das medium morgen
> von den filmern, musikern und grafik-

> designern (gegen die keiner was hat)
> dominiert.

... klingt für mich etwas zu pessimistisch
für Autoren. Texte sind m.E. potentiell so
aussagekräftig und vieldeutig, dass ich mir
ein Ende der *Text-Kultur* einfach nicht
vorstellen kann.
Die Dominanz von Film, Musik, Grafik/Design
muss nicht als Konkurrenz empfunden werden,
sondern kann m.E. auch reichhaltige
Inspiration und ständig-sprudelnde
Innovationsquelle für *Text-Produzenten*
sein.
Folgende (neue) *Textformen*, die ich in den
letzten Monaten irgendwie experimentiell
gefunden und getestet habe, könnten auch als
Netzliteratur im Internet/WWW/Wap-handy-
net/ oder im *wasauchimmer-net* produktiv
eingesetzt werden. Zumindest ich selbst
werde in diese Richtung weiter „forschen".
Vielleicht ist die eine oder andere Anregung
für andere (Netz-) Autoren, die hier
mitlesen, dabei. Eine Diskussion darüber
halte ich in jedem Fall für konstruktiv.

Text-Skulpturen
****
Texte aus irgendeinem Lexikon „meiseln" mit
Hilfe von Assoziationen und Ähnlichkeiten
(... erfordert sehr viel Intuition und große
Konzentration)
Beispiel:
„Die PlumpsKLO-Parabel" (mail vom 11.1.00,
17:42)

Text-Übermalung
****
dynamische „painting-postings" in einer
Mailingliste;

andere Texte aus eigener Sicht verdichten
und „überschreiben".

Spezialform:
weis(s)e Text-Übermalung
****
...andere Texte subjektiv verdichten, indem
nur Wörter gelöscht und stattdessen zB nur
„X" eingesetzt werden.
Beispiel: „Wer ist X?" (mail vom 19.1.00,
20:45)

Text-Transliteration
****
Texte bewusst mit mehreren Bedeutungsebenen
schreiben, die nur ganz individuell in einem
bestimmten Kultur/Kontext/Code entziffert
werden können.
Beispiel: „Wer ist X?" (mail vom 19.1.00,
20:45)

Real Life - Texte
****
Scheinbar banale Texte aus dem Alltag in
eigene Texte umwandeln, um irgendeine
Bedeutung zu transportieren (ähnlich einer
Metapher oder einer Analogie).
Beispiele:
„Spagetteria - Dialog mit Werner" (mails am
12.1.00)
„ADOBE 42 - oneVISION" (mail vom 26.1.00,
13:01)

Text-Theater
****
Speziell: *Text-Performance* ... von
performance-writer in Mailinglisten.
Netztext-Komödie, *Netztext-Drama*
Beispiel: „The Irony-Machine" (mein
derzeitiges Projekt...)

:)

Ciao
Günther

Mail gesendet: Sonntag, 30.1.2000 20:15
Betreff: Kommuniaktion

Hi Sebastian,

Sebastian Domsch schrieb:
> Ich sitze zur Zeit in Kanada (wie schon
> erwähnt), weshalb ich die Diskussionen
> hier immer leicht zeitverschoben
> wahrnehme, und mache einen MA an der
> University of Waterloo.

g ... zu *Waterloo* fällt mir sooo viel
ein, aber ich schweige ;)

> Meine Magisterarbeit, die ich zur Zeit
> vorbereite, wird sich um Erzähltheorie bei
> Netzliteratur drehen.

g ... du bist leider drei Monate zu spät
hier und hast deshalb eine wahn-sinnig-
spannende Netzliteratur-Erzählung versäumt.

> Wenn also jemanden etwas zum Thema:
> räumliches Erzählen (als Gegensatz
> zum zeitlichen Erzählen) einfällt, nur
> raus mit der Sprache!!!

g ... *Raum* und *Zeit* im VL? ... dazu
schweige ich auch ;)

> Und, nebenbei bemerkt, von Kälte habt ihr
> in Deutschland ja keine Ahnung...

g ... und von der *Antarktis im Kopf* hast
du (noch) keine Ahnung ;)

Ciao
Günther

PS: Sorry, das waren alles *Insider-Witze*,
die du nicht verstehen kannst :)

Mail gesendet: Montag, 31.1.2000 08:30
Betreff: Kommuniaktion

Hi Sebastian,

Sebastian Domsch schrieb:
>> *g* ... du bist leider drei Monate zu
>> spät hier und hast deshalb eine
>> wahn-sinnig-spannende Netzliteratur-
>> Erzählung versäumt.
>
> Kannst du das etwas spezifizieren? Damit
> ich mich nicht durch die ganzen fünf MB
> wühlen muss, und vielleicht interessiert
> es ja noch jemanden von den
> Neuankömmlingen.

Also ganz kurz: Ich bin hier der *Listen-
Schamane*: Heiler (Arzt), Priester
(Ritualist), Medium (Spezialist für
Geisterbesessenheit), Zauberer und Hexe (...
böse Magie, die ich aber selten anwende ;)
Mit meinen vielen Rollen übe ich in diesem
Listen-Machtvakuum beträchtlichen Einfluss
auf den Stamm der Listenmitglieder aus. So
ist es mir gelungen, in nur drei Monaten
eine zusammenhängende *Schamanen-Erzählung*
zu schreiben, in der jedes aktive Listen-
Mitglied immer zur richtigen Zeit immer das
richtige geschrieben hat. Jetzt werde ich
diese Erzählung als Bestseller vermarkten
und irr-sinnig reich werden. Du bekommst
aber ein Freiexemplar mit einer persönlichen
Widmung (... ein Hexenspruch ;)

>> *g* ... *Raum* und *Zeit* im VL? ... dazu
>> schweige ich auch ;)
>

194

> Sehr gut, schweigen ist ja genau das,
> wofür wir uns hier „treffen" ;-)

Ja. Über *Raum* und *Zeit* redet heute kein
moderner Schamane mehr. Jetzt reden sie über
Quanten oder *Chaos* oder so... ;)

> Ich fands trotzdem witzisch... ;-)

Fein :)

Ciao
Günther

Mail gesendet: Montag, 31.1.2000 18:36
Betreff: Ästhetik und Authorität

Hallo Werner,

Werner Stangl schrieb:
> fällt unserem verehrten lexiromanten
> günther etwas ein zu
> ... den Gesetzen der Gravität

Im Zusammenhang zu meiner derzeitigen
Netzliteratur-Projektarbeit und den
geistig/körperlichen *Tänzen* auf der
Hutschnur, die ich zur Radiomusik wirklich
genieße, fällt mir nur Folgendes ein:

<Text-Skulptur>
Courante [frz.] (italien. Corrente) ist
ein alter französischer Tanz und gehört in
der Form der GRAVITÄTischen Courante oder
der schnellen Corrente zum Grundbestand der
Suite (= Folge von Zusammengehörendem,
z.B. von Zimmern in Hotels, von Graphiken)
</Text-Skulptur>
:)

Ciao
Günther

Mail gesendet: Montag, 31.1.2000 20:43
Betreff: DOKU-Herangehensweise

Hi Listige,

Claudia Klinger inspirierte mich mit ihrer
Aussage...
> Für die Mitdenk-Arbeit geh ich in
> Dreamweaver

... zum Mitdenken ... und dann fand ich,
passend zu meiner derzeitigen Arbeit, nach
wenigen Minuten „zufälliger" Suche in meiner
interaktiven, vernetzten, digitalen
LexiROM folgende...

<LexiROM-Skulptur>
Was heißt DREAM-WEAVER?
Nordamerikanische Literatur [...] Eine
Zuspitzung der grotesken und absurden
Weltsicht zeigte sich in der Pervertierung
des „American DREAM" (Nathanael West, in den
Kriegsromanen von J. Jones und N. Mailer)
sowie in den zur grotesken Welt verkommenen
Bildern der Südstaatenkultur und der
schwarzen Existenz (Ralph Waldo Ellison)

WEAVER, Sigourney [engl. wi:ve], *)New York
8.10.1949, amerikan. Filmschauspielerin.
Spielte u.a. in „Alien - Das unheimliche
Wesen aus einer fremden Welt" (1979),
„Ghostbusters" (1984), „Gorillas im Nebel"
(1988), „Der Tod und das Mädchen" (1994).
</LexiROM-Skulptur>

> Das wars.
:)

Ciao
Günther

196

Mail gesendet: Mittwoch, 2.2.2000 07:58
Betreff: e-Books der Zukunft

Hallo Michael,

Michael Charlier schrieb:
> [...] diese e-Books der Zukunft (wenn es
> sie denn jemals geben wird) sollen
> Bildschirme aus einem Material haben, das
> so leicht und flexibel ist wie Papier. Sie
> könnten auch mehrere Seiten gleichzeitig
> anzeigen, zwischen denen man hin und her
> blättern kann, von wegen sinnerfassendem
> Lesen. Geschützt werden diese Seiten durch
> Buchdeckel, die dann, wer will, auch in
> Schweinsleder einbinden lassen kann.

Du hast völlig recht. Heute habe ich in
einer Zeitschrift gelesen, dass *Vuitton*
diese „Buchdeckel" schon anbietet:

<zit>
Ästhetisch und elektronisch gleichermaßen
kann ein Palmtop sein, wenn man ihn nur in
die richtige Hülle steckt. Einpackspezialist
Luis Vuitton setzte diese Erkenntnis nun in
die Realität um. Das Ergebnis ist ein
schicker Einband, in den der Palm V
Organizer hineinpasst, als wäre es immer
schon so gewesen. Die elegante Hülle gibt es
in zwei Varianten: Modell *Monogramm* um ATS
1.500,- und Modell *Taiga* um ATS 1.800,-.
Und zwar in den einschlägig berühmten Luis
Vuitton-Geschäften in Wien, Salzburg und
Kitzbuehel.
</zit> (... aus „Modernes Leben" im „Format"
Nr.5/2000)

... verrückt, wer nicht aller in der
Schönen neuen Welt der elektronischen
Medien viel Geld verdienen kann ... nur die
Autoren liefern weiterhin meist gratis den
Content...

Ciao
Günther

Mail gesendet: Samstag, 12.2.2000 10:13
Betreff: Net-Art

Hallo Michael,

Michael Charlier schrieb:
>> kannst du den dort implizierten
>> Kunstbegriff in Worte fassen?
> Ich verlass mich zunächst mal auf das, was
> Reinhold selbst schreibt:
>> Kunst ist Kapital, wusste Joseph Beuys,
>> [...]

Diesen Satz verstehe ich noch, aber dann
geht's weiter...

>> die Dimension der sozialen Plastik
>> gewinnt dies Selbstbeteiligungsmodell
>> der Kunst nur insoweit, als die
>> imaginative Befragung der Relikte
>> anthropologischen Medienhandelns auf die
>> in ihnen verkapselte
>> Interaktionsgeschichte rückschließt und
>> sich dadurch Spielräume für
>> Partizipationsmöglichkeiten öffnen.

ehm, hmm, wie bitte???
Aber egal, du Michael schreibst für mich
sehr verständlich:

> Auf der anderen Seite habe ich mit dem auf
> Beuys zurückgehenden ins Grenzenlose
> erweiterten Kunstbegriff erhebliche
> Probleme, und zwar einfach deshalb, weil
> er sich so erweitert, dass er in Gefahr
> gerät, jeden benennbaren Inhalt zu
> verlieren. Diese Dialektik lässt sich
> nicht hintergehen: Wenn alles Kunst ist —

198

> gibt es keine Kunst mehr.

Das „Problem" ist m.E., dass _innerhalb_ der
Kunst nicht _über_ Kunst geredet werden
kann. Ich muss außerhalb eines Bereichs
„stehen", um über diesen Bereich „exakt"
sprechen zu können. Das haben Mathematiker
(u.a. der Österreicher Gödel) im 20. Jh. in
ihrem Fachbereich bewiesen. Umgelegt auf die
Kunst hat Beuys diesen „Beweis" versucht und
musste scheitern, weil er _innerhalb_ des
Kunstbereichs _gleichzeitig_ auch von
„außen" sprach. Das konnte/wollte keiner
verstehen.
*Wenn alles Kunst ist - gibt es keine Kunst
mehr.*
Diesen Satz kann man m.E. nur verstehen,
wenn man sich bereits nicht mehr _in_ einem
etablierten Kunstbetrieb befindet und nicht
mehr in irgendeiner Weise von ihm abhängig
ist. Man sägt sich sozusagen den Ast ab, auf
dem man sitzt. Das ist die Gefahr, die
offensichtlich nicht sehr viele
Kunstbetriebler riskieren. Den Künstlern ist
das meist egal. Die befinden sich ja eh
meistens „jenseits von Gut und Böse".

> Nun verkenne ich natürlich nicht, dass es
> ein alter Traum von Künstlern ist, Kunst
> so zu machen, dass sie sich dem Banausen
> verschließt und nur dem inneren Zirkel
> öffnet. Ein merkwürdiges Paradox, dass der
> über alle Grenzen geöffnete Kunstbegriff
> so exklusive Akte hervorbringen sollte.

Wenn alles Kunst ist, dann sind nicht nur
alle auch Künstler, sondern alle auch
Banausen und der innere Zirkel ist
gleichzeitig der äußere Zirkel. Das ist ein
merkwürdiges Paradox, aber wir leben nun
einmal in einer merkwürdigen Welt. Das haben
mittlerweile auch so furchtbar seriöse
Rationalisten, wie die theoretischen

Physiker, herausgefunden, die ihre eigenen
(!) Theorien und Experimente nicht mehr
verstehen können, weil sie ihren eigenen
Bereich nicht verlassen können/dürfen/
wollen. Künstler haben es da vergleichsweise
noch am einfachsten: Sie können tun und
lassen, was sie wollen. Wenn es jemand
versteht, ist es gut, wenn nicht, dann macht
das auch nichts (... in einer Demokratie
grrr)

Ciao
Günther

Mail gesendet: Samstag, 12.2.2000 17:18
Betreff: Net-Art

Hallo Michael,

Michael Charlier schrieb:
> Er [Grether] will _eine_ Inhaltsebene
> wieder hereinbringen, und zwar insoweit,
> wie diese Struktur geeignet sein soll,
> zukünftige Partizipationsmöglichkeiten zu
> eröffnen.

Ich habe die etoy(s)-Geschichte nicht so
verfolgt und verstehe immer noch eher
„Bahnhof" - macht ja nichts.

> Ganz ohne Inhalte geht es nicht. Es ist
> mir zu eng (und insoweit wohl auch mit der
> Theorie, wenn auch nicht mit der Praxis
> des aktuellen Kunstbegriffes unvereinbar),
> als es die Inhalte moralisch fixiert: Das
> Emanzipatorische als Ersatz für das „Wahre
> Schöne Gute".

Für mich ist das Emanzipatorische kein
Ersatz sondern geradezu das „Wahre Schöne
Gute"-Zentrum. Es ist fast alles subjektiv
in dieser Welt, besonders aber so Begriffe

200

wie *wahr*, *schön* und *gut*. Objektiv
wertfrei ist m.E. die Befreiung des
einzelnen Individuum von allen
fremdbestimmten Wertsystemen. Emanzipation
kann m.E. nichts „Schlechtes" sein. Sie
bedarf keiner Rechtfertigung und keiner
Erklärung. Deshalb ist sie für mich
erstrebenswert und *Inhalt* für mein Denken
und Handeln. Wenn mein Handeln dann
„zufällig" auch noch wahr, schön und gut ist
- na wunderbar :)
Man kann leicht darüber streiten, ob etwas
schön ist. Das ist letztendlich immer
Geschmackssache. Es gibt keine von Menschen
herstellbare „Schönheitsskala". Jeder, der
das tut und verteidigt, ist ein Narr -
schlimmstenfalls ein „Schönheits-Diktator".
Das gleiche gilt für *wahr* und *gut*, nur
halten das die wenigsten Menschen aus. An
irgendetwas muss sich der Mensch doch
klammern. Dann halten sie das scheinbar
wahre und *gute* „Irgendetwas" so fest,
weil sie aus Angst nicht NICHTS halten
können.
Wir kommen aus dem N., halten kurze Zeit N.
fest und gehen am Ende in N.. Wem N. zuwenig
ist, der soll halt irgendetwas machen,
solange er andere damit nicht stört, wenn
sie auch irgendetwas machen. Ob man jetzt
dieses Irgendetwas nun „Kunst" nennt oder
„X" oder „denkdirwasaus", ist m.E. egal.

>> *Wenn alles Kunst ist - gibt es keine
>> Kunst mehr.*
>> Diesen Satz kann man m.E. nur verstehen,
>> wenn man sich bereits nicht mehr _in_
>> einem etablierten Kunstbetrieb
>> befindet...
>
> Für mich lege ich großen Wert auf die
> Feststellung, dass ich mich niemals
> innerhalb eines solchen befunden habe.

Hmm, wenn alles Kunst ist, dann ist auch
alles ein Kunstbetrieb und jeder befindet
sich darin...
:)

Ciao
Günther

Mail gesendet: Samstag, 12.2.2000 17:19
Betreff: Net-Art

Hallo Werner,

Werner Stangl schrieb:
>> Das haben mittlerweile auch so furchtbar
>> seriöse Rationalisten, wie die
>> theoretischen Physiker, herausgefunden...
>
> das waren die ersten

Ja, die ersten Pioniere vielleicht - da hast
du wohl Recht. Aber die Konsequenzen, die
daraus folgen (könnten), haben sie m.E. noch
nicht gezogen. Sie bauen ja noch immer diese
teuren Teilchenbeschleuniger und freuen sich
über jedes/n „Quark"...
:)

Ciao
Günther

Mail gesendet: Sonntag, 13.2.2000 12:46
Betreff: Zeitgeist und Werte

Hallo Michael,

Michael Charlier schrieb:
>> Objektiv wertfrei ist m.E. die Befreiung
>> des einzelnen Individuum von allen
>> fremdbestimmten Wertsystemen.
>> Emanzipation kann m.E. nichts

>> „Schlechtes" sein. Sie bedarf keiner
>> Rechtfertigung und keiner Erklärung.
>
> Tja, so sagt es uns der Zeitgeist -

Meinst du mit „Zeitgeist" alle Gedanken von
reflektierenden Menschen „auf der Höhe der
Zeit"? Wenn nein, dann verstehe ich dich
wahrscheinlich nicht richtig. Wenn wir
nachdenken und kommunizieren, dann sind wir
doch für unsere formulierten Gedanken selbst
verantwortlich. Ich schreibe hier als
autonomes Wesen und lese deine Gedanken auch
mit der Annahme, dass du ein autonomes Wesen
bist. Da ist m.E. nirgends irgendein (Zeit-)
Geist. Natürlich sind manche Gedanken von
verschiedenen reflektierenden Wesen oft sehr
ähnlich, wenn sie in einem ähnlichen
„System" agieren.

> und er unterlässt es klugerweise, den
> Begriff „Wertesysteme" auf seine immanente
> Fremdbestimmtheit hin zu befragen oder
> sich Gedanken darüber zu machen, wo und
> wie das „Eigene" und das „Fremde"
> auseinander hervorgehen.
> Emanzipation wessen wovon und wozu?
> Des Individuum? Des autonomen gar? Himmel
> hilf!

O.k. ich versuche, mein „Wertesystem" kurz
zu erklären, ohne gleich einzelne „Werte"
aufzulisten: *Ich* (was immer das ist)
emanzipiere mich bewusst von den für mich
zunächst „fremden" Werten anderer, solange
ich sie nicht verstehen und akzeptieren
kann, weil ich _nichts_ unkritisch
übernehmen will. Verstandene und akzeptierte
Werte, die mich betreffen, sind dann meine
„eigenen" Werte, die ich aber von Zeit zu
Zeit wieder hinterfrage. „Fremde" Werte, die
mich nicht betreffen, akzeptiere ich
natürlich. Das ist für mich ein selbst-

bestimmtes Leben ohne irgendeiner
(immanenten oder transzendenten)
Fremdbestimmung. Sollte es immanente Werte
geben, die mir nicht bewusst sind, dann kann
ich sie zunächst nicht ändern. Ich bemühe
mich aber ständig, mir soviel wie möglich
bewusst zu machen, zu hinterfragen und wenn
notwendig, mich von diesen vorher
unbewussten Werten zu emanzipieren. So
emanzipiere ich mich auch schrittweise von
mir selbst.

> Die nächsten 1000 Zeilen offtopic spar ich
> mir.

Warum offtopic? Jedes „Wertesystem" ist m.E.
sowohl für die Produktion als auch für die
Rezeption von („Kunst"-)Werken wesentlich.
Warum sollten wir nicht ab und zu über
unsere „Werte" diskutieren? Es muss ja
keiner „Recht" haben. Diese Aussage ist
natürlich wieder extrem „zeitgeistig".
:)

Ciao
Günther

Mail gesendet: Sonntag, 13.2.2000 12:46
Betreff: Net-Art

Hallo Michael,

Michael Charlier schrieb:
>> Hmm, wenn alles Kunst ist, dann ist auch
>> alles ein Kunstbetrieb und jeder befindet
>> sich darin...
>
> Dann ja. Aber da ich die Voraussetzung
> nicht unterschreibe, gilt für mich
> auch die Folgerung nicht.

O.k. das klingt logisch ;)

> In dieser Hinsicht habe ich mich
> emanzipiert und bin zur Selbstbestimmung
> entschlossen: Wenn ein Künstler mir sagt:
> Weil ich es als Künstler gemacht habe, ist
> es Kunst - dann gähne ich nur ein bisschen
> hinter vorgehaltener Hand und sage: Wenn
> ich es als Kunst wahrnehme - dann ist es
> für mich Kunst.

Genau davon rede ich auch. Mit dem
Unterschied, dass ich fast niemals gähne,
wenn ich _bewusst_ und _aufmerksam_ etwas
wahrnehme. Denn dann ist es für mich egal,
was ich mache: ... ob ich zuhause beim
Fenster rausschaue, mit Freunden diskutiere,
mit dem Auto fahre, in einem Museum oder in
einer Galerie bin, im Wald spazieren gehe,
andere Menschen bei irgendeiner Tätigkeit
beobachte, am Klo sitze, unter der Dusche
stehe, in der Küche Spaghetti koche, im
Kaufhaus Pullover kaufe, ein Buch lese,
Musik höre, auf meinem Notebook schreibe
oder im Internet surfe oder was auch immer
mache...
Wenn ich zum Gähnen anfange, dann gehe ich
meistens schlafen. Und wenn ich aufwache,
dann bin ich wieder _aufmerksam_. Sorry, in
meinem Leben kommt eben nirgends „Kunst" vor
oder ich erkläre _alles_ zur „Kunst".
:)

Ciao
Günther

Mail gesendet: Sonntag, 13.2.2000 12:46
Betreff: Zeitgeist und Werte

Hallo Listige,

Claudia Klinger schrieb sehr viel und sehr
dicht, aber ich versuche trotzdem, relativ
kurz zu antworten:
> Volle Emanzipation mag „objektiv wertfrei"
> sein, jedoch ist sie nicht möglich, nicht
> einmal denkbar.[...] und irgeneine Form
> MÜSSEN wir ja haben.

Ja, wir müssen _in_ unserem Körper bleiben.
Das ist die äußerlich geformte und sichtbare
„Hülle", die wir bewegen und die sich
mitunter auch „selbst" (unbewusst) bewegt...
Und damit sind wir für andere wahrnehmbar
und beurteilbar. Was diese „Hülle" tut, ist
dann auch juristisch fassbar und unter
Umständen auch strafbar. Dann kann man diese
„Hülle" einsperren, schlimmstenfalls
lebenslänglich. Nur das Bewusstsein kann
sich _voll_ emanzipieren, obwohl auch
gesprochene u/o geschriebene Gedanken
mitunter strafbar sein können, wenn zB die
Menschenrechte verletzt werden.

> Wie weit dieses Bewusstsein aber
> tatsächlich etwas ausrichten kann, um an
> der jeweiligen Konstellation der Einflüsse
> ein Wörtchen mitzureden, ist immer schon
> strittig. Ich neige zu: sehr wenig, aber
> es gibt die winzige Chance...

Ja, die winzige Chance sind nur wir selbst.
Du, ich ... jede/r Einzelne! Ich habe mir
angewöhnt, nicht mehr jedes
gesellschaftliche, politische, klimatische,
technische oder „was-weiß-ich"-Problem
persönlich zu nehmen. Ich müsste verrückt
werden, wenn ich mir tagtäglich zumuten
wollte, die „Welt-Probleme" zu lösen. Es
reicht mir, wenn ich tagtäglich so handle,
dass ich abends noch mit „gutem" Gewissen in
den Spiegel schauen kann. Ich brauche
einfach regelmäßig das unbeschwerte Leben,
um lachen zu können - nicht zynisch, sondern

glücklich lachen. Wie sollte ich das
können, wenn ich ständig an „Welt-Probleme"
denken müsste. Das ist doch unzumutbar und
m.E. die schlimmste Überforderung überhaupt.

> Hintergrund Werteverfall - Verfall der
> Gesellschaft - Auflösung aller Strukturen
> bis hin zum Desperado-Dasein wieder-wild-
> gewordener Individuen, zum Kampf aller
> gegen alle.

Wenn jemand einen „Verfall der Gesellschaft"
diagnostiziert, dann hat er m.E. vielleicht
mit seinem eigenen „Werteverfall" zu
kämpfen. Vielleicht passen die eigenen Werte
ja nicht mehr zur Um-Welt. In so einer
Situation ist es aber ratsam, nicht die Um-
Welt, sondern sein Bewusstsein zu ändern.
Der Um-Welt ist es schnurzegal, was einzele
Menschen denken. Die Welt existiert sogar
ganz ohne Menschen! Auch diese Erkenntnis
halten nicht viele aus. Schlimm genug, sich
vorzustellen, dass man stirbt. Aber
einzusehen, dass die Welt auch ohne Menschen
auskommen kann, das packen nicht viele.

> In einer Welt, die unter Emanzipations-
> erfolgen des Individuums zulasten
> jeglicher Gemeinschaft leidet, ist es
> zumindest problematisch, weiterhin von
> Emanzipation als dem Zentrum des Guten-
> Wahren-Schönen auszugehen.

Für mich leidet die Gemeinschaft nicht unter
Emanzipationserfolgen, welcher Art auch
immer, sondern unter Angst und maßlos
überzogenen Erwartungen. Warum erwarten sich
alle ständig, dass überall und jederzeit
alles „perfekt" funktioniert? Warum halten
wir „Chaos" im positiven Sinn nicht aus?
Warum leiden wir unter einem metaphorischen
„Putztick"? Warum akzeptieren wir nicht
einfach das Anders-Sein, obwohl wir es nicht

verstehen? Warum vertrauen wir nicht einfach
darauf, dass sich „etwas" entwickelt, obwohl
wir es nicht kontrollieren können?

> Der Emanzipation (gesellschaftlich
> zentrifugal) muss ein zweiter Prozess
> (gesellschaftlich zentripedal) entsprechen
> - und damit haben wir zur Zeit
> Probleme.

Dieser zentripedale Prozess kann sich
einstellen. Aber nicht dadurch, dass
einzelne Individuen das planen und bewusst
umsetzen, sondern „ganz von selbst", wenn
emanzipierte Indiviuen in einer Gemeinschaft
frei leben. Ich gehe auch mit offenen Augen
durch eine Stadt, aber ich sehe nicht nur
Probleme, sondern durchaus auch zufriedene
Lebensgemeinschaften, die funktionieren,
wenn man sie in Ruhe lässt. Einmischungen
aller Art sind in vielen Fällen einfach
nicht notwendig, solange die Menschenrechte
gewahrt bleiben.
Wenn jemand spontan meine Hilfe braucht,
dann helfe ich ihm, wenn ich kann, ohne
lange nachzudenken. Das plane ich dann
nicht, sondern ich _tue_ es einfach. Hilfe
im großen Stil, wie z.B. bei einem großen
Erdbeben, muss natürlich geplant und
organisiert werden.

> Immer nur weiter Emanzipation allein,
> zuvorderst und hauptsächlich anzustreben
> (= Zeitgeist, wie von Michael gemeint),
> ist heute nicht mehr redlich.

Sorry, das muss ich zurückweisen. Ich denke,
handle und schreibe immer so *redlich* wie
ich kann. Dieses Menschenrecht habe ich und
das lasse ich mir auch nicht nehmen oder
ausreden. Für mich ist *Emanzipation* in
jeder Beziehung und in jedem Bereich das
wichtigste Ziel.

> Wenn für mich subjektiv ein bestimmtes
> Vorgehen gut ist, für dich jedoch
> abgründig-böse (weil es z.B. mir nutzt,
> dir aber schadet), werden wir zwangsläufig
> übel aneinandergeraten, wenn kein dritter
> Einfluss dich oder mich in Richtung des je
> anderen zwingt! Je emanzipierter wir beide
> von diesem Dritten sind, desto sicherer
> gibt es Krieg zwischen uns.
> Ist das „wertfrei"?

Naja, wenn wir beide streiten, dann fliegen
sicher nicht die Fetzen, insofern brauchen
wir auch keinen Dritten, der eingreift. Aber
ich weiß, was gemeint ist. Ich habe diese
Liste letztes Jahr in RL-Kriegszeiten
beobachtet und habe auch kein Patentrezept
für Völkerkonflikte. Zwischenmenschliche
Konflikte lassen sich m.E. meistens
friedlich lösen. Dazu haben wir
intellektuelle und rechtliche „Instrumente"
längst erfunden.
:)

Ciao
Günther

Mail gesendet: Montag, 14.2.2000 08:23
Betreff: Publikationen zu Netzliteratur?

Hi Felix,

herzlich Willkommen in dieser
megaultrasupercoolen „Meta-NetLitArt-
OnOffUff-Topic-Liste" *duck*

> Kurzvorstellung: Ich hab erst zwei Jahre
> Informatik und dann Mathematik/
> Germanistik für das Gymnasiallehramt
> studiert, letzteres mit Schwerpunkt
> Mediävistik.

Endlich ein echter *Eco* mit umfassenden
Insiderwissen, der mir verraten kann, wie
man einen Bestseller schreibt :)

> Die Netzliteratur-ML bezieh ich seit Juli
> 99, allerdings privat - ich les immer
> schubweise nach, worum's grad geht, wenn
> ich dazu komm. Löschen tu ich Mails
> praktisch überhaupt nie...

Und wann löscht du die Mails _theoretisch_?
;)

> Äh, ja, zur Abrundung gibt's dann noch ein
> monatliches „Kolloquium Multimedia::
> GeistSoz", das im Moment als eine Art
> Oberseminar derer genutzt wird, die
> irgendwo an unserer Fakultät (von Sport
> bis Philosophie, sozusagen) multimedial
> arbeiten.

*Multimedia::GeistSoz von Sport bis
Philosophie*
... ja, ehm, hmm, so könnte man das ewige
Hauptthema in dieser Liste auch sehr gut
umschreiben.
:)

Ciao
Günther

Mail gesendet: Montag, 14.2.2000 15:52
Betreff: Publikationen zu Netzliteratur?

Hi Listige,

Werner Stangl schrieb:
> also ist mediävistik nach dieser
> interpretation die wissenschaft von der
> schnellen und zugleich zögernden
> wahrnehmung des weiblichen durch das

> männliche ego

Ich liebe meine emanzipierte Frau wirklich und bin ein glücklicher Mann, doch Werner brachte mich dazu, in meine LexiROM zu klicken, um herauszufinden, was eine *Frau* für Lexikonschreiber eigentlich alles ist... *Schock*:

lex>> Frau, Dame, Lady, Traumfrau, Eva, Evastochter, Weib, Weibchen, Hausfrau, Heimchen am Herd, Pusselchen, Weibsbild, Weibstück, Miststück, Frauenzimmer, das Mensch, Frauensperson, Giftspritze, Klatschweib, Waschweib, Gewitterziege, Giftnudel, Blunze, Bissgurn, Waberl, Drahdiwaberl, Kepplerin, Keppelweib, Urschel, Fuchtel, alte Schachtel, Schreckschraube, Schrapnell, Witzfigur, Schraubendampfer, Fregatte, Spinatwachtel, Vogelscheuche, Zimtziege, Zimtzicke, Zicke, Schlampe, Schrulle, Meckerziege, Beißzange, Drachen, Mannweib, Walküre, Hünenweib, Riesin, Riesenweib, Blaustrumpf, Karrierefrau, Tuschkasten, Beauté, Beauty, Rasseweib, Klassefrau, Klasseweib, Maschine, Matrone, Scharteke, Oma, Mütterchen, Jungfer, Nullipara, Multipara, Gebärmaschine, Brünette, Blondine, Rauschgoldengel, Lustobjekt <<lex

... so genau wollte ich es eigentlich gar nicht wissen ...
... merkwürdige Sprache ...
... und dann fragt mich Claudia allen Ernstes, warum ich *Emanzipation* als das wichtigste Ziel betrachte!
... merkwürdige Welt ...

Achselzucken - ich bin ja „Gott-sei-Dank" ein Mann - *duck*
;)

Ciao
Günther

Hallo Listige,

ich will wieder einmal *Umberto Eco*
zitieren, der in einer .at-Wochenzeitschrift
sehr lesenswerte Essays schreibt. Diese
Woche passt sein Text „zufällig" zu unserer
Diskussion:

zit>> Leset die Klassiker! Die Lektüre der
Klassiker ist eine geradezu atemberaubende
Reise zu den Wurzeln. Wir spüren, dass es da
noch etwas Unbekanntes gibt. [...] Es ist
so, dass die Leser in einem Augenblick des
Niedergangs und der Neustrukturierung
bekannter Werte etwas Sicheres suchen. Warum
geben Klassiker Sicherheit? Weil ein
Klassiker ein Autor ist, der über die
Jahrhunderte hinweg der Trägheit der Zeit
und der Verführung der Vergessenheit
trotzte. [...] Ein zweiter Grund ist, dass
wir in Krisenzeiten Gefahr laufen, nicht
mehr zu wissen, wer wir eigentlich sind. Nun
sagt uns ein Klassiker nicht nur, wie man zu
fernen Zeiten dachte, sondern er lässt uns
entdecken, dass und warum wir heute noch auf
diese Weise denken. Einen Klassiker zu lesen
ist wie unsere derzeitige Kultur zu
psychoanalysieren, man entdeckt Spuren,
Erinnerungen, Muster... [...]
Ich hielt dieser Tage „De Magistro - Über
den Lehrer" von Augustinus in den Händen und
würde empfehlen, es zu lesen. Man sieht, wie
der Vater/Lehrer aus einem einfachen
Spaziergang mit seinem leiblichen Sohn
Adeotato (o ja, bevor er heilig wurde, war
auch Augustinus nicht so ohne) eine Reihe

von Erleuchtungen darüber zu gewinnen weiß,
was reden bedeutet. [...]
Vor einiger Zeit kam ein Philosophiestudent
zu mir und fragte, was er lesen solle, um
gut denken zu lernen. Ich schlug ihm den
„Versuch über den menschlichen Verstand" von
Locke vor. Er fragte mich, warum
ausgerechnet dieses Buch, und ich antwortete
ihm, dass ich, befände ich mich an diesem
Tage in einer anderen Stimmung, ihm
ebensogut einen Dialog von Platon hätte
vorschlagen können. Aber nachdem man nun
einmal irgendwo anfangen müsse, hätte er mit
Locke das Beispiel eines Menschen, der sehr
gut dachte, indem er mit seinen Freunden
plauderte, und der nicht das Bedürfnis
hatte, schwierige Worte zu verwenden.
<<zit - Format 7/2000, Seite 164

Ich denke, mit *Eco* lernen wir einen
modernen *Klassiker* auf der „Höhe der Zeit"
kennen, den zu lesen mehr als lohnt.
:)

Ciao
Günther

Mail gesendet: Dienstag, 15.2.2000 10:24
Betreff: Publikationen zu Netzliteratur?

Hi Listige,

Claudia Klinger schrieb:
>> ich bin ja „Gott-sei-Dank" ein Mann
>
> Wirf doch mal zum Vergleich aus, was dein
> Lexikon zu „Mann" sagt!

O.k. ihr wollt es nicht anders:
lex>> Mann, Herr, Er, Mannsbild,
Mannsperson, Jöckel, Mannstück, Kerl,
Hurensohn, Miststück, Ekel, Fritze, Bursche,

Bruder, Dingerich, Scheich, Emton, Ihmchen,
Jenner, Grandseigneur, Gentleman, Kavalier,
Mann von Welt, Weltmann, Gesellschafter,
Jüngling, Jungmann, Bursch, Twen,
Jugendlicher, Minderjähriger,
Heranwachsender, Halbstarker, Schlurf,
Halbwüchsiger, Kerl, Spund, Dachs, Fant,
Laffe, Glückskind, Sunnyboy, Strahlemann,
Greis, Opa, Zittergreis, Tattergreis,
Tapergreis, Tatl, alter Knacker, Kracher,
Kraut[er]er, Zausel, Stubben, Mummelgreis,
Mümmelgreis, Jubelgreis, Tätschelgreis,
Lustgreis, Lebegreis, Platzhirsch, Riese,
Hühne, Koloss, Gigant, Kleiderschrank,
Goliath, Lulatsch, Schlaks, Bohnenstange,
Kraftmensch, Naturbursche, Herkules, Athlet,
Athletiker, Kraftmeier, Muskelprotz,
Rummelboxer, Kraftlackel, Sitzriese, Zwerg,
Gartenzwerg, abgebrochener Riese,
Liliputaner, Pygmäe, Gnom, Däumling, Wicht,
Knirps, Stöpsel, Flegel, Rüpel, Lümmel,
Schnösel, Stiesel, Rowdy, Radaubruder,
Rabauke, Lackel, Strolch, Baubudenrülps,
Gfrast, Liederjan, Leichtfuß, Luftikus,
Windhund, Haderlump, Frauenheld,
Frauenliebling, Belami, Lebemann, Playboy,
Suitier, Bonvivant, Verführer,
Herzensbrecher, Hurenbock, Bock,
Poussierstengel, Wüstling, Roué,
Schürzenjäger, Schwerenöter, Weiberheld,
Casanova, Don Juan, Traummann, Märchenprinz,
Adonis, Quickie, Faun, Impotenzler,
Schönling, Beau, Paris, Schmalzdackel,
Feschak, Narziss, Dicker, Dickwanst,
Dickbauch, Brocken, Bröckerl, Blader,
Bettler, Clochard, Hungerleider, armer
Schlucker, armer Teufel, Habenichts,
Besitzloser, Mittelloser, Schnorrer,
Klinkenputzer, Vagabund, Geizkragen,
Geizhals, Knauser, Knicker, Knickstiebel,
Gewandlaus, Macker, Macho, Brutalo, Rambo,
Raufbold, Brummbär, Knurrhahn, Griesgram,
Murrkopf, Giftnickel, Giftzwerg,

Bullenbeißer, Muffel, Miesepeter,
Nieselpriem, Fadian, Heimtücker,
Hinterrücksler, falscher Fünfziger,
Fiesling, fieser Kerl, Widerling, Schleimer,
Kotzbrocken, Softie, Drückeberger,
Angsthase, Hasenherz, Hasenfuß, Bangbüx,
Traumined, Feigling, Waschlappen,
Schlappschwanz, Flasche, Dädl, Tattedl,
Junggeselle, Hagestolz, Einspänner,
Weiberfeind, Musterknabe, Salzknabe,
Sackaffe, Witzfigur, Pascha, Herrchen
<<lex (aus LexiROM)

... für manche _mächtige_ Männer, wie
Herrscher und Politiker und so... galt/gilt
wahrscheinlich auch noch:

lex>> Dummkopf, Idiot, Vollidiot, Kretin,
armer Irrer, Blödling, Blödian, Dummian,
Dummerjan, dummer Kerl, Doofkopp, Dämel,
Damian, Dussel, Holzkopf, Kohlkopf,
Quatschkopf, Kaffer, Zulukaffer, Gipskopf,
Knallkopp, Döskopp, Depp, Tepp, Dodel, Löli,
Schwachkopf, trübe Tasse, doofe Nuss,
Gescherter, Hirnöderl, Tocker, Kineser,
Trottel, Dorftrottel, Bezirkstrottel, Dalk,
Karpf, Fetzenschädel, Dümmling, Schaf,
Schafsnase, Schafskopf, Rindvieh, Esel,
Hammel, Armleuchter, Pinscher, Arschloch,
blöder Heini, Saftsack, Saftneger,
Saftheini, Piesepampel, Weihnachtsmann,
dummer sack, Hornochse, Hornvieh, Heuochse,
Ochse, Kamel, Kamuffel, Mondkalb, Blödmann,
Blödhammel, Dämlack, Rhinozeros, Hohlkopf,
Strohkopf <<lex (aus LexiROM)

uff ... aber meine Frau liebt mich
trotzdem, glaub ich, ehm, hmm, naja,
... sagt sie zumindest ab und zu ;)

Ciao
Günther

Mail gesendet: Dienstag, 15.2.2000 14:55
Betreff: Augmented Reality Fiction

Hi Stefan,

Stefan schrieb:
> obwohl der technische aufwand groß ist
> (gps bzw. navigationssystem, minicomputer
> und kopfhörer) haben wir eine simple
> zielsetzung. wir wollen die geschichten an
> die orte zurückbringen.

Ich würde gerne in der Karibik das
Kommunikationssystem der Delfine
erforschen, beschreiben und via Webcam LIVE
senden. Geht das mit eurem Equipment?
Natürlich brauche ich noch einen Sponsor.
Wunschzeit sind die Wintermonate. Da ist es
bei uns immer so kalt.

> der leser/hörer/protagonist begibt sich
> nun mit minicomputer, gps und kopfhörer in
> die wirklichkeit und erwandert die
> geschichte.

Fällt das jetzt in unsere Sport- oder
Philosophie-Abteilung?

> doch soviel sei vorweg gesagt - wir haben
> kein budget

Willkommen im Club.
:)

Ciao
Günther

Mail gesendet: Mittwoch, 16.2.2000 11:56
Betreff: Augmented Reality Fiction

Hi Listige,

Werner Stangl schrieb:
>> Ich würde gerne in der Karibik das
>> *Kommunikationssystem* der Delfine
>> erforschen, beschreiben und via Webcam
>> LIVE senden.
>
> dazu fällt mir ein film ein, indem
> irgendwelche leutchen aus der zukunft
> in die vergangenheit zurückkehren, um
> einen wal zu retten, der irgendwelche
> botschaften singt ;-)

„Zufällig" habe ich heute eine passende
Geschichte gefunden, die ich euch erzählen
muss:

zit>> In den Weiten des Pazifiks war ein
hochmodernes Düsenjagdflugzeug zu Bruch ge-
gangen und abgestürzt. Der Pilot konnte zwar
noch mit dem Schleudersitz aussteigen, war
dann aber in der Folge ertrunken, worauf
sein Körper mit einer solarangetriebenen
goldenen Fliegerarmbanduhr am Handgelenk an
einer kleinen Insel zur Anschwemmung gelang-
te. Nachdem die dort lebenden unzivilisier-
ten Wilden den am Strand liegenden Marinepiloten entdeckt und wegen der einsetzenden
Geruchsbildung umgehend im Sand verbuddelt
hatten, verblieb denselben nur diese glizernde Fliegerarmbanduhr, welche aufgrund
ihrer schweizerischen Qualität alle Unbilden
des Schicksals unbeschadet überstanden hatte. Die Eingeborenen beäugten die vordere
Fläche dieses Dings und waren überrascht,
als sie feststellten, daß da drei "Seeigelstachel" vorhanden waren, welche sich beweg-
ten - der eine Stachel ziemlich rasch, der
zweite schon recht langsam und der dritte
praktisch gar nicht mehr wahrnehmbar. Und
während sie das Ding noch in ihren Händen
hielten, machte es plötzlich "piep, piep"
und dann war es wieder still. Nachdem alle
Eingeborenen dieses recht merkwürdige Objekt

der Reihe nach befühlt und bewundert hatten,
wurde zur nächtlichen Stunde eine Stammesversammlung abgehalten, bei welcher der sehr
weise Medizinmann verkündete, daß das Ding
göttlichen Ursprungs sein müsse, denn nur
"Er" könne drei Seeigelstachel bewegen und
gleichzeitig dabei auch noch Piepsen. Und so
wurde dieser Gegenstand umgehend an einem
vorspringenden Ast des Baumes der Weisheit
aufgehängt und keiner der Insulaner durfte
ihn berühren.
In der Folge ergab es sich, daß ein schwerer
Taifun über die betreffende Pazifikinsel
hinwegbrauste, was den Behausungen der Insulaner gar nicht gut bekommen war. Ob dieses
Ungemachs über ihre Gottheiten erzürnt wurde
erneut eine Stammesversammlung abgehalten,
bei welcher unter anderem auch das merkwürdige Ding am Baume der Weisheit zur Sprache
kam und für welches nunmehr umgehend eine
rationale Erklärung gefunden werden mußte.
Nach langen Beratungen hin und her und her
und hin stand für die Insulaner schließlich
fest, daß das piepsende Geräusch von keinem
Vogel verursacht sein kann, denn dazu waren
die Vögel viel zu groß und das glizernde
Ding zu klein. Also einigte man sich darauf,
daß im Inneren dieses Dings kleine Insekten
- wie Ameisen oder Grillen - stecken müssen,
welche unter Einsatz von Laufrädern die Bewegung der drei Seeigelstachel bewirken, und
dabei gleichzeitig auch noch das piepsende
Geräusch verursachen. Nachdem die Insulaner
keine anderen Theorien anzubieten hatten,
wurde über die Gültigkeit des gemachten Vor-
schlags abgestimmt. Die Mehrzahl der Insulaner stimmte zu, nur einige wenige Abweichler
waren dagegen. Letztere erschlug man flugs
mit hölzernen Keulen, so daß auf diese Weise
die Einstimmigkeit der Meinungsbildung ge-
währleistet war.
Der Medizinmann, welcher aufgrund seiner
Weisheit und seines Alters einige Grund-

kenntnisse von Mathematik erworben hatte,
konnte in der Folge berechnen, daß unter Be-
rücksichtigung der Größe des glitzernden
Dings die darin befindlichen Insekten allen-
falls 7356 Jahre leben könnten, denn so lange würde der darin befindliche Nahrungsmit-
telvorrat reichen. Und so sitzen diese unzi-
vilisierten Wilden auch heute noch zur
nächtlichen Stunde um ihren Baum der Weisheit, lauschen dem gelegentlichen piepsen
des goldenen Dings und warten auf das
7.357ste Jahr nach der Strandung des toten
Marinepiloten, denn nur dann wird es sich
erweisen, ob die Theorie mit den kleinen
Tieren im Inneren des glitzernden Dings ihre
Gültigkeit besitzt oder nicht.
<<zit (Web-Quelle: leider unbekannt)
:)

Ciao
Günther

**Mail gesendet: Donnerstag, 17.2.2000 17:53
Betreff: Net Art - Praxis**

Hi Listige,

Dirk Schröder schrieb:
>> wer sich für (weitgehend textfreie) Net-
>> Art intersessiert, bekommt auf
>> http://no-such.com/ interessante
>> Kostproben.
>
> nun, ich halte das ja für fast
> ausschließlich textbasiert.

Ja, das sehe ich auch so, wenn du Text
vorwiegend als *serielle* Kunst betrachtest.

> Ohne diese: worin liegt das Netzige?
> Was/Wer wird hier mit was/wem vernetzt.

Wenn Websites nur „irgendwie" vernetzt
werden und der User bleibt immer auf dieser
seriellen Klickebene, dann ist das
wirklich nicht sehr vernetzt, sondern ein
rein *virtuelles Hyper-Spiel* ohne Bezug zur
sogenannten *Realität* im praktischen
Alltag.
Unsere Welt ist m.E. überall _parallel_
strukturiert und verlangt nach *paralleler*
Netz-Kunst. Parallelität kann sich entweder
in der Bedeutungsebene (Tiefe) oder in die
Bereichsebene (Breite) entwickeln. Dialog
bzw. Kommunikation sind dafür die wichtigste
Voraussetzung.
Wir stehen m.E. mit dieser *Parallel-
Vernetzung* noch ganz am Anfang.
Ich experimentiere hier in dieser Liste mit
einigen Möglichkeiten von parallelen Text-
Formen, wobei ich versuche, einerseits meine
eigenen Texte zu vernetzen, als auch fremde
Texte miteinzubeziehen - das Ganze aber
nicht nur als *virtuelles Spiel*, sondern
auch verküpft mit meinem RL-Alltag.
Natürlich weiß ich, dass diese Liste maximal
ein „Guerilla-Trainingslager" für wirkliche
Netz-Aktivisten ist. Hier kann man sehr
viel lernen für die Aufgaben im wirklichen
Leben eines Netz-Aktivisten, der auch
kritisch und engagiert etwas bewegen oder
verändern will.
Wir leben in interessanten aber noch immer
sehr gefährlichen Zeiten, wo Gedanken- bzw.
Meinungsfreiheit zwar ein Menschenrecht ist
und in jeder Verfassung von zivilisierten
Ländern steht, aber wenn es darum geht,
Dinge in Frage zu stellen, die zwar
Mehrheiten beschlossen haben, aber ebenfalls
für Mehrheiten offensichtlich nicht mehr
„funktionieren", dann werden Mehrheiten
schnell ziemlich „unzivilisiert".
Ich bin ein „Schüler" Poppers, dessen Credo
es war, Theorien statt Menschen sterben zu
lassen. Naja, ich fürchte, es braucht noch

einige „Philosophen"-Generationen, damit
dieser hohe, edle Anspruch verwirklicht
werden kann.

Ciao
Günther

Mail gesendet: Donnerstag, 17.2.2000 19:39
Betreff: Net Art - Praxis

Hi Listige,

anlässlich des heutigen 400-jährigen
Todestages eines *Frei-Geistes* plädiere ich
für eine nachdenkliche Trauerminute in
dieser Liste.

lex>> Bruno, Giordano, Taufname Filippo B.,
*)Nola bei Neapel 1548, gest. in Rom
17.2.1600, italien. Naturphilosoph,
Universalgelehrter; lehrte an zahlreichen
europ. Universitäten; fiel 1592 in die Hände
der Inquisition, die ihm wegen seiner Lehren
von der Unendlichkeit der Welt und der
Vielheit und Gleichheit der Weltsysteme den
Prozess machte; wurde nach 7 Jahren
verbrannt. <<lex

Die *Inquisition* ist m.E. heute
raffinierter, versteckter, vernetzter,
mächtiger, ängstlicher, unangreifbarer,
verrückter und skrupelloser.

Ciao
Günther

Mail gesendet: Samstag, 26.2.2000 12:33
Betreff: Villem Flusser-Beitrag

Hi Listige,

Ingo Mack schrieb:
> hat Villem Flusser gewusst, dass sich hier
> mal die Literuren fragen werden, was denn
> Netzliteratur sein könnte? Möglich ist es.
Ja, Flusser dachte wie ein *Netzliterat*,
obwohl er „nur" Bücher schrieb. Er
versuchte, soweit ich weiß, sogar einmal ein
„Mitschreib-Projekt" mit Disketten zu
initiieren - schreiterte aber daran. Die
Zeit war für solche Experimente nicht reif -
und er starb leider viel zu früh (völlig
absurd bei einem Autounfall - wie A. Camus)
Ich habe ein paar seiner Bücher gelesen und
auch einmal ein TV-Interview mit ihm
gesehen. Für mich war V.F. ein
außergewöhnlicher Denker mit unglaublicher
Ausstrahlung, der seinen Gesprächspartner
unweigerlich in seinen Bann zog. Auch seine
Bücher strahlen diese Intensität m.E. aus.

> können wir die von VF beschriebenen Dinge
> mit Literatur / Netzliteratur vergleichen?
> Ist Netzliteratur ein hybrides Produkt
> einer von zerborstenen Informationsdämmen
> überfluteten Bilderwelt, die an allen
> Ecken und Winkeln im W3 auf uns lauert,
> begierig darauf, unsere Aufmerksamkeit zu
> fesseln? Nun, die Flusserschen Visionen
> mögen nicht 1:1 auf Buchdruck und Netzlit
> übergestülpt werden können, ich vermute
> jedoch, dahinter sehr viele
> aufschlussreiche Entsprechungen zu finden.

Ja, ich teile Ingo's Vermutungen voll und
ganz, habe aber leider momentan nicht die
Zeit und Ruhe, konkret darauf einzugehen.
Ein *Flusser-Projekt* als Netzliteratur-
Teamarbeit wäre m.E. schon sehr interessant.
So ein abstrakter Inhalt kann aber - wie
immer - nicht mit ein paar Postings
aufgearbeitet werden. Aber als Ideengeber
für Konzeptideen und NetLit-Projekte ist

222

V.F. immer und noch sehr lange ein (Vor-)
Denker aller erster Klasse.

Ciao
Günther

Mail gesendet: Montag, 28.2.2000 15:00
Betreff: Eco: Macht endlich Interviews mit
Fakiren

Hi Listige,

wie jeden Montag, lasse ich kurz *Umberto
Eco* zu Wort kommen, der leider hier in der
Liste nicht mitschreibt, aber doch
„irgendwie" indirekt über den Umweg einer
.at-Wochenzeitschrift hier „mitzudenken"
scheint.

zit>>
Macht endlich Interviews mit Fakiren.
Wer Bücher schreibt und bei Zeitungen
arbeitet, wird häufig um Interviews gebeten.
Was im Grunde eine komische Sache ist, denn
wenn jemand sowieso viele Gelegenheiten hat,
die eigene Meinung zum Ausdruck zu bringen,
ist es eigentlich kaum erklärbar, warum er
das noch ein weiteres Mal tun sollte. Man
sollte nur Personen um Interviews bitten,
die von Berufs wegen keine Möglichkeit
haben, ihre Meinung in der Presse kundzutun,
wie etwa Mediziner, Politiker, Schauspieler,
Stabhochspringer, Fakire, Richter und
Angeklagte. [...]
Sicher, es gab Fälle von berühmten
Interviews, die neue Aspekte einer
Persönlichkeit enthüllten, aber diese waren
das Werk eines langen Dialogs zwischen zwei
Personen, die, wie man so sagt, das
Schicksal füreinander (oder gegeneinander)
bestimmt hatte. Unmöglich, dass sich
derartige Fälle mehrmals am Tag ereignen.

[...] [Anm.: Eco kennt wahrscheinlich keine
Mailinglisten ;)]
Zum Glück wird dank des Telefonanruf-
beantworters zumindest das meuchlerische
Telefonat abgewürgt, das unsere fixfertige
Meinung zu jeder Sache, die sich in unserem
Universum ereignet, einfordert. [...]
Der Ehrgeiz einer Zeitung sollte, was die
aktuellen Nachrichten betrifft, darin
bestehen, diese auf jeden Fall zu bringen -
wenn möglich als erste, aber auch dann, wenn
sie die anderen Zeitungen ebenfalls
veröffentlichen. Was hingegen Meinungen
betrifft, so sollten sie nach dem
Unveröffentlichten, dem Neuen streben.
<<zit - [Essay v. Umberto Eco im Format
9/2000]

Eco denkt m.E. wie ein Netzliterat. Das
heißt natürlich nicht, dass er (Letzt-)
Antworten auf unsere brennenden Fragen
wüsste. Aber *neue* Denkanstöße gibt er
jedenfalls.
Das *Neue* steht aber nicht „nur" in der
Zeitung und kommt via TV ins Wohnzimmer,
sondern passiert ständig in unserer engsten
Umgebung. Das ist die _aufmerksame_
Sinneswahrnehmung, die ich meine. Wie wir
mit den multimedialen Sinneseindrücken einer
globalen Medienwelt fertigwerden sollen,
weiß ich natürlich auch nicht. Ich drehe
einfach das TV-Gerät und mein Notebook ab.
Das ist natürlich brutal, aber sonst fällt
mir spontan nichts dazu ein.

Ciao
Günther

Mail gesendet: Mittwoch, 01.03.2000 10:32
Betreff: Flusser und mehr

Hi Listige,

Werner Stangl schrieb:
> meine betonung lag auf *alles*, also ist
> original wie fälschung genauso richtig wie
> falsch. früher konnte man noch einen tag
> lang bei seiner festen meinung bleiben,
> aber heute ertappe ich mich, dass ich als
> 17.00uhr-mensch mir als 7.00uhr-mensch
> widerspreche, ohne etwas dabei zu
> finden ;-)

Ja, sehr seltsames Phänomen, sehr *scary*.

alphanews>>
Juhnke: Kein Alkohol mehr - ,Schalter im
Gehirn umgelegt'
Hamburg (dpa) - Harald Juhnke (70),
Entertainer und Schauspieler, ist nach
eigenen Angaben weg vom Alkohol. Seit drei
Jahren sei er jetzt abstinent, so lange wie
nie zuvor, sagte Juhnke der Zeitschrift
,Super Illu'.
<<alphanews vom 1.3.2000

Kann mir jemand sagen, welcher *Schalter im
Gehirn* meinen LSD(Lesen-Schreiben-Denken)-
Trip abstellt? Und dann möchte ich noch
wissen, wie ich mich danach fühle und was
ich dann denke - aaargh, *Denken* tue ich
dann ja nicht mehr... Sch****
Also einfacher: Wie wird man Entertainer und
70?
:)

Ciao
Günther

**Mail gesendet: Mittwoch, 01.03.2000 10:33
Betreff: Eco: Macht endlich Interviews mit
Fakiren**

Hi Listige,

Claudia Klinger schrieb:
> Und genau DAS ist der Punkt. Durch das
> Netz werde ich mehr und mehr daran
> gewöhnt, von Menschen echte Aussagen zu
> bekommen. Statements und Beschreibungen,
> die deshalb gesagt, geschrieben, gemailt
> werden, weil derjenige sie ausdrücken
> WILL, also echte Kommunikationsangebote,
> anstatt „Werke".

... ach ja, ich hab noch die Übersetzung von
Fakir vergessen:

lex>>
FAKIR [arab. „Armer"],
a) Bettelmönch, frommer Asket und Bettler in
islamischen Ländern; ursprünglich nur
Muslime; später alle bettelnd
umherziehenden, auch nichtmuslimischen
Asketen.
b) Gaukler, Zauberkünstler (in Indien)

DARWISCH [pers.] (arab. FAKIR), Angehöriger
eines religiösen islamischen Ordens
(Derwischorden; seit dem 12.Jh.). Die D.
suchen durch geistige Versenkung, asketische
Übungen und andere Exerzitien die mystische
Vereinigung mit Gott. Eine bedingte Rolle
spielen auch die gemeinsamen, in den
einzelnen Orten unterschiedlichen Riten, die
oft mit Musik und Tanz (tanzende Derwische)
verbunden sind. Die D. sind heute wegen
ihres Widerstands gegen politisch-soziale
Reformen fast in allen arabischen Ländern
und in der Türkei verboten.
<<lex (aus LexiROM)

Was erwartet sich Eco von einem Interview
mit einem *Fakir*?
Eco schreibt ja m.E. nie etwas „zufällig"
und treibt nie „nur" oberflächliches
„Infotainment" für Intellektuelle, sondern

setzt mit seinen Wörtern/Sätzen/Texten
Zeichen _mit_ Bedeutung.

Ciao
Günther

Mail gesendet: Mittwoch, 01.03.2000 16:50
Betreff: Flusser und mehr/radikales theater

Hi Listige,

Ingo Mack schrieb:
>> Kann mir jemand sagen, welcher *Schalter
>> im Gehirn* meinen LSD(Lesen-Schreiben-
>> Denken)-Trip abstellt?
>
> Zitat aus:
> Heathcote Williams
> Wechselstrom/gleichstrom
> (radikales Theater)
> dt. regie: W. Bauer
> [...]

Manchmal denk ich, das glaub ich *alles*
nicht. Ich kenne zwar den .at-Literaten
Wolfgang Bauer. Trotzdem habe ich in mein
digitales Lexikon (LexiROM) geklickt und den
Suchbegriff *BAUER* eingegeben, weil das ja
ein interessantes Wort ist.
Unter den 90 Einträgen erscheint dann u.a.
auch folgernder:

lex>>
BAUER (der): -> Kegel, -> Narr, ->
Schachfigur
kalter Bauer... -> Samenerguss
was der Bauer nicht kennt, das frisst er
nicht, wählerisch [sein].
<<lex

Wow! ha! Bingo! Ich klicke auf *Kegel*:

```
lex>>
KEGEL: Holz, in der vorderen Reihe: *Bauer*,
in der mittleren Reihe: König, in der
hinteren Reihe: Dame; beim Bowling: Pin
<<lex

... einmal zurück - klick auf *Narr*:

lex>>
NARR: Tor, Tölpel, Trampel, *Bauer*, der
letzte Mensch, Einfaltspinsel, Kindskopf,
Tropf, Gimpel, Olvel (landsch.), Simpel,
Tolpatsch, Dummkopf, Spassmacher,
Spassvogel.
<<lex

... einmal zurück - klick auf *Schachfigur*:

lex>>
SCHACHFIGUR: Figur, König, Dame, Läufer,
Springer; Turm, *Bauer*, -> Brettspiel.
<<lex

Das Brettspiel führt zum *Schachspiel*...

> Homo Sapiens correctus
>
> 1.: der Mensch hat einen aufrechten Gang.
> 2.: Blut ist schwerer als zerebrospinale
> Flüssigkeit.
> 3.: Die Schädeldecke wird mit vollendetem
> Wachstum undurchlässig.
> [...] Der kleine Mechanismus
> [...] Egoverlust
> [...] Das dritte Auge
> [...]
> /Zitat
> anschließend wird dein wirklichkeitstraum
> in ultraviolettes licht getaucht und du
> wirst in hieroglyphen artikulieren.

lex>>
```

... Wirkungen der UV-Strahlung: Bei kleiner
Dosierung werden Stoffwechsel, Atmung,
Kreislauf, Blutbeschaffenheit,
Drüsenfunktion und Allgemeinzustand des
Menschen meist günstig beeinflusst...
<<lex

>> Kann mir jemand sagen, welcher *Schalter
>> im Gehirn* meinen LSD(Lesen-Schreiben-
>> Denken)-Trip abstellt?
>> Also einfacher: Wie wird man Entertainer
>> und 70?
>
> du willst das nicht wirklich, nicht?

[ ] LSD-Trip abstellen
[ ] Entertainer sein
[X] 70 werden :)

... obwohl: *Juhnke* steht als *Entertainer*
sogar im Lexikon ;)

lex>>
Juhnke, Harald, *)Berlin 10.6.1929, dt.
Schauspieler und Entertainer. Spielt in
Fernsehserien (u.a. „Ein verrücktes Paar",
1977-80)...
<<lex

... man kann nicht ver-rückt genug sein, um
das *alles* auszuhalten...
:)

Ciao
Günther

Mail gesendet: Mittwoch, 01.03.2000 19:18
Betreff: Hörspiele aus dem Handy

Hi Listige,

Wolfgang Tischler schrieb:

> Bedeutet das jetzt dank D2 eine
> Qualitätsaufwertung der Netzliteratur?
> ;-)

zit>>
Wenn ein kleiner Pavian seine Mutter aus den
Augen verliert und nach ihr ruft, dann kann
er die Ohren aufsperren, so weit er will, er
bekommt keine Antwort. Das liegt nicht an
der Harthörigkeit der Mutter - sie geht das
Junge suchen -, sondern daran, dass Pavianen
zur Sprache etwas fehlt, eine „theory of
mind". Das ist ein Konzept, mit dem
Psychologen den Ursprung der Sprache
erklären: Man muss verstehen, dass andere
einen eigenen Verstand haben, dem man sich
mitteilen kann: dass man etwa ein verlorenes
Junges durch Antwortrufe beruhigen kann.
Unter den Primaten hat vermutlich nur der
Mensch diesen Verstand, das legten
Laborversuche und nun auch erstmals
Freilandbeobachtungen an Pavianen nahe.
Jetzt will man sich den aller nächsten
Verwandten zuwenden, den Schimpansen.
<<zit - Der Standard, 1.3.2000, Seite 33

Wann werden endlich von kompetenten
Psychologen die ersten
„Freilandbeobachtungen" spinnender
Netzliteraten durchgeführt?
:)

Ciao
Günther

Mail gesendet: Donnerstag, 02.03.2000 07:33
Betreff: Bücher in .at

Hi Listige,

Andreas schrieb:
> Interpretiere ich Eure Aussagen jetzt

230

> fehl, oder (entsetz) kommt es in .at
> gelegentlich zu Ausfällen in der älteren
> Bevölkerung, wobei Bücher in Badezimmern
> gekreuzigt werden?!
> (/entsetz)
> Ängstlich nach Süden blickend.

... ach was, blick einfach in den
„pragmatischen" Westen:

zit>>
Neu im Netz: STOSSGEBETE PER E-MAIL
Gläubige, die mit der Zeit gehen, können
Stoßgebete zum Himmel ab sofort auch per E-
Mail loswerden. Britische Nonnen bieten das
auf ihrer Homepage -
http://www.tyburnconvent.org.uk - an. Die
gemailten Gebete werden von den Schwestern
ausgedruckt und auf eine Pinnwand neben dem
Grab ihrer Ordensgründerin geheftet.
Halleluja.
<<zit - newsletter.at - Nr. 9/2000, 119.
Ausgabe, 1.3.2000

(ketz)
Diese Pinnwand ist ja dann quasi eine
überirdische Mailingliste, wo der/die ADMIN
seine/ihre Antworten via unsichtbarem Handy
durchgibt. Halleluja.
(/ketz)

hmm, naja, ich weiß ja eigentlich auch nicht
so genau, wer mir die Texte diktiert, die
ich hier so poste, aber Sven, der
Listengründer ist es nicht - glaub ich
zumindest ;)
Das Laden der *tyburnconvent-Homepage*
dauert zwar eine halbe Ewigkeit (ist bei
diesem Inhalt nebensächlich), aber es lohnt
sich zu warten. Das klare, elegante Design
ist m.E. aller erste Klasse. Der Nonnenchor
als Hintergrundsound klingt einwenig

blechern und rauscht, aber man merkt die
gute Absicht...
:)

Ciao
Günther

Mail gesendet: Freitag, 03.03.2000 08:34
Betreff: Flusser und mehr/radikales theater

Guten Morgen Listige,

Ingo Mack schrieb:
> kann ja auch sein, ich träume das alles,
> und: sollte ich jemals aufwachen, wird es
> besser sein, mich von jeglichen
> telekommunikations-instrumenten fern zu
> halten...
>
>> Manchmal denk ich, das glaub ich *alles*
>> nicht.
>
> du bist auf bestem wege zur netzliteratur.

NEIN.

zit>>
"warum antworten sie immer mit nein?" ...
">nein< ist, allgemein gesprochen, eine bessere antwort als >ja<" ... "würden sie sich
weigern, mir zu erklären, warum sie das sagen ?"... "nein", sagte er. "als ich ein
junger mensch war, führte ich ein unbefrie-
digendes leben und widmete den löwenanteil
meiner zeit exzessen der einen oder anderen
art," ... "was hat das mit ja und nein zu
tun ?" "nach einer gewissen zeit", sagte der
alte mathers, mich ignorierend, "sah ich
gnädigerweise den irrtum meines treibens ein
und erkannte das mir gewisse ende, wenn ich
mich nicht besserte. ich zog mich aus der
welt zurück und versuchte, zu verstehen,

232

warum sie desto fader wird, je mehr jahre
sich auf dem körper eines mannes angesammelt
haben. was, glauben sie, habe ich am ende
meiner meditation herausgefunden ?" ich
fühlte mich wieder geschmeichelt. diesmal
fragte er mich etwas. "was?" "daß nein ein
besseres wort ist als ja", antwortete er.
... "fahren sie fort", sagte ich. ... "ich
bemerkte", sagte er, "daß wir alles, was wir
tun, als reaktion auf einen wunsch tun oder
einen vorschlag, der uns von einer anderen
person in uns selbst oder außerhalb gemacht
worden ist. einige dieser vorschläge sind
gut und lobenswert, und andere sind zweifel-
los sogar ausgesprochen herrlich. aber die
meisten sind entschieden verwerflich... verstehen sie mich?" "vollkommen." "ich würde
sagen, daß die schlechten die guten in einem
verhältnis von drei zu eins übertreffen."
sechs zu eins, wenn ihr mich fragt. (joe,
die stimme der hauptfigur von oben). "deshalb habe ich beschlossen, zu jedem vorschlag, zu jedem wunsch, zu jeder anfrage,
kommen sie nun von innen oder außen, fortan
nein zu sagen. ... es ist nun schon viele
jahre her, seitdem ich das letztemal ja gesagt habe. ich habe mehr wünsche abgelehnt
und mehr bemerkungen verneint als irgendwer,
tot oder lebendig. ich habe in einem ausmaß
verneint, abgelehnt, abgewunken, bestritten,
abgeschlagen, mich geweigert, gesperrt, ge-
ziert und herausgehalten, habe negiert, ge-
leugnet und verworfen, daß es geradezu unglaublich ist."
<<zit

> eigentlich findet ja letztendlich _doch_
> alles im Kopf statt.

NEIN. Nicht *alles*, aber doch viel...

zit>>

"eine reise ist eine halluzination". behauptung de selby's. de selby definiert die
menschliche existenz als "sukzession unendlich kurzer statischer erfahrungen". er be-
streitet jegliche progression, verneint, daß
die zeit als solche im überkommenen sinn
vergehen kann und verbannt das allgemein er-
fahrene gefühl der progression ins reich der
halluzinationen, zb bei einer reise von 1
ort zum andern oder sogar während man
"lebt". wenn sich jemand in a aufhält und
wünscht, sich an dem entfernten ort b aufzu-
halten, so kann er das nur dadurch bewerk-
stelligen, daß er sich unendlich kurze in-
tervalle lang an unzähligen dazwischen liegenden oder intermediären orten aufhält. ...
für die illusion der progression macht er
die unfähigkeit des menschlichen gehirns
verantwortlich, die realität der separaten
aufenthalte anzuerkennen; statt dessen ziehe
man es vor, millionen von ihnen zusammenzufassen und das resultat bewegung zu nennen,
ein völlig unvertretbares und unmögliches
vorgehen, da auch nur 2 verschiedene posi-
tionen nicht von einem körper gleichzeitig
eingenommen werden können. daher ist bewegung ebenfalls eine illusion. er erwähnt,
nahezu jede fotografie sei der schlüssige
beweis für seine lehren.
<<zit - aus http://www.servus.at/hillinger/
flannobrien.html

> Hmm, die liste als stiller Teich, den
> gelegentlich ein ins wasser geworfener
> Stein zur abbildung von wellen reizt?
>
> genug der beunruhigung, hier ist alles
> still, friedlich wie immer.

Ja, still, ruhig, mäuschenstill,
mucksmäuschenstill, totenstill...
wie ein *still-video*...
:)

Ciao
Günther

Mail gesendet: Freitag, 03.03.2000 17:13
Betreff: Flusser und mehr/radikales theater

Hi Listige,

Ingo Mack schrieb:
> netzliteratur ist ein weg, kein ort.
> heute, JETZT, (schon vorbei) hier, JETZT:
> fort. kann ja auch sein, netzliteratur ist
> eine reise ins unbekannte andere, JETZT
> hier, Jetzt Hier, JETZT HIER jetzt HIER
> jetzt hier jetzt ----> |

. . . .
Gedankenexperiment:
Du sitzt in einem Zug, der gerade am Bahnhof
hält. Auf dem Nachbargleis fährt ein
Schnellzug mit voller Geschwindigkeit durch.
Die Fenster dieses Schnellzuges sausen also
mit höchster Geschwindigkeit an dir vorbei.
Würde dein Zug jedoch fahren und der
Schnellzug deinen Zug überholen, ziehen die
Fenster des Schnellzuges bedeutend langsamer
an dir vorbei, obwohl der Schnellzug nicht
langsamer fährt als im Bahnhof.
Ist dein Zug jedoch genauso schnell wie der
Schnellzug, scheint das gegenüberliegende
Fenster stillzustehen. Es vergeht also keine
Zeit mehr.
Wäre dein Zug sogar schneller als der
Schnellzug, dann siehst du Fenster wieder,
die schon an dir vorbeigezogen waren - dies
hieße also die Zeit umzudrehen.
. . . .
Wenn der Schnellzug die *(Literatur-)
Geschichte* und das *Fenster* das JETZT ist,
dann könnte der immer schneller fahrende
Netzliteratur-Zug die *(Literatur-)

Geschichte* solange einholen, bis er am
Beginn des Schnellzuges - also am
(Literatur-)Ursprung - angekommen ist.
Am Anfang war das *Wort*...
Das schöne Bild von der *ML/NL-Lokomotive*
auf der Homepage hat mir immer schon gut
gefallen.
Wer dann _noch_ schneller weiterfährt,
erlebt wahrscheinlich seine *Wunder*...
:)

Ciao
Günther

Mail gesendet: Samstag, 04.03.2000 20:37
Betreff: bigbrother

Hallo Listige,

Werner schreibt manchmal als erfahrener
Psychologe. Psychologie ist ein sehr weites
und spannendes Land. So wie der eine *alles*
als Politikum sieht, versucht der andere
alles zu psychologisieren. Soll so sein.
Klar, jeder hat eben seine subjektive
„Brille" mit „Filter" auf und nimmt seine
Umgebung auf seine ART und Weise wahr.
(Netz-)Literaten sind die *Super-Illu-
Dilletanten*, weil sie sich unbedingt
ganzheitlich über das „Ding" WELT äußern
wollen oder müssen. Sie machen aus ihren
subjektiven Wahrnehmungen und fremden Texten
neue Texte. Einige schreiben mit einem Biss
Politik, andere mit einem Hauch *Poesie*,
andere mit einem Schuss *Psychologie*, und
wieder andere mit einem Schluck *Wahnsinn*.
Manche schreiben *nur so*. Auch gut.
Texte können (bewusst) witzig, dramatisch,
ideologisch, poetisch, wissenschaftlich,
ästhetisch oder surreal oder wie-auch-immer
gestaltet werden. Texte können aber manchmal
auch einfach *Klartext* sein. Und trotzdem

236

werden Texte (fast) NIE so verstanden, wie
der Autor sie gemeint hat. O.k. das alles
sind offensichtliche Fakten und man könnte
sehr viele Texte nur _über_ diese Fakten
schreiben (es ist wahrscheinlich auch schon
viel darüber geschrieben worden). Ändert
aber trotzdem nichts daran.

> denn ich selber hab ethische probleme mit
> der ganzen sache

Und ich habe Probleme mit Begriffen wie
ethisch. WAS bedeutet *ethisch*?
Megatonnen an Texten sind über *Ethik*
verfasst worden. Heute redet man in kurzen
Talkshows darüber, weil keiner mehr lange
Texte lesen will oder keine Zeit dafür hat.
Und was bringen diese Texte/ Diskussionen?
WER beurteilt, was *ethisch* ist? Und: Warum
tut er/sie das? Was hat er/sie davon?
Jetzt erklär mir bitte keiner, das *ethisch*
irgendetwas mit Gemeinschaft oder mit
Gesellschaft oder mit was-weiß-ich-
InstitutIONEN/ OrganisatIONEN/ MegafusIONEN
zu tun hat. Sorry, ich glaube an keine Atome
und an keine Elementarteilchen. Das sagte
ich ja schon mehrmals.

> man schickt menschen in ein abenteuer, das
> sie und niemand anderer vorhersehen kann
> und so aus meiner erfahrung mit
> vergleichbarem durchaus lebenslange
> traumata verursachen kann.

Wie kann jemand _vor_ einem neuen
Abenteuer wissen, ob es eine starke
seelische Erschütterung verursachen wird?
Faktum ist: alle Menschen werden ja auch in
ein *Leben* geschickt, das zwar für einige
recht schön sein mag, aber für sehr viele
Menschen MEHR als ein *Abenteuer* wird: MEHR
nicht unbedingt im Sinne von positiver. Für
sensible und nachdenkliche Menschen ist das

„moderne" Leben in westlichen
Industrienationen ein *Horror-Trip*, weil
sie nicht verstehen können, _wie_
durchgeknallt fast alle Meinungsträger in
den Bereichen Politik, Medien, Wirtschaft,
Wissenschaft und Bildung sind (von der
„Authorität" Kirche rede ich hier gar nicht,
weil dort nur noch Real-Satire gespielt
wird). Für manche ist *Leben*, wie wir
Listige es kennen, so-oder-so jenseits von
Gut und Böse. Auch das ist ein Faktum.

> ich hoffe, es gibt wenigstens eine
> sinnvolle psychologische nachbetreuung.

hmm, die psychologische These, dass es für
alle traumatischen Erfahrungen eine
„Nachbetreuung" gibt oder geben
muss/kann/soll, ist m.E. _allgemein_ nicht
zu halten, weil Psychologen auch „nur"
Menschen sind, die Traumata erleiden
(können). Sorry, von *psychologischer
Nachbetreuung* für *zur-Welt-gekommene* und
bewusst-denkende Menschen habe ich leider
noch nirgends irgendetwas gehört/gelesen/
geklickt.
Ich habe einmal erwähnt, dass ich für mich
selbst schreibe und manche Texte oft
„Spiegel" sind... Als kleine *ARMeise*
wundere ich mich ab und zu über diesen
großen ARMeisenhaufen und freue mich, wenn
ich andere ARMeisen treffe, die sich auch
darüber wundern. Seltsamerweise gibt es
nur kleine ARMeisen und keinen großen
gefährlichen ARMeisenbär. Aber es gibt einen
großen unbekannten Wald mit vielen neuen
spannenden Abenteuern, für die es _keine_
psychologische Nachbetreuung gibt.

Wie sagte Ingo so schön:
> danke für die aufmerksamkeit,
> ergebenst

238

Günther

PS: ich habe meistens gute Nerven und halte
den *Wahnsinn* (noch) relativ gut aus...

Mail gesendet: Sonntag, 05.03.2000 15:12
Betreff: bigbrother

Hi Listige,

Werner Stangl glaubt Fürchterliches:
> hier wird jedoch eine neue perspektive
> eingeführt: spielen wir doch ein bisschen
> *lieber gott*

Dass der „liebe Gott" vielleicht *Pädagoge*
ist, weil er uns keine aufklärende Mails
schickt, sondern uns selber denken lässt,
mag ja noch bei viel Good-will durchgehen.
Aber als *Psychologe* hat er m.E. restlos
versagt. Soviel steht fest. So schonungslos
unvorbereitet und brutal viele naive
unschuldige Menschen *auf-die-Welt* zu
bringen... NEIN, also das kann einem
seriösen *Psychologen* NIE im Leben
einfallen. Diese Höllenqualen mitansehen zu
müssen, nur um irgendwann zu erfahren, wie
es vielleicht gemeint gewesen sein könnte!
HA! Miese Strategie, sehr mies. Mir fehlen
leider die psychologischen Begriffe, um so
einen Geisteszustand zu beschreiben. Ich
will ja nicht ausfällig oder unanständig
werden.
Werner, kannst du bitte deine *ethischen*
Richtlinien bei nächster Gelegenheit ganz
kurz und klar formuliert Richtung *Himmel*
schicken? Ja? Das wäre wirklich sehr nett
von dir. Danke. Falls du technische Probleme
haben solltest, frag einfach Claudia. Die
ist in solchen Dingen immer am letzten
Stand, glaub ich. Sie wohnt ja auch im
Schloss Gottesgabe... Vielleicht könnt ihr

die ganze Aktion via *Webcam* ins Internet
übertragen. Dann können wenigstens viele
kleine ARMeisen LIVE mitverfolgen, das ein
paar engagierte große ARMeisen die Hoffnung
nicht aufgeben...
:)

Ciao
Günther

Mail gesendet: Montag, 06.03.2000 09:26
Betreff: Biologische Irrtümer

Hi Listige,

Ingo Mack schrieb:
> carola versteht es jedenfalls, manche bis
> zur weißglut zu reizen, soweit ich das
> mitbekommen habe. wenn dann einige „herren
> der schöpfung" nicht über ihren
> hormongesteuerten schatten springen können
> - und dies dann in form von kommentaren
> etc öffentlich machen -, ist es doch auch
> eine nette art unterhaltung.

... und hat wahrscheinlich Recht damit.
Kürzlich las ich in einer .at-
Monatszeitschrift einige Aussagen von
streitbaren Feministinnen über *biologische
Irrtümer*:

zit>>
... die ProstitutionsLÜGE: Steinzeitfrau
reißt sich starken Jäger auf und handelt Sex
und Aufzucht der Nachkommenschaft gegen
Büffelschnitzel - so wurde es überliefert.
Allerdings FALSCH. Diese Tauschhandels-
märchen haben evolutionshistorisch NIE
stattgefunden. Wahr ist vielmehr, dass
Frauen durch Jagen und Sammeln den Großteil
des steinzeitlichen Abendessens selbst
stellten - und schon anno dazumal NICHT auf

einen „starken Ernährer" angewiesen waren.
Das MÄRCHEN von der gewünschten „starken
Schulter zum Anlehnen" hätte nur im Reich
der SAGE Daseinsberechtigung.
[...] die streitbare Feministin Gloria
Steinem schrieb: „Wenn Männer menstruieren
könnten, würden sie damit angeben, wie viel
und wie lange."
<<zit - NEWS 9/00, Seite 142

Und dann las ich meinem digitalen Lexikon
(LexiROM):

lex>>
... Die Menstruation erfolgt etwa 14 Tage
nach der Ovulation; in der nachfolgenden
lutealen Phase kommt es im Eierstock zur
Bildung eines Gelbkörpers, der seinerseits
die Gebärmutterschleimhaut auf hormonalem
Wege zur Aufnahme eines befruchteten Eies
vorbereitet (Sekretionsphase); erfolgt keine
Befruchtung, wird die Gebärmutterschleimhaut
abgestoßen (M.blutung). M. kommen in
entsprechender Weise bei allen weiblichen
Herrentieren vor.
<<lex
Dann hat mich brennend interessiert, was
eigentlich *Herrentiere* sind:

lex>>
Herrentiere (Primaten, Primates), Ordnung
bezüglich der Gehirnentwicklung sehr
hochstehender, in den übrigen Merkmalen
jedoch wenig spezialisierter Säugetiere, die
sich aus den Spitzhörnchen ähnlich
Insektenfressern entwickelt haben. Man
unterscheidet außer dem Menschen rund 170
rezente Arten (in den Unterordnungen Affen
und Halbaffen).
<<lex

Also wenn ich die ganze Sache jetzt richtig
verstehe, dann wären Männer also stolz

darauf, irgendwelche wenig spezialisierte
Nachfahren von Spitzhörnchen ähnlich
Insektenfressern zu sein und würden damit
angeben, wie viel und wie lange sie
irgendeine Schleimhaut in regelmäßigen
Abständen abstoßen.
Ja, das ist auch keine schlechte
Beschreibung männlicher „Leistungen" der
letzten paar tausend Jahre. Ich bemerke, wie
unglaublich lehrreich Netzliteratur sein
kann und wie gut *mann* sich dabei kennen
lernen kann. Meine Identität wird von Tag zu
Tag klarer... ehm, hmm, aaargh, wie
unsubscribe ich hier am schnellsten???
:)

Ciao
Günther

Mail gesendet: Montag, 06.03.2000 19:16
Betreff: bigbrother

Hi Juh,

Jan Ulrich Hasecke schrieb:
> Aber selbst wenn im Feuilleton und
> anderswo bloß eine Moralrakete nach der
> anderen gezündet würde, dann erscheint mir
> die Wirkung dieser Silvesterartikel doch
> arg begrenzt im Vergleich zu den High-
> Tech-Präzisionswaffen des Kapitalismus.
> (Wenn dich das Wort stört, setze
> Konsumwelt, Medienwelt o.ä. ein)
> Der Mensch ist, seitdem er aus dem
> Paradies der Affen vertrieben worden ist,
> stets auf der Suche nach dem Heil. Bisher
> hat sich jedoch jedes Heilsversprechen als
> trügerisch erwiesen, bis auf das
> Versprechen des Kapitalismus. Dieses Heil
> kommt jeden Tag über dich, schon morgens,
> wenn du das erste Extra des Tages genießt.

242

Zwei Fragen dazu:
Verstehe ich dich richtig, wenn ich vermute,
dass du daran arbeitest, virtuelle *High-
Tech-Präzisions-Moral-Raketen* mit
größtmöglicher *(Streu-)Wirkung* zu basteln?
Wenn du viele Menschen erreichen/verändern
willst - ist das dann nicht auch (d)eine
Heilslehre, die sich, deiner Analyse
folgend, letztendlich als trügerisch
erweisen kann/muss?

> Und da ich immer schon gegen die Jagd auf
> Sympathisanten war, fordere ich auch nicht
> ihre Internierung, sondern bezeichne sie
> lediglich als A***.

Meine A***-Heilslehre:
hnb457/674b=(98h%%§$/"jjkhO=88qhg?))!§76
PGP-Key available!

:)
Ciao
Günther

Mail gesendet: Montag, 06.03.2000 20:36
Betreff: bigbrother

Hallo Listige,

Bov Bjerg schrieb:
> Heute zeigt sich, dass die scheinbar
> individuellen privaten Gefühle
> ebenso standardisiert und sinnentleert
> sind. Deshalb TV-Trash, was realistisch
> ist. Wenn das Individuum nicht mehr
> konsistent ist, sondern flexibel je nach
> Bedarf neu zusammengesetzt wird, ist die
> öffentliche Diskussion der Sentimentalität
> unnütz, und in Glotze sowieso.

Zur *Big Brother-Show*, die ich nicht kenne,
kommt Jan Philipp Reemtsma - Milliardär,

Mäzen und Sozialforscher - in einem
Interview vielleicht auch sehr klar auf den
Punkt:

zit>>
Eine handvoll masochistische Idioten begibt
sich in die Hand von sadistischen Idioten.
Aber was ist mit dem Rest der Bevölkerung,
der zuguckt, wie Leute morgens unter die
Dusche gehen?
[...]
Langweilige Menschen betrachten langweilige
Menschen bei langweiligen Verrichtungen.
[...]
Das liegt an der zunehmenden Unfähigkeit der
Gesellschaft, zu symbolisieren.
Symbolisieren heißt, sich selbst nicht
unmittelbar zu sehen, sondern über ein
Drittes. Über ein Objekt oder zum Beispiel
über ein Kunstwerk, anhand dessen wir uns zu
relativieren, zu historisieren lernen. Das
ist aber sicher anstrengend, und ich habe
das Gefühl, dass wir gegenwärtig einen Zug
zur Unmittelbarkeit und Gedankenlosigkeit
erleben. Talkshows sind sicher nur die
vulgärste Ausformung dessen. Auch Kunstwerke
werden ja heute nur noch wahrgenommen, wenn
sie „Erlebnisräume" sind.
<<zit - Format 10/00, Seite 127

(Selbst-)Erkenntnis _ist_ anstrengend. Da
kann man nichts vereinfachen. Da hilft auch
die beste Technik nix (eher stört sie
manchmal...). *Symbolisieren* und *Distanz*
sind m.E. gute Denkwerkzeuge, um vielleicht
etwas klarer, konsistenter, empfindsamer und
aufmerksamer *sehen* zu lernen - inmitten
eines heiß brodelnden „Chaos", das sich eben
nicht einfach schnell „wegzaubern" lässt.

Ciao
Günther

Mail gesendet: Dienstag, 07.03.2000 07:31
Betreff: bigbrother

Guten Morgen Listige,

Oliver Gassner schrieb:
>> Und frage mich, was würde man denn
>> wirklich brauchen, um ein paar Leute, die
>> um einen Tisch sitzen von 1 - 3
>> Blickwinkeln zu zeigen. Und dabei auch
>> hörbar zu machen?
>
> Also Ton ist glaub ich ein Problem und
> Licht auch nicht ganz trivial.

Schade, dass *Physik* eindeutig _nichts_ mit
NetLit zu tun hat ;(

>> Ich weiß, ist offtopic, aber...
>
> An sich ist es ne Medienfrage und semi-on-
> topic, da NetLit ja multimedial und
> Netzkunst und so ist. (Ist BB Netzkunst?)

Das kommt m.E. auf die *Distanz* des
Beobachters an. Ist die Explosion einer
Atombombe - von großer Entfernung betrachtet
- *Netzkunst*? Sind Satellitenaufnahmen von
Großstädten - wo nur mehr kleine ARMeisen
(danke Uro für diesen Begriff ;) zu erkennen
sind - oder Animationsvideos von rasch
kleiner werdenden Amazonaswäldern
Netzkunst? *Ästhetik* ist m.E. ein sehr
weiter und „problematischer" Begriff.
Hat irgendwer hier den Kinofilm „American
Beauty" gesehen? Wenn ja, gibt's hier in der
Liste irgendwen, der einige Sequenzen darin
auch einfach genial findet, ohne in drei
Sätzen erklären zu können, warum?

Ciao
Günther

LeiLei Listige,

Susanne Kunjappu schrieb:
> ...Begriffe wie *Beziehung* und *Ehe*
> einzugehen. Könnte da nicht schon mal
> unser genialer lex>>Autor nachschauen, was
> zu Ehe geschrieben steht?

naja, was tut man nicht alles am
Faschingsdienstag... sind ja nur ein paar
witzige *Klicks* in meiner LexiROM
zwischendurch... ;)

lex>>
Herodes Antipas (Antipatros), 20 v.Chr. - 39
n.Chr., Tetrarch von Galiläa und Peräa. Sohn
Herodes' d.Gr.; ließ Johannes den Täufer
hinrichten (um 25?), als dieser ihn wegen
seiner 2. *EHE* mit seiner Nichte Herodias
getadelt hatte. Diese stiftete ihre Tochter
Salome an, das Haupt des Johannes zu
fordern.

Lucrezia, Rom 1480 - 1519, italien.
Renaissancefürstin. Tochter von Papst
Alexander VI.; geheiratet 1501, 3. *EHE* mit
Alfonso I. d'Este, Herzog von Ferrara; zog
namhafte Dichter und Gelehrte an den Hof von
Ferrara (u.a. Ariosto); ihr unrühmlicher
Nachruf beruht auf zeitgenössische
Verleumdung
<<lex

Ich versteh ja eigentlich nicht viel von
Geschichte und so...
Deshalb kommt hier noch ein anderes
passendes >>lex<<-Beispiel:

lex>>

246

RING,
1) allgemein: ein aus unterschiedlichstem
Material gefertigter kreisförmiger Körper;
findet Verwendung als technischer Gegenstand
(z.B. Dichtungs-Ring) oder als Schmuckstück,
auch als symbolisches Zeichen. - Der R.
wurde schon im alten Orient und in Ägypten
als Siegel-Ring gebraucht, später auch bei
Griechen und Römern, und galt - meist als
Finger-R. getragen - als sakrales
Würdezeichen und herrscherliches Insigne.
Aus dem Verlobungs-R., der in röm. Zeit der
Frau als Empfangsbestätigung für die Mitgift
gegeben wurde, entwickelte sich der *EHE*-R.
v.a. unter frühchristlichem Einfluss als
Symbol der Treue. Im Volksglauben werden dem
R. oft magische und zauber. Kräfte (Amulett-
R., Zauber-R.) zugesprochen.
2) Sport: (Box-R.) Boxen.
3) Motorsport: Bezeichnung für Rennstrecken,
z.B. Nürburgring, Hockenheimring.
4) Mathematik: eine algebraische Struktur R.
mit zwei als Addition und Multiplikation
bezeichneten Verknüpfungen ihrer Elemente
(Symbole <+> und <*>), die bezüglich der
Addition eine Abelsche Gruppe ist und das
Assoziativgesetz der Multiplikation erfüllt.
<<lex
:)

LeiLei
Günther

Mail gesendet: Dienstag, 07.03.2000 16:30
Betreff: *hnb457/674b=(98h%%§$/"jjkhO=88qhg?
))!§76* PGP-Key available!

LeiLei Listige,

Susanne Kunjappu schrieb:
> P.S. Wie lässt sich das unergründliche

> Subject entschlüsseln?

Naja, Jan Ulrich Hasecke hat als
Werbefachmann offensichtlich keine Zeit, uns
bei der Entschlüsselung zu unterstützen. Wir
sollten aber alle im Team zusammenhelfen, um
den *PGP-Key* zu finden.
„Zufällig" habe ich heute ein interessantes
Gespräch in einer .at-Wochenzeitschrift
gelesen (und leicht verändert ;)

zit>>
Wien. Das Restaurant Novelli im ersten
Bezirk. Zwei Creative Directors namhafter
Topwerbeagenturen, die von Brancheninsidern
als Werbegurus bezeichnet werden, haben
soeben ihre Antipasti bewältigt und widmen
sich nun ihrem von der Trinkreife ebenso wie
von jeglicher preislicher Schamgrenze weit
entfernten 98er-Barolo.
DER EINE: Also die Re-Spiritualisierung ist
ja momentan Toptrend Nummer eins.
DER ANDERE: Ja, aber der Markt reagiert viel
zu schwerfällig. Der würde durchaus einen
NEUEN GOTT vertragen. Wir haben das
marketingmäßig schon bei den Opinion-leaders
abchecken lassen.
DER EINE: Und was ist rausgekommen?
DER ANDERE: Ideal wäre eine total vernetzte,
unbürokratische serviceorientierte GOTTES-
Interessensvertreung für
modernisierungsbereite Individualisten.
DER EINE: Also ein GOTT, der einfach ...
voll super ist!
DER ANDERE: Genau! Wir arbeiten übrigens top
secret schon an einem Prototypen. Das
sogenannte X-Project: ein NEUER GOTT, der
verkrustete Strukturen in dieser Welt
endlich aufbrechen lässt und dafür sorgt,
dass man nach 22 Uhr noch eine Flasche
Rotwein und ein Baguette kaufen kann.
DER EINE: Und ideologisch?

DER ANDERE: Ein bissl auf grünes LiF light.
Also total weltoffen, aber ohne Schwulenehe
und Straßenschwellen.
DER EINE: Cool! und wer würde kanditieren?
DER ANDERE: Ist noch ungeklärt. Von der
Zielgruppe will niemand selbst GOTT werden.
Die Ideallösung wär eine virtuelle
Personality, die nur im Net existiert und
sich inhaltlich laufend upgraden lässt.
DER EINE: Das ließe sich super vermarkten.
„Das 5. Element, die 5. Dimension, der 5.
GOTT - This is the future!"
DER ANDERE: Apropos: Der Barolo schmeckt
total alt.
<<zit - Florian Scheuba (Kabarettist): „Wir
brauchen eine Partei, die super ist" - (Text
leicht verändert ;) - Format 10/00, 6.3.00,
S. 135
:)

Ciao
Günther

Mail gesendet: Dienstag, 07.03.2000 19:54
Betreff: *hnb457/674b=(98h%%$$/"jjkhO=88qhg?
))!§76* PGP-Key available!

LeiLei Listige,

> Wir sollten aber alle im Team
> zusammenhelfen, um den *PGP-Key* zu
> finden.

Vor einer Stunde habe ich einen neuen
interessanten Hinweis in einer .at-Zeitung
gefunden, der das Finden des *PGP-Key*
zumindest im Cyberspace möglich erscheinen
lässt...

zit>>
Angefangen hat alles mit einer harmlosen,
zufällig gutaussehenden Archäologin namens

Lara Croft und ihren nicht ganz so harmlosen
Abenteuern. Später wurde dann in Deutschland
„E-Cyas", der erste virtuelle Popstar der
Welt geboren. Zufällig auch gut aussehend.
Letzter Streich der Götter der Virtual
Reality ist das „T-Babe". Sie ist 18 Jahre
jung und spricht mehrere Sprachen.
Aufgewachsen in einer selbstverständlich
multikulturellen Umgebung in der natürlich
Freunde und Familie an erster Stelle stehen.
„T-Babe" ist athletisch, ehrgeizig und liebt
Musik.
[...]
Gemeinsamkeiten dieser virtuellen Figuren zu
finden stellt kein allzu großes Problem dar.
Sie sehen alle verdammt gut aus, sie haben
spannende, spaßige Beruf(ung)e(n), sie
sprechen mehrere Sprachen, sie sind
tolerant, haben keine Vorurteile, sie
glauben an sich selbst...
Die Suche nach Unterschieden gestaltet sich
da schon etwas schwieriger. Denn abgesehen
von „messbaren" Werten wie Geburtstag,
Größe, Masse etc. gibt es keine. Im Prinzip
ist es eine Person. Einmal hat sie schwarze,
einmal blonde Haare. Einmal ist sie
Archäologin, einmal Popstar.
[...]
Daher wundert es mich, dass „E-Cyas", in
einem Interview mit der Zeitschrift MAX, auf
die Frage, ob er sich denn nicht manchmal
wünsche, ein Mensch aus Fleisch und Blut zu
sein, folgende Antwort gab: „Nein, das ist
für mich nie ein Thema gewesen ... ich bin
virtuell und ich bin es gerne! Ehrlich
gesagt kann ich mir gar nicht vorstellen auf
einmal einen Körper zu haben, der mich in
meiner räumlichen Entfaltung behindern
würde", grinst er amüsiert.
Natürlich ist es für ihn nie ein Thema
gewesen. Denn wie er in einem Interview
weiter sagt, existieren im Cyberspace keine
Probleme wie in der realen Welt: „Armut,

Krankheit, Alter ... nein, das gibt es
nicht. Der Cyberspace ist eine Welt, in der
Herkunft, Hautfarbe, Religion und Besitz
keine Rolle spielen", schwärmt er. „Jeder
kann genau so sein wie er ist oder sein
möchte ... alles ist möglich."
<<zit - Oliver Weiss: Schlusspunkt. Perfekte
Welt? Nicht „wirklich" - COMPUTERWELT Nr. 9,
2000, Seite 31
:)

LeiLei
Günther

**Mail gesendet: Donnerstag, 09.03.2000 08:36
Betreff: SCHACH-MATT**

zit>>
„Wenn jemand nicht da sein kann, wo er ist,
und auch nirgenwo anders sein kann,
gleichzeitig aber nicht aufhören kann
vorhanden zu sein, dann ist er gleichzeitig
da und nicht da, ist an jenem realen
Nichtort, an den die Literatur immer wieder
heranführt, der in ihr ältestes Denken und
Reden gehört und über den man doch nie
vernünftig sprechen kann, weil er mit seiner
Ruhe und seinem schauerlichen Glück
außerhalb der Sprache ist."
<<zit - Peter von Matt über den
literarischen Wahnsinn - im STANDARD,
15.6.1990

**Mail gesendet: Dienstag, 04.04.2000 14:38
Betreff: Wolke 7**

Hi Listige,

Wodile schrieb:
>> ob der Anbieter auch das Copyright für
>> seine Sachen hat?
>
> naja, wilhelm busch ist zb seit 1908 auf
> wolke 7 1/2 -
> dürfte keine probleme mehr geben ...

... nö, auf Wolke 7 3/4 *g*

Ciao
Günther

PS: ... war kurz weg - hab ich irgendetwas
Wichtiges versäumt? ;)

**Mail gesendet: Dienstag, 04.04.2000 15:31
Betreff: Wolke 7**

Hi Listige,

>> naja, wilhelm busch ist zb seit 1908 auf
>> wolke 7 1/2 -
>> dürfte keine probleme mehr geben ...
>
> ... nö, auf Wolke 7 3/4 *g*

... ach ja, ein kleiner *netzliterarischer*
Nachtrag zu BUSCH:

lex>>
Diptam [mittellat.] (Brennender *BUSCH*,
Dictamnus albus), von M- und S-Europa bis N-
China verbreitetes, in Deutschland selten
auf Trockenhängen vorkommendes

Rautengewächs; bis 1 m hohe, zitronenartig
durftende Staude.

WanderA(R)Meisen (Dorylidae), Familie
räuberisch lebender Ameisen, die in bis zu
200 m langen Kolonnen durch Wald, *BUSCH*
und Grasland der südamerikansichen
(Südamerik. W., Heeresameisen) und
afrikanischen (Afrik. W., Treiberameisen)
Tropen ziehen.
<<lex
:)

Ciao
Günther

Mail gesendet: Mittwoch, 05.04.2000 08:42
Betreff: t.i.m.i.n.g.

Guten Morgen Listige,

Netzliteratur hat m.E. auch sehr viel mit
ZEIT zu tun :)

lex>>
TIMING [taiming; engl.] das; -s, -s:
1. Bestimmung und Wahl des für einen
beabsichtigten Effekt günstigsten
Zeitpunktes zum Beginn eines
Handlungsablaufs (besonders im Sport).
2. synchrone Abstimmung verschiedener
Handlungen aufeinander.
3. zeitliche Steuerung (in der Technik).
<<lex
:)

Ciao
Günther

t.i.m.i.n.g.
„The Irony-Machine"

lex>>
Deus ex machina [lat. *der Gott aus der
Maschine*], im antiken Theater der durch
eine besondere Maschine herabgelassene Gott,
der die dramatischen Verwicklungen löste;
heute übertragen: im richtigen Moment,
unerwartet auftauchender Helfer in einer
Notlage; überraschende Lösung einer
Schwierigkeit.
Perpetuum mobile [lat.; „das sich ständig
Bewegende"]
1. a) nach den physikalischen Gesetzen nicht
mögliche Maschine, die ohne Energieverbrauch
dauernd Arbeit leistet;
b) nach den physikalischen Gesetzen nicht
mögliche Mschine, die nur durch Abkühlung
eines Wärmebehälters mechanische Energie
gewinnt, ohne dass in den beteiligten
Körpern bleibende Veränderungen vor sich
gehen;
c) nach den physikalischen Gesetzen nicht
mögliche Mschine, mit der durch einen
endlichen Prozess der absolute Nullpunkt
erreicht werden kann.
2. in kurzwertigen, schnellen Noten
verlaufendes virtuoses Instrumentalstück
(Musik).
<<lex

**Mail gesendet: Sonntag, 09.04.2000 19:56
Betreff: Inhalt?**

Ingo Mack schrieb:
>> Thomas Beck schrieb:
>> [ ] ich kenne douglas adams
> <seufz>
> --
> no sig, it's boring

Sind wir jetzt in der Vor- oder Grundschule?
:)
Also ich hab schon ein paar Semester auf der
Uni studiert... - jetzt wird's erst richtig
spannend und angenehm, wenn der Unterricht
bei schönem Wetter im Freien stattfinden
kann. Bei warmen Sonnenstrahlen auf einer
blühenden Blumenwiese macht jede ART von
Unterricht einfach mehr Freude!

Ciao
Günther

Mail gesendet: Montag, 10.04.2000 11:07
Betreff: Inhalt?

>> Thomas Beck schrieb:
>> [ ] ich kenne douglas adams

... ach sooo, das war die Frage ;)
JA, dieses Buch hat mir vor rund 13 Jahren
ein Mit-Student, namens Karl geborgt. Er
studierte (glaub ich) theoretische Physik
und wir diskutierten im Café Schrödinger in
der Nähe vom Wiener KARLsplatz über Gott und
die Welt. Ich hab mich für die Welt
entschieden ;) Ich hab ihm sein Buch bis
heute nicht zurückgegeben. Ob er mir das
jemals verzeihen wird?
:)

Ciao
Günther

Mail gesendet: Donnerstag, 25.05.2000 14:29
Betreff: kunst & kommerz

Hi all, hi Ingo,

Ingo Mack schrieb:
> Wodile schrieb:
>> dass ich mich als künstler nicht zur
>> „linken" rechne, dürfte irgendwie ja auch
>> kein geheimnis sein ;o).

Ist irgendeinem schon aufgefallen, dass wir
nicht - wie die ARMeisen ;) - in einer 2D-
Ebene leben, wo es LINKS, MITTE, RECHTS
gibt, sondern in einem _realen_ 3D-Raum, wo
es theoretisch unendlich viele Richtungen
gibt?
Wir leben im Jahr 2000 (zumindest nach
derzeit allgemein und weltweit akzeptierten
Kalender. Was sollen diese lächerlichen
politischen Einteilungen??? It's showtime!!!
Infotainment auf allen Ebenen...
Was soll's. Man muss ja nicht mitspielen,
wenn man keine Lust dazu hat.

> die ideel verbogenen in austria sehen das
> ein wenig differenzierter [...]

Als „zufällig" in Austria Geborener bestehe
ich darauf, dass ich prinzipiell ALLES
differenziert sehe, nicht nur Arbeit,
Politik, Netzliteratur und andere
unglaublich wichtige Dinge, die uns
tagtäglich beschäftigen.

>> Freiheit heißt, sich weder vom Markt
>> verwursten noch vom Staat verwalten zu
>> lassen, sondern den gesellschaftlichen
>> Zusammenhang in eigener Regie zu
>> organisieren - ohne Dazwischenkunft
>> entfremdeter Apparate.

256

Na, das ist doch m.E. eine brauchbare
Definition von *Freiheit*, oder nicht? Jeder
ist so frei, wie er will. Na gut, die
Startposition ist nicht für alle gleich. Das
ist ungerecht. Aber man kann sich nun einmal
nicht aussuchen, wo und wie man geboren
wird. Ich wäre auch lieber der Sohn eines
arabischen Öl-Milliardärs. Dann könnte ich
z.B. jeden Monat einen internationalen
Netzliteratur-Preis sponsorn oder jede Woche
verrückte ART-Events finanzieren ;)

> dann wär da noch der benzinpreis. 150
> liter rohöl (ca 1 Barrel/Fass) kosten bei
> den saudis etwa 20 Dollar (ca DM 40,-).
> nach der wundersamen veredelung durch
> transport, raffenerie, logistik, staat und
> endverteiler werden daraus ca 150*2DM= DM
> 300,-. ist das eigentlich schon strafbarer
> diebstahl, oder nur eine kostenrelevante
> versiebeneinhalbfachung?

Welche Strategie zur Verbesserung schlägst
du vor?
[ ] Verhandlungen der MLNL-Elite mit den
Saudis
[ ] RL-Proteste: nicht Auto fahren und nicht
mit Öl heizen
[ ] Kritische VL-/RL-Kunstevents in der
Wüste
[ ] Rebellion im Untergrund des Wüstensandes
[ ] any other ideas?
:)

Ciao
Günther

... der einige Wochen im RL intensiver
beschäftigt war...

Mail gesendet: Donnerstag, 25.05.2000 16:47
Betreff: kunst & kommerz

Hi Ingo,

Ingo Mack schrieb:
> [x] Verhandlungen der MLNL-Elite mit den
> Saudis
>
> kurzfristige lear-jet konferenzen im
> wüstensand bei softeis und
> wassermelonen? au ja. sofort. darf ich
> auch mit?

Könnten wir das nicht als MLNL-Treffen
tarnen? Einen Sponsor brauchen wir noch –
vielleicht irgendeine Hardwarefirma?
Schließlich kommt *Silizium* auch aus der
Wüste ;)

> [x] RL-Proteste: nicht Auto fahren und
> nicht mit Öl heizen
>
> energiekonzept bei shell/andere versorger.
> rapsöl. sol-energie. vollwärmeschutz
> (100.000 Dächer sind noch viel zu wenig,
> die ausführung ein witz). photovoltaik.
> forschungsgelder adäquat zur
> atomforschung.
> energiesparkonzepte. konsumverweigerung.
> bücherlesen statt fernsehen.
> ja, ja, ich hör ja schon auf.

Bücherlesen = leider irrelevant.

> [x] Kritische VL-/RL-Kunstevents in der
> Wüste
>
> die „fackel" in stein meisseln und in die
> wüste rammen.

Yep :)

> [x] Rebellion im Untergrund des
> Wüstensandes
>
> maulwürfe genetisch umdressieren,
> einsetzen zum verstopfen/umleiten der
> ölströme, dressur von sandkakerlaken und
> wüstenspinnen, um bedienungsmannschaften
> von ölfördereinrichtungen zu ärgern.

O.k. wenn du die Dressur schaffst, flieg ich
extra hin und bring sie in geheimer Mission
in Stellung ;)

Ciao
Günther

Mail gesendet: Freitag, 26.05.2000 12:07
Betreff: kunst & kommerz

Hi Listige,

Ingo Mack schrieb:
> Claudia Klinger schrieb:
>> Geboren werden, Mausklicken erlernen, ein
>> bisschen einkaufen und sterben - ist es
>> das, was sie meinen, wenn sie das Wort
>> „Fantasie" in den Mund nehmen?
>> *Digital Diary, 26. Mai 2000:
>> Das andere Netz - kleine Hetzrede zur
>> Internet-World

Naja, Ingo gefällt's ;)

> ... da ca po!
> :)
> Das andere Netz ist immer da. Gehört Mut
> oder uneingeschränktes Bewusstsein der
> eigenen Fähigkeiten und Möglichkeiten zu
> solch einer klaren Stellungnahme?

MUT gehört zum *RL-Alltag* und nicht zum
Schreiben irgendwelcher Stellungnahmen im

Web! Tägliches _bewusstes_ LEBEN ist für
mich Stellungnahme für einen *Freigeist*.
Schreiben kann ja jeder ;)

> Seiten wie das Diary verzichten auf den
> Etikettenschwindel der TV-Sabbel Experten.
> Find ich gut (otto:); wenn du auch mit dem
> Diary keinen Pfenning Bares machst, ich
> bin jedenfalls froh darüber, dort
> gelegentlich rumzustöbern. Dir fehlt der
> Zynismus der Medien. Find ich gut.

Naja, Zynismus kann sich verschieden
ausdrücken. Bei Claudia bin ich mir nie
sicher, woran ich bin. Ich erinnere mich an
einen Tagebuchtext vom November *Digital
Diary, 7.11.99, Sparbuch in den Müll*, wo
sie ganz offen darüber schreibt, dass sie
sich für Aktien interessiert. Was soll ich
nun glauben? Ist Claudia eine verkappte
Kapitalistin oder eine virtuelle Therapeutin
für romantische Idealisten im Web? ;)

> Warum soll ich mir Gedanken über Männer
> mit grauen Seelen in grauen Anzügen
> machen? (seit Anfang 19. Jahrhundert
> tragen sie übrigens im Prinzip dieselben
> Klamotten! Muss man sich mal vorstellen!
> Fantasie... ha!)

Und was soll ich von solchen schwarzweißen
Pauschalurteilen halten? Von welchen Männern
sprichst du? Doch nicht von Politikern, die
man im TV sieht, oder? Weißt du eigentlich,
dass man mit Aktien auch vom Boot aus in der
Karibik spekulieren kann, wenn man Notebook
und Mobiltelefon hat? Oder von zu Hause im
Morgenmantel?
Naja, ich bin froh, dass ich mir meinen
normalen Alltag irgendwie finanzieren kann.
Dabei kann ich anziehen, was ich will -
wichtig ist doch nur, dass man sich in
seiner „Haut" wohlfühlt :)

Ciao
Günther

Mail gesendet: Freitag, 26.05.2000 13:55
Betreff: kunst & kommerz

Hi Claudia,

Claudia Klinger schrieb:
> Im Ernst: Das Webdiary ist kein Kommunikat
> einer Partei oder Organisation, die eine
> stringent-logische Linie entlang einer
> festen Werteskala verbreiten muss.

Schon ok, ich wollte dich ja nicht wirklich
kritisieren :)
> aber ich hätte doch nicht ernsthaft was
> dagegen, mit ein paar Mausklicks reich zu
> werden - du etwa?

... ist alles - wie immer - relativ. Was
sind „ein paar Mausklicks"? Was heißt schon
„reich"?

>> Und was soll ich von solchen
>> schwarzweißen Pauschalurteilen halten?
>
> Nichts oder alles. Zuvorderst soll dich so
> ein Satz AMÜSIEREN.

Auch wenn ich scheinbar „streitsüchitg" bin
- ich amüsiere mich bei fast allem was ich
lese, sehe oder höre. So lebt's sich halt
leichter :)

> Wenn sich dazu mal ein Anlass aufdrängt,
> werde ich auch für „Spekulieren mobil" ein
> paar nette Worte finden...

... bin schon sehr gespannt :)

Ciao
Günther

Mail gesendet: Samstag, 27.05.2000 08:50
Betreff: kunst & kommerz

Hi Oliver,

Oliver Gassner schrieb:
> Sorry, aber bei jedem 2. Deiner Sätze
> kriegt mein Großhirn nen logischen
> Kurzschluss.

Oliver, sieh es einfach positiv: jeder
Kurzschluss bedeutet vielleicht eine _neue_
Verbindung deiner Nervenzellen. Wenn du bei
diesem „unlogischen" Prozess die Nerven
behältst, dann wird dein Großhirn
wahrscheinlich bei jedem Kurzschluss ein
bisschen komplexer ;)
Ich liebe widersprüchliche Informationen.
Das regt mich zum Denken an. Klare und
logische Fakten finde ich eher öd.
:)

Ciao
Günther

Mail gesendet: Samstag, 27.05.2000 10:50
Betreff: kunst & kommerz

Hi Oliver,

Oliver Gassner schrieb:
>> Ich liebe widersprüchliche Informationen.
>> Das regt mich zum Denken an. Klare und
>> logische Fakten finde ich eher öd.
>
> Mag sein, nur als Basis von Argumentation
> ist das recht müßig ;)

a) ich glaube an keine BASIS.
b) seit wann hat Kunst/Literatur mit
        ARGUMENTATION zu tun?
c) was hast du gegen Müßiggang?
:)

Ciao
Günther

Mail gesendet: Samstag, 27.05.2000 11:22
Betreff: kunst & kommerz

Hallo Werner,

Werner Stangl schrieb:
> http://www.stangl-taller.at//LERNTIPS/
> LERNTIP08/Lerntip08.html
> Günther's kurzschlusstheorie bezweifelt
> aber eher
> Werner

Ach, jetzt weiß ich, was mir wochenlang
abgegangen ist: *Tipps & Tricks* von Werner
Stangl über Gehirn und andere psychologische
„Weisheiten" ;)

zit>>
Genauso wichtig wie die Lernzeit selber ist
also die Zeit nach dem Lernen. Daher
solltest du bei deiner Lernplanung die
Lernzeiten so aufteilen, dass dein Gehirn
möglichst in Ruhe seiner Arbeit nachgehen
kann.
<<zit

a) ich lerne (fast) pausenlos
b) ich plane (fast) nie etwas
c) mein Gehirn und Ich sind identisch -
zumindest bilde ich mir das ein, weil jede
Alternative für mich unsinnig ist :)

zit>>

Nach jeder anstrengenden und konzentrierten
Lernarbeit machst du längere Pausen. Dabei
ist es wichtig, dass du nicht Dinge tust,
die dein Gehirn allzusehr belasten.
<<zit

a) Lernen ist für mich nicht anstrengend
b) Mich-konzentrieren macht mir Spaß
c) Dinge, die ich mache, belasten mich
(fast) nie.

Meine Kurzschlusstheorie ist viel einfacher:
- do what you want
- it's all the same shit
(ist vielleicht ein bisschen radikal, aber
irgendwas konstruieren tun eh alle anderen
pausenlos ;)

Ciao
Günther

Mail gesendet: Samstag, 27.05.2000 14:31
Betreff: kunst & kommerz

Hi Oliver,

Oliver Gassner schrieb:
>> a) ich glaube an keine BASIS.
>
> Ohne Code keine Kommunikation.

Ehm, gibt's vielleicht einen Code zum
Entschlüsseln deiner Statements? Sonst tue
ich mir etwas schwer mit dem Verstehen ;)

> Ist Reden über Kunst Kunst? (Manchmal,
> aber...)

Reden ist (fast) immer Kunst - ob
verschlüsselt oder nicht ;)
Wir kommunizieren ja sehr oft auch
nonverbal, mit Mimik und Körpersprache und

264

so... das kann manchmal sehr aufregend sein
- aber sicher NIE argumentativ! Ich halte
argumentatives Reden für ziemlich öd - wenn
man nicht gerade vor Gericht steht und sich
verteidigen muss ;)

> Seit ich mir meine faulen Stunden vom
> Schlaf absparen muss, bin ich da im
> Konflikt.

Hast du gewusst, dass *AI* außer „Artificial
Intelligence" auch Faultier heißt? ;)

Ciao
Günther

**Mail gesendet: Sonntag, 28.05.2000 08:20
Betreff: kunst & kommerz**

Hi Oliver,

Oliver Gassner schrieb:
>>> a) Natur allein ist langweilig.
>> natur ist oft interessanter als
>> sämtlicher menschlicher
>> zivilisationsmüll zusammen, kunst
>> inclusive ;o)
>
> Überleg mal, was es ist, was die Natur
> wirklich „interessant" macht.
> (Interessant, nicht ‚angenehm' oder so.)

Natur ist deshalb _interessant_ für mich,
weil sie um mehrere bits komplexer ist als
alle von Menschen geschaffene Werke. Wer
einen verwilderten Garten oder ein rostiges
Auto „durchschaut", für den sind
Shakespeare's oder Platon's Werke eine nette
kleine Unterhaltung zwischendurch ;)

Ciao
Günther

**Mail gesendet: Sonntag, 28.05.2000 11:27
Betreff: kunst & kommerz**

Hi Oliver,

Oliver Gassner fordert mein „abstraktes
Denken" (argh, ich hasse das ;)
> Kann man die Komplexität der Natur aus ihr
> selbst heraus beschreiben oder braucht man
> dazu (menschliche) Codes?
> Diese Frage ist rhetorisch ;)

... trotzdem ein Versuch zu antworten:
a) ich will Natur nicht beschreiben, sondern
verstehen und möglichst unverfälscht
erleben.
b) ich will genauso leben, wahrnehmen und
denken, wie ich es aus Naturbeobachtungen im
Lauf der Jahre „gelernt" habe.
c) ich denke (meistens) nicht abstrakt,
sondern symbolisch; das ist ein wesentlicher
Unterschied. Symbolsprachen sind meist
komplexer als zB mathematische oder
wissenschaftliche Fachsprachen.

> Das Auto kann sich beim Rosten nicht
> ‚zusehen', das Auto ‚versteht' auch
> nichts vom Rosten, es ‚weiß' nicht mal was
> rosten ist, es rostet eben, und daran ist
> _an sich_ nichts Tolles oder
> Interessantes, ‚toll' wird es erst, wenn
> man ‚Rosten modelliert' und erklärt, was
> rosten ist.

Das machen sogenannte Wissenschaftler schon
seit vielen hundert Jahren. Ich halte diese
Vorgehensweise für einen Irrweg - für mich
persönlich. Andere sollen beschreiben und
modellieren und erklären solange sie wollen.
An der Natur ändern solche *Modelle* nie
etwas. Sie dienen meist nur dem
Sicherheitsbedürfnis ängstlicher
Rationalisten, die sich nicht damit abfinden

266

können/wollen, das *Natur* _immer_
„mächtiger" und „irrationaler" sein wird als
jedes menschliche Modell und daraus
resultierende reale Konstrukte.

> D.h. „interessant" wird die Natur erst,
> wenn man sie ,modelliert', abstrahiert
> etc.

Ich sehe das anders. Natur ist für mich auch
ohne abstraktes Modell unendlich
interessant. Jeder kleinste Teil
unverfälschter Natur ist unendlich komplex.
Wer diese Komplexität wahrnehmen kann,
braucht kein vereinfachtes Modell mehr – er
sieht *real life*! Manchmal fühle ich mich
wie ein *real life – Simultanübersetzer* :)

> Auch „schön" wird sie erst im Abgleich mit
> ästhetischen Vorstellungen, die in und an
> sich nicht ,natürlich' sondern menschliche
> Setzungen sind.

Ja, „schön" ist sehr subjektiv. Bei
Naturbeobachtungen gefällt mir *Chaos*
einfach besser als ein gepflegter barocker
Park ;)

> Mich irritiert an deiner „Sicht" (beinahe
> hätte ich ,Denkweise' gesagt, aber es ist
> irgendwie keine), dass Du (so lese ich
> dich) einen Zugang jenseits von Denken und
> Code postulierst, der mir jeglicher Basis
> zu entbehren scheint.

Ich fühle mich auf einer stabilen
„Umlaufbahn" zwischen Traum und
„Wirklichkeit". D.h. ich habe einerseits
Zugang zu normalerweise verdrängten Träumen
und unerfüllten Sehnsüchten – und
andererseits lebe ich ganz bewusst ein ganz
„normales" Leben als Wirtschaftssubjekt in
einem kleinen demokratischen Staat. Ich

kenne meine Grenzen und weiß, wie weit ich
gehen kann - ich mache nichts „Illegales".

> Shakespeare mit (unserem Verständnis von)
> einem rostenden Auto zu vergleichen und zu
> sagen, Shakespeare sei weniger komplex als
> das rostende Auto (oder der verdorrende
> Zweig, um etwas definitiv Natürliches
> zu nehmen) ist einfach ein banaler
> Denkfehler, weil der/unser Verständnis
> vom welkende(n) Zweig exakt (in der
> ‚Größenordnung') denselben
> Komplexitätsgrad hat.

Ich bleibe bei meiner Ansicht: Shakespeares
Werk IST weniger komplex als ein
verdorrender Zweig. Aber ich gebe dir Recht:
das ist wahrscheinlich ein Vergleich
zwischen Äpfel und Birnen ;)

> ((Wenn man _unbedingt_ einen Unterschied
> sehen will, ist Shakespeare „komplexer",
> aber „anders" (d.i. in einem anderen
> Erklärungsmodell, das nicht „wie" sondern
> „warum" heißt). Und dann sind es Äpfel und
> Birnen und wir sind auch nicht näher an
> einer „Wahrheit".))

Wahrheit ist eine Illusion. Entweder wir
ertragen das, was wir um uns wahrnehmen -
wie auch immer - oder wir ertragen es nicht.
Wahrheit können wir wahrscheinlich nicht
finden - auch nicht mit abstrakten Modellen.
Das sind alles vereinbarte Codes, die auch
ganz anders ausschauen könnten. Ich behaupte
sogar, Codes sind beliebig! Wir halten nur
daran fest, weil wir nichts anderes haben.
Die *Kunst* besteht für mich darin,
möglichst OHNE Codes sein Leben zu genießen.
:)

Ciao
Günther

268

Mail gesendet: Sonntag, 28.05.2000 15:36
Betreff: Natur

Hi Claudia,

Claudia Klinger schrieb:
>> Andere sollen beschreiben und modellieren
>> und erklären solange sie wollen. An der
>> Natur ändern solche *Modelle* nie
>> etwas...
>
> Ist nicht dein Ernst!
> Schau dich doch mal um: Siehst du etwa
> frisch wuchernden Urwald oder eine
> durchgestylte Kulturlandschaft, eine
> chemisch exakt berechnete Landwirtschaft
> mit Nutzpflanzen und Tieren, die schon
> Generationen in Labors hinter sich haben?

Also in meinem kleinen Garten (ca. 1000 m2)
gibt es genug Bereiche, die ich als *Urwald*
bezeichnen würde. Als „Chaosforscher"
beobachte ich sehr genau, wie sich die Dinge
verändern, wenn man sie einfach der
natürlichen Entwicklung überlässt. Natürlich
ist das bewusst inszeniertes Chaos. Aber du
kennst sicher *Selbstähnlichkeiten* in der
Natur. Wozu in einen Amazonas-Regenwald
pilgern, wenn ich einen verwilderten
Hendlhof vor der Haustür hab, wo ich die
vielfältigen Tier- und Pflanzenarten weder
aufzählen noch beschreiben kann?

> Ich sehe im übrigen auch keine
> fundamentalen Unterschiede: wenn ich den
> Vögeln zuhöre, kann ich feststellen, dass
> sie nichts anderes tun als wir: durch
> wiederholte Aussendung von strukturierten
> Signalen versuchen sie, einander zu
> signalisieren, dass sie DA sind, sprich:
> sich von der (Rest-)Natur unterscheiden.

Naja, wenn du im Frühjahr Tiere (und auch
Menschen ;) beobachtest, dann sind die
ausgesendeten Signale klar: es ist
Paarungszeit :)
Was ich unter *Natur* verstehe, ist um ein
paar bits komplexer. Ich meine das GESAMTE
Geschehen rund um mich, das von Menschen
nicht inszeniert ist: Wind, Sonne, Regen
und die GESAMTE Veränderung, die sich
einfach so im Freien abspielt.
Du bechreibst selbst manchmal deine
Eindrücke beim Spazierengehen in der Natur.
Ich erlebe solche Dinge auch mitten in der
Wiener City, wenn der Wind z.B. ein
Plastiksackerl durch die Luft wirbeln lässt
oder sich in einer Häuserecke eine kleine
Windhose bildet, die den Staub und Abfall
auf der Straße in faszinierend chaotischen
Strukturen bewegt. Mit meiner „inneren
Brille" sehe ich *Natur*, wie ich sie meine,
wahrscheinlich auch in einem Gefängnishof
bei Schlechtwetter ;)

Ciao
Günther

**Mail gesendet: Sonntag, 28.05.2000 18:26
Betreff: Intelligenz**

Hallo Werner,

Werner Stangl schrieb:
>>> Hast du gewusst, dass *AI* außer
>>> „Artificial Intelligence" auch
>>> Faultier heißt? ;)
>
> waren das noch zeiten, als man zeit für
> kreuzworträtsel hatte,

Gerade habe ich eine kleine Notiz gefunden,
die ich nach der Lektüre von „GÖDEL, ESCHER,
BACH" notierte. Sie passt zum Thema:

zit>>
Niemand weiß, wo die Grenze zwischen nicht-
intelligentem Verhalten und intelligentem
Verhalten liegt; wahrscheinlich ist es sogar
töricht zu sagen, dass eine scharf gezogene
Grenze existiert. Aber sicherlich sind die
folgenden Eigenschaften wesentliche
Voraussetzungen für Intelligenz:
- sehr flexibel auf die jeweilige Situation
reagieren;
- günstige Umstände ausnützen;
- aus mehrdeutigen oder kontradiktatorischen
Botschaften klug werden;
- die relative Wichtigkeit verschiedener
Elemente in einer Situation erkennen;
- trotz trennender Unterschiede
Ähnlichkeiten zwischen Situationen erkennen;
- trotz Ähnlichkeiten, die sie zu verbinden
scheinen, zwischen Situationen unterscheiden
können;
- neue Begriffe herstellen, indem man alte
Begriffe auf neuartige Weise zusammenfügt;
- Ideen haben, die neuartig sind.
<<zit — Douglas Hofstaedter in „GÖDEL,
ESCHER, BACH"

Seit damals glaube ich an keine KI/AI,
sondern versuche „nur", mein persönliches
Intelligenz-Potential voll auszuschöpfen -
und das meist _ohne_ Computer...
:)

Ciao
Günther

Mail gesendet: Montag, 29.05.2000 12:21
Betreff: Intelligenz

Hallo Werner,

Werner Stangl schrieb:
>> Douglas Hofstaedter
>
> der wohl sehr hoch auf einem baum der
> erkenntnis saß, aber mit ziemlicher
> sicherheit auf dem falschen.

Bitte den richtigen Baum ankreuzen ;)
[ ] Kirschbaum
[ ] Marillenbaum
[ ] Apfelbaum
[ ] Birnenbaum
[ ] Zwetschgenbaum
[ ] Nussbaum
... die stehen alle in meinem Garten und ich
weiß heut nicht, auf welchen ich kraxeln
soll. Gestern war's der Kirschbaum, weil die
Kirschen „zufällig" reif sind.
Falls es im bunten Garten der menschlichen
Erkenntnis noch andere interessante „Bäume"
geben sollte, bitte ich um eine Empfehlung
oder um einen leichten Wink in die richtige
Richtung :)
[ ] ...
> da tut sich wieder dieses dilemma der
> definitionen auf: definieren von
> intelligenz (hat nix mit intel tu tun, wie
> mancher mensch heute glauben mag, also
> absolut nix ;) ist ja recht einfach, aber
> es zu sein ist so schwierig. kriterien
> aufstellen ist keine kunst, sie zu
> erfüllen wohl schon.

Hier ist ja eine Mailingliste, wo man „nur"
durch Schreiben auffallen kann. Ich würde ja
gerne hier jedem beweisen, dass ich auch
Katzen hypnotisieren und mit drei Äpfeln
jonglieren kann. Das hat zwar nichts mit
Intelligenz zu tun, aber ich bin sehr stolz
drauf ;)

Ciao
Günther

Mail gesendet: Montag, 29.05.2000 14:36
Betreff: Intelligenz

Hi Ingo,

Ingo Mack schrieb:
>> [ ] Marillenbaum <-- hae??

Marille (= .at slang ;) = Aprikose (= .de
slang ;)

> KATZEN HYPNOTISIEREN???
> eh..
> du Sphinxt !

Nein, ganz ehrlich - ich kann fremde Katzen
nur durch Anschauen irritieren und
beeinflussen, und meiner eigenen Katze
manchmal auch kleine Kunststücke beibringen
;)
Sphinx? ... ist mir heute „zufällig" bei
der Lektüre eines sehr interessanten Buches
untergekommen:

zit>>
Die Sphinx hat verkündet, die Pest, die
Theben mit Vernichtung bedrohte, werde erst
dann aufhören, wenn jemand die richtige
Antwort auf das von ihr gestellte Rätsel
finde. Das Rätsel lautete: „Was ist das: es
geht zuerst auf vieren, dann auf zweien und
zuletzt auf dreien?"
Freud sieht in dem Rätsel und seiner Lösung
- der Mensch - die Verkleidung einer anderen
Frage, die die kindliche Phantasie vor allem
beschäftigte, das Rätsel: „Woher kommen die
Kinder?"
<<zit [Erich Fromm: „Märchen, Mythen,
Träume"; S 67]

Naja, Freud muss man nicht immer ganz ernst
nehmen. Fromm lese ich da schon viel lieber,
weil er einen lockeren Umgang mit dem Thema
„Lust & Sexualität" pflegt und Psychoanalyse
eher mit (Lebens-)Philosophie & Religion
verknüpft.
:)

Ciao
Günther

Mail gesendet: Donnerstag, 01.06.2000 13:49
Betreff: Komplexität

Hi Juh,

Jan Ulrich Hasecke schrieb:
>> Manchmal fühle ich mich wie ein *real
>> life - Simultanübersetzer* :)
>
> Was meinst du mit Übersetzer. Hast du das,
> was du fühlst, bzw. hast du deine
> Natursicht irgendwo ausgedrückt? URL?

... eben nicht, weil mein Fühlen und Denken
so _eng_ an meine Wahrnehmung gebunden ist,
tue ich mir einstweilen noch etwas schwer,
einen passenden *Code* zum Ausdrücken zu
finden. Vielleicht fange ich wieder an zu
zeichnen und zu malen...
>> Shakespeares Werk IST weniger komplex als
>> ein verdorrender Zweig.
>
> Tarkowskij würde diesen Satz mit einem
> Fragezeichen schreiben.

Ich habe mich sehr intensiv mit der
Komplexität auseinandergesetzt
(algorithmisch/mathematisch). Da existieren
sehr „wilde" Theorien, die aber - praktisch

im *real life* angewandt - zu stimmen
scheinen.
Kurz umrissen:
Die unendliche Folge „aabaabaabaabaab..."
kann man ersetzen durch den sehr einfachen
Algorithmus „Schreib zwei a und ein b -
usw.".
Die Folge „abaabbaaabaabbaaabaabbaa..." kann
man ersetzen durch den Algorithmus „Schreib
ein a, ein b, zwei a, zwei b und zwei a -
usw.". Die Anzahl der notwendigen „bits" für
die Prozedur sagt etwas aus über die
Komplexität der Folge.
Die Folge
„abbabbbabababbabbaaababbaaaaababbbaaababab..
." lässt sich _nicht_ mehr als Prozedur
reduzieren! Sie heißt in der Fachsprache
„fundamental komplex".
Die Werke Shakespeares lassen sich auch
nicht reduzieren, klar. Sie müssen einfach
geschrieben/gelesen und verstanden werden.
Die Anzahl der „bits" seiner Werke ist aber
endlich (Die Interpretationen sind
vielleicht nicht endlich - da will ich mich
nicht festlegen).
Die „bits" eines verdorrenden Zweiges sind
aber immer _unendlich_! Die Interpretation
ist banal: „Das ist ein Zweig". Wenn ich
einen Zweig anschaue und darüber nachdenke,
dann „sehe" ich die _unendliche_ Komplexität
seiner Entstehung und seine
molekulare/atomare Struktur vor meinem
„inneren Auge". So ungefähr musst du meinen
Satz verstehen.
Aber das alles ist - zugegeben - sehr
OffTopic in dieser Liste (mit „Schwurbeln"
hat das, glaub ich, aber nix zu tun, Oliver
;)

Ciao
Günther

Hi Juh,

Jan Ulrich Hasecke schrieb:
>> Die „bits" eines verdorrenden Zweiges
>> sind aber immer _unendlich_!
>
> Wieso? Der Zweig besteht aus einer
> endlichen Zahl von Atomen bzw.
> Molekülen, die lediglich eine endliche
> Zahl von Kombinationen eingehen
> können. Der Vorgang des Verdorrens ist
> irgendwann beendet; spätestens,
> wenn die Makrostruktur Ast zu Staub
> zerfällt. Ich sehe da keinen Platz
> für Unendlichkeit.

... jetzt wird's haarig ;)
a) „bits" verstehe ich als abstrakte nicht-
materielle Informationseinheiten. Materielle
Struktureinheiten wie Moleküle und Atome -
so wie wir sie in der Schule oder auf der
Uni lern(t)en - mögen auf einer bestimmten
„Subebene" endlich sein. Aber ich glaube nun
mal nicht an eine „unterste Subebene".
Deshalb denke ich lieber abstrakt mit den
beiden Begriffen „Information" und
„Komplexität" - und bekomme die ungeliebte
Unendlichkeit rein gedanklich irgendwie in
den Griff.
b) eine Entwicklung in der Natur kann man
sich auch so ähnlich vorstellen wie einen
analogen Videofilm. Da jedes „Bild" dieser
„Bilderkette" eine unendlich feine Auflösung
hat, ist der gesamte wahrgenommene „Film"
erst recht unendlich fein strukturiert. Wir
leben in einem unendlich großen
„Informationsraum"!

> Sobald du dich auf das _Gefühl_ der
> Unendlichkeit beziehst, das beim

276

> meditierenden Anschauen des Astes sich
> einstellen mag, solltest du vielleicht
> nicht mehr von Algorithmen sprechen.

Ein *Algorithmus* ist die Prozedur für einen
Prozess. Da auch jeder natürliche Prozess
nach bestimmten (uns meist nicht bekannten)
Regeln abläuft, kann ich sehr wohl beim
reflektierten Anschauen eines
Naturausschnitts von einem Algorithmus
sprechen, den ich abstrakt philosophisch
erfassen will.

> Ob man die menschliche Begriffsbildung
> sinnvollerweise mit Algorithmen
> beschreiben kann/sollte, weiß ich nicht.
> Mir erscheint dieses Verfahren *unkreativ*
> zu sein.

Es gibt für mich nichts Kreativeres als die
Natur! Da wir Menschen mit all unseren
Begriffen und Codes auch „irgendwie" zur
Natur gehören und wir uns mit unserem Denken
diese Zusammenhänge bewusst machen können,
ist jedes reflektierte Denkverfahren für
mich ebenfalls *kreativ*. Naja, da kommt man
leicht in einen banalen Denkzirkel bzw. auf
eine sehr paradoxe Denkebene, die sich
sprachlich eben _nicht_ mehr beschreiben
lässt. Wittgenstein und sein würdiger
Nachfolger Oliver haben da schon recht ;)

> Wieso ist die Einheit von Sein und Nichts
> und die Verschiedenheit von Sein und
> Nichts - Werden?

Bin ich froh, dass ich zB Hegel nie gelesen
habe. So erspare ich mir, vom „Sein" &
„Nichts" zu spekulieren. Mir sind diese
Begriffe zutiefst unsympathisch ;)

Ciao
Günther

**Mail gesendet: Donnerstag, 01.06.2000 22:52
Betreff: Komplexität**

Hi Oliver,

Oliver Gassner schrieb:
> Die Gehirnprozesse, die zu dem Text
> geführt haben (d.h. Kulturgeschichte etc.)
> und die Gehirnprozesse bei der Lektüre
> sind ‚physikalisch‘ genau so komplex
> (sagen wir: der Größenordnung nach) wie
> die des Zweiges.

Ja, du hast Recht, aber ich spreche ja immer
nur vom *Werk*, d.h. von den *Texten* und
nicht von Shakespeares Gehirnprozessen
beim Schreiben und auch nicht vom
kulturellen Umfeld seiner Zeit, seiner
Erziehung usw. - das ist ja immer eine
unendliche Kette - und konsequent
weitergedacht (alles hat seine Ursache!)
reden wir dann immer von der gesamten
Evolution im Universum? Das macht ja wenig
Sinn, oder?
Ich wollte von der *Komplexität* seiner
Texte reden im Vergleich zur Komlexität in
der Natur (in Form eines Zweiges - das ist
aber egal). Meine Behauptung ist schlicht:
jede *Nachahmung der Natur* zB in Form von
Technik ist weniger komplex. Und jedes
Werk im Sinne von Text, Musik, Film,
Software usw. ist ebenfalls „nur“ eine
Simulation, ein Modell oder ein „totes“
Stück von in *Form* gebrachter Kreativität,
aber _niemals_ so komplex wie lebendige
Natur selbst! Die Qualität/Größenordnung
kann man m.E. nicht vergleichen.

> Geht man nun jenseits der Quantität auch
> noch davon aus, dass durch ‚Semiose‘ bzw.
> soziale Komponenten etwas entsteht, das

> größer ist als die Summe aller Teile
> („Bewusstsein', ‚Seele', ‚Geschichte',
> egal) ist Shakespeare voila komplexer als
> dein doofer Zweig. So.

Ich merk schon, die Diskussion führt zu nix.
Ich will dich nicht von etwas überzeugen,
das du offensichtlich ganz anders siehst.
Macht ja nix. Ich bin halt mehr
Naturforscher als Shakespeare-Liebhaber.
Dramen und Komödien erlebe ich zur Zeit
tagtäglich in meinem *real life* spannender
und intensiver als bei der Lektüre oder im
Theater ;)

Ciao
Günther

Mail gesendet: Freitag, 02.06.2000 10:06
Betreff: Komplexität

Hi Oliver,

Oliver Gassner schrieb:
>> Ja, du hast Recht, aber ich spreche ja
>> immer nur vom *Werk*
>
> Siehste, und ein Zweig ist kein Werk (ok,
> Gott ist way out cooler als Bill S.
> aber... hey...)

... dass Gott und sein „Werk" *way out
cooler* ist - oder *five miles out*, um mit
Mike Oldfield zu singen, steht ja außer
Zweifel ;)
... noch mal ein ernster Versuch:
Sprache (inkl. Begriffe) ist _statisch_ und
Natur ist _dynamisch_ (o.k., auch Sprachen
verändern sich, aber nicht so schnell wie
ein wachsender oder verdorrender Zweig). Ein
Zweig verändert in jeder kleinsten
Zeiteinheit seinen Zustand. Die

Buchstaben/Wörter/Sätze von Shakespeares
Werk bleiben aber immer die gleichen! Sie
verändern ihren Zustand nicht mehr.

>> Ich wollte von der *Komplexität* seiner
>> Texte reden im Vergleich zur Komplexität
>> in der Natur (in Form eines Zweiges - das
>> ist aber egal).
>
> Ehm über Buchstaben vs. Moleküle? Das sind
> Hamster und Atomkraftwerke
> (statt A. und B.)

Moleküle führen zu Hamster und Menschen.
Menschen erfinden und benutzen Buchstaben
(und andere Codes), um Atomkraftwerke zu
bauen. Das ist eine Kette von
nachvollziehbaren Entwicklungsstufen.
Hamster leben frei in einem natürlichen
Umfeld und können sich ständig fortpflanzen
und anpassen (außer sie sind eingesperrt in
einen Käfig und rennen in einem Laufrad ;)
Lebendige Systeme leben sehr lang, „tote"
Systeme, wie Kraftwerke leben eher kurz. Das
ist ein qualitativer Unterschied. Die
Komplexität einer einfachen Zelle eines
Hamsters ist komplexer als alle von Menschen
geschaffenen *Werke* der letzten 5000 Jahre.
Da sich Komplexität aber schwer messen lässt
(außer mit mathematischen/algorithmischen
Formelsprachen), muss man sich auf sein
Denken und Fühlen verlassen. Wenn du der
Meinung bist, dass es da keine Unterschiede
gibt oder dass alles irgendwie gleich
komplex ist, dann akzeptier ich das, weil
ich dir das Gegenteil nicht beweisen kann.
Letztendlich bleibt es ein philosophisches
Glasperlenspiel ;)

>> Ich bin halt mehr Naturforscher als
>> Shakespeare-Liebhaber. Dramen und
>> Komödien erlebe ich zur Zeit tagtäglich
>> in meinem *real life* spannender

280

>> und intensiver als bei der Lektüre oder
>> im Theater ;)
>
> Großes Wort... gelassen aus... gesprochen
> ;)

Gelassenheit (coolness) ist manchmal das
Wichtigste im Leben - aber wem sag ich das
;)

Ciao
Günther

Mail gesendet: Freitag, 02.06.2000 11:10
Betreff: Komplexität

Hi Juh,

Jan Ulrich Hasecke schrieb:
> Nun ja, die Möglichkeit zur ständigen
> Veränderung ist ja ein Gesichtspunkt, mit
> dem wir versuchen Netzliteratur zu
> definieren bzw. zu beschreiben. Die
> Unabgeschlossenheit der Werkform böte
> einem netzliterarischen Werk dann selbst
> unter deiner Definition die Möglichkeit
> mit der Komplexität eines vergammelnden
> Zweigs gleichzuziehen.

Gratulation! Du hast es geschafft, die
Diskussion harmonisch zu einem
zwischenzeitlichen Ende zu führen und
gleichzeitig wieder zum roten Faden der
Netzliteratur zurück zu finden. Ja, du
hast völlig Recht: *Netzliteratur* z.B. in
Form einer Mailingliste ist die erste
literarische *Form*, die mit natürlichen
Prozessen am besten vergleichbar ist. Sowohl
die teilnehmenden Leser/ Schreiber als auch
die Themen, Diskussionen und Texte ändern
sich ständig - und wenn wir nicht sterben,
dann schreiben wir wahrscheinlich noch in

Jahrzehnten über den coolen Gott, die
streitlustigen Götter und ab und zu auch
über doofe aber komplexe Zweige ;)

Ciao
Günther

Mail gesendet: Freitag, 02.06.2000 12:14
Betreff: Komplexität

Hi Oliver,

Oliver Gassner schrieb:
> Solange der Frosch hüpft krieg ich ihn
> nicht unters Mikroskop.

Ich mag eben Leute nicht, die Frösche unters
Mikroskop legen. Frösche verwandeln sich
manchmal in Prinzen und machen hübsche
Prinzessinnen glücklich ;) DAS ist *real
life*!

>> Die Buchstaben/Wörter/Sätze von
>> Shakespeares Werk bleiben aber immer die
>> gleichen! Sie verändern ihren Zustand
>> nicht mehr.
>
> Selten so gelacht ;)

Na wenigstens bringe ich dich zum Lachen,
wenn ich dir auch nicht ein paar
„Weisheiten" der komplexen Chaostheorie
beibringen kann ;)

> Haste mal ne ‚echte' Billy-S. Ausgabe in
> der Hand gehabt? Nix Reclam-Heft? Der Text
> ist konstant in _realer_ Bewegung. Fast
> jedes Wort dort ändert sich täglich.

... ehm, das war ja nicht mein Thema. Wenn
Shakespeare ein Stück geschrieben hat, dann
hat er es _einmal_ geschrieben und dieser

Text ändert sich eben _nicht_ mehr. Was
Generationen von Interpreten/Übersetzer dann
aus diesem Text machen, steht ja nicht zur
Diskussion. Mein Text, den ich jetzt in
diesem Augenblick schreibe, existiert nur
einmal. Sobald er im Editor und in die Liste
gepostet ist, ist er für mich „gestorben".
Was du (oder irgendein anderer) mit dem text
machst, ist ein anderes Kapitel. Ich hab
meine Finger nur _einmal_ benutzt, um ihn in
die Tastatur zu klopfen. Vor 400 Jahren hat
man eben Feder und Papier gehabt. Der
Schreibvorgang ist aber immer der gleiche:
der Autor schreibt nur _einmal_ (außer er
korrigiert, montiert oder verwertet sonst
irgendiwe seine Texte im Nachhinein...).

>> Gelassenheit (coolness) ist manchmal das
>> Wichtigste im Leben - aber wem sag ich
>> das ;)
>
> ;))
> EOT? ;)
Was den doofen Zweig anbelangt, bitte ja,
sofort ;)

Ciao
Günther

Mail gesendet: Freitag, 02.06.2000 14:36
Betreff: Komplexität

Hi Oliver,

Oliver Gassner schrieb:
> Shakespeare hat überhaupt kaum „irgendwie
> Stücke geschrieben" oder „Texte
> hergestellt", so wie Du das interpretieren
> würdest.
> Das was wir als Stücke haben sind oft
> Rekonstruktionen aus den Gehirnen
> der Schauspieler.

Sorry, jetzt hast du die wesentliche Aussage
meiner Argumentation wieder nicht
verstanden. Setze statt Shakespeare z.B.
Platon, Goethe, Nietzsche, Wittgenstein oder
einen anderen „wichtigen" Autor ein, dann
greift dein Gegenargument mit den
Gehirnprozessen nicht mehr.
Texte sind „tot", sobald sie ein Autor zu
Papier oder heute ins Netznirwana bringt.
Erst die Leser erwecken sie zu Leben und
„machen" etwas daraus. Brutaler ausgedrückt:
Texte/Noten/Codes sind immer „Ausflüsse" von
gehirnschwangeren „Denkern", die gerade im
real life nichts Besseres zu tun haben. Ob
ich auf's Klo gehe oder hier in die Liste
poste macht existentiell nicht viel
Unterschied. Leichter ist mir da und dort
nach der „Aktion" ;)
Was Shakespeare betrifft, habe ich bereits
am 10.12.99/20.30 einen Hinweis gepostet, wo
ich ihn als Vorbild für Netzliteraten
bezeichnet habe:

(Zitat)
„Auch Entstehungszeit und Chronologie seiner
Werke sind nur ungefähr bekannt, in der
Forschung besteht jedoch ein weitgehender
Konsens darüber. S. schrieb seine Dramen für
seine Schauspieltruppe (auch im Kollektiv,
u.a. mit C. Marlow, B. Jonson, T. Kyd) zum
einmaligen Zwecke der unmittelbaren
Aufführung; gedruckt wurden sie ohne sein
Zutun..."
(/Zitat) (c) Meyers Lexikonverlag

Shakespeare schrieb also im *Kollektiv* zum
einmaligen Zwecke der *unmittelbaren*
Aufführung, und das vor 400 (!) Jahren. Na
wenn das kein Vorbild für *NetLit* ist, wer
oder was sonst?

> Insofern ist Billy n Netzliterat: Der Text
> entsteht im Kommunikationsprozess der
> Schauspieler und ist Resultat eines
> Kommunikationsprozesses (eines
> Textherstellers der von Schauspieler zu
> Schauspieler wandert um dessen Rolle
> aufzuschreiben und den (Hyper-)Text
> des Stückes zu konstruieren.
> Dabei: Ist fast alles Software.

Ja, da gebe ich dir wieder Recht: alle
menschlichen kulturellen Werke wie Literatur
(auch wiss. Theorien), Musik, Film usw. kann
man als *Software* auffassen, die in einem
abstrakten Sinne sehr komplex ist und sicher
auch irgendwie „unsterblich" wird - und sich
ständig im kulturellen Prozess durch
Interaktion der Teilnehmer verändert. Diese
ganze *kulturelle* Software ist aber „nix"
im Vergleich zu der *Natur-Software*, die
einen Menschen entstehen lässt, der dann
vielleicht irgendwann in seinem Leben ein
paar Zeilen zu Papier bringt oder ein paar
Zeilen liest. Ich finde *Natur-Software*
einfach cooler als *Menschen-Software* ;)

Ciao
Günther

Mail gesendet: Samstag, 03.06.2000 11:18
Betreff: Netzliteratur und Bilder

Hi Listige,

Roberto Simanovski schrieb:
> Der Beleg erwiese sich als Irreführung
> bzw. als Beleg der Irreführbarkeit. Unter
> dem Text, hinter dem Bild fände Aufklärung
> statt, dabei hatte man im Bild, als
> Illustration und Linkverweis, nur
> Erklärung erwartet. Vorausgesetzt
> freilich, der Leser/Betrachter wird am

> Ende zielsicher mit dem Fakt des Fakes
> konfrontiert. Er müsste natürlich Spaß
> verstehen, denn ehrlich gesagt hatte er,
> Biologen und sonstige Hornissenkenner
> ausgenommen, gar keine Chance.

Um dieses interessante Phänomen etwas zu
verallgemeinern, möchte ich drei Fragen
formulieren, an deren Beantwortung ich schon
längere Zeit „arbeite":
1. Wieviele *Fakes* gibt es in dem von
unseren Bildungsstätten und Medien
vermittelten (Rätsel-)Bild unserer
zivilisierten Welt?
2. Wie groß ist die Chance eines
„Durchschnittsbürgers", hinter die Kulissen
zu schauen und manche *Fakes* zu
durchschauen?
3. Wie groß ist die Macht eines
„Durchschnittsbürgers", diese *Fakes*, wenn
er sie durchschaut hat, so zu beeinflussen,
dass sie eben _keine_ *Fakes*, sondern
möglichst objektive Fakts werden?
Humor ist natürlich immer der existentielle
Rettungsanker vor dem Sturz in die
„Unterwelt" (manche sagen auch „Hölle" dazu
;)

Ciao
Günther

Mail gesendet: Samstag, 03.06.2000 16:01
Betreff: Netzliteratur und Bilder

Hi Ingo,

Ingo Mack schrieb:
> Sätze, die etwas transportieren, sind
> automatisch erstellte Lärmschutzwände.
> ...und was ist, wenn es kein „Ende" gibt?

Es gibt m.E. kein „Ende" des großen Spiels -
nur ein „Ende" unseres kleinen Lebensspiels.
Religionen nennen das dann Erlösung oder so.
Was ist aber, wenn plötzlich viele Menschen
die Erlösung _vor_ dem „kleinen Ende"
einfordern? Reicht dann die Errichtung von
Lärmschutzwänden aus, um dem Spiellärm zu
entgehen? Anders gefragt: kann man zu
Lebzeiten vom großen Spiel so aussteigen,
dass man vom Spiellärm absolut nichts mehr
mitkriegt? Ist man dann gleich
Spielverderber oder sogar Spielzerstörer?
Anderes Szenario: leben wir bereits im
„Paradies" und wissen es nur nicht, weil der
Lärm um uns ständig das Gegenteil behauptet?

> Die Welt an sich könnte ein Fake sein,
> würdest du also bewusst die völlige
> Irritation der Leser/Betrachter in Kauf
> nehmen?

Ja, warum nicht? Irritation regt zum Denken
an. Alles, was nicht irritiert, ist entweder
überflüssig oder müßig. Wir leben aber in
der merkwürdigen Zeit, wo fast _nichts_ mehr
irritiert! Alles ist irgendwie denkbar und
nichts ist wirklich unwahrscheinlich. Es
gibt fast nichts „Verrücktes" mehr. Alles
schon dagewesen...

> Kunst sirbt unter der Lupe der
> Erklärungen.

Kunst ist wie die Philosophie schon längst
tot. Auferstehungsversuche sind zwecklos.
Man macht sich nur lächerlich dabei (sorry,
hab wohl gerade meine radikal-existentielle
Phase ;)

>> 1. Wieviele *Fakes* gibt es in dem von
>> unseren Bildungsstätten und Medien
>> vermittelten (Rätsel-)Bild unserer
>> zivilisierten Welt?

>
> Netz-ping-pong: gibt es überhaupt eins-zu-
> eins vermittelbare Bilder?
> Lehrer haben lebenslänglich. Und „..nur
> draußen" ist etwas kurz gesprungen, nicht?

Wir alle haben „lebenslänglich", nicht? Es
gibt kein „draußen". Jetzt habe ich meine
oben gestellte Frage bereits beantwortet:
„Aussteigen" aus dem großen Spiel geht
nicht. Aus. Schluss. Punkt. Widerstand ist
zwecklos. Do what you like! Wir leben im
Paradies und gleichzeitig in der Hölle!
Alles nur eine Sache des Kopfes und der
darin enthaltenen (meist unbewussten)
Träume, Sehnsüchte und unbewältigten
Spielerlebnisse...

> Wer würde denn arbeiten, wenn er sich
> bewusst wäre, (jetzt über 365 Tage
> gesehen) dass von Januar bis Ende Mai das
> komplette Einkommen für Steuern
> draufgehen? Löwen sollte man schlafen
> lassen, besser für das Grasland, die Ernte
> und die Schafe. Den Vorsprung der
> Mächtigen sollte man unangetastet lassen;
> gegenläufige Ansichten enden auf
> Scheiterhaufen.

Gegenthese: wir alle leben auf einem
Scheiterhaufen! Manche halten ihn länger
aus, manche weniger lang. Einziger Ausweg:
„Rebellion" und „Kampf gegen das Feuer" auf
allen Ebenen oder selbst eine „ewige" Flamme
werden ;)

> Gesellschaften überleben nur mit Kleister.
> Kunst ist ein Teil dieses Klebstoffes.
> Wenn du nun versuchen wolltest, selber mit
> am Leimtopf zu rühren, hast du einen
> langen Marsch vor dir. Normalerweise, so
> meine landläufige Vermutung, hast du
> keinerlei Chancen, kurzfristig in diese

> Prozesse (und Prozeduren) gestaltend
> einzugreifen.

Wer ständig Wände aufstellen lässt, muss sie
zwangsläufig mit Bildtapeten zukleistern
lassen. Ich male - sehr selten - meine Wände
weiß aus und gehe in der freien Natur
spazieren ;) Die Bildtapeten auf fremden
Wänden im Labyrinth unserer Straßen und
Städte sind für mich „Kunst", die ich mit
Genuss wahrnehme, ohne zwanghaft auf die
vielen versteckten Botschaften reagieren zu
müssen. Selber kleistern oder
Bildbotschaften aussenden fällt mir momentan
nicht einmal im Schlaf ein ;)

> geht es ans Eingemachte, darf die
> herrschende Gewalt über Bilder und
> Wirklichkeiten sich keine Schwächen
> erlauben.

... schon klar, aber viele unterschätzen
sich selbst oft und die (ir)rationale
„Kraft", eigene Bilder und Wirklichkeiten
gegenüber anderen zu verteidigen - wenn's
sein muss auch solange, bis es an's
Eingemachte geht oder ein bisschen weiter...

> ooops, sorry, bin vom Thema abgekommen.

Schon o.k. ;) - welche anderen Themen könnte
es geben, die so spannend sind wie dieses
hier?

Ciao
Günther

Mail gesendet: Sonntag, 04.06.2000 11:21
Betreff: Netzliteratur und Bilder

Hi Ingo,

Ingo Mack schrieb:
> Nix gegen Hirnforschung, Paranoia und
> fortgeschrittene Verkalkung, aber dass da
> (wie bei „Be-ing John Malkovitch") ein
> Puppenspieler oder ein Freudsches Überich
> an meinen äußeren beweglichen Organen
> rumfummelt, das ist schon starker Tobak.
> Falls doch: ich hätte gern mit dem Code-
> Knecht ein, zwei Takte geredet, hat wer
> die Adresse?

„Natürlich, wenn ein Gott
sich erst sechs Tage plagt,
Und selbst am Ende bravo sagt,
Dann muß es was Gescheites werden."
GOETHES Mephistopheles, Faust I 2441

URL für „überflüssige" Fragen:
‚http://www.faust-aufs-aug.com'
(diese Website geht - soviel ich weiß - erst
Anfang des 22. Jh. online, wird aber dann
direkt ins *Bio-Chip-Hirn* übertragen ;)

> außerdem verlange ich Aufklärung über die
> dahinterstehende Übertragungstechnik. Und
> gleich vorweg: sollte der Gilb auch _da_
> seine befleckten Finger mit im Spiel
> haben, verlange ich sofort einen mit der
> Materie vertrauten Oberliga-Anwalt.

„Was sich dem Nichts entgegenstellt,
Das Etwas, diese plumpe Welt,
Soviel ich auch schon unternommen,
Ich wußte ihr nicht beizukommen."
GOETHES Mephistopheles, Faust I 1363

Für alle, die sich bis auf weiteres keinen
Oberliga-Anwalt leisten können, noch ein
passender Spruch als Trostplaster ;)

„Ich habe schimpflich mißgehandelt.
Ein großer Aufwand schmählich! ist vertan."
GOETHES Mephistopheles, Faust II 11836

290

Ciao
Günther

Mail gesendet: Sonntag, 04.06.2000 15:01
Betreff: Netzliteratur und Bilder

Hi Oliver,

Oliver Gassner schrieb:
> Mein Philosophielehrer hatte in Klasse 12
> viel Spaß mit mir, weil ich alle Probleme
> auf ‚Die Probleme der Philosophie sind die
> Beulen, die wir uns beim Anrennen an die
> Sprache holen.' (sinngemäß bei
> Wittgenstein) reduziert habe.

Sprachphilosophie ist in der Tat
wahrscheinlich mit Wittgenstein zu einem
genialen Schlusspunkt gelangt. Die
philosophischen (Existenz-)Fragen bleiben
aber für uns _sprachbegabte_ Wesen weiterhin
DA: Wie soll man bloß _weiterleben_ mit den
vielen historischen Beulen? Gibt es schon
ein Heilmittel als Notversorgung für die
Wunden? Sind coole Sprüche eine Medizin für
alte Wunden oder ein Schutzpanzer gegen neue
Verletzungen des Intellekts? Bleibt wirklich
nur das ironisch-zynische *Sprachspiel* - im
Sinne von (manchmal geistvollem) Smalltalk -
im Brotjob und in der Freizeit übrig? Gibt
es noch eine *Sprache*, in der man sich an
die heutige WELT so annähern kann, dass man
sich _keine_ Beulen holt?

> Meine Lieblingslektüre damals: ‚Das
> Herkunftswörterbuch' (Etymologie) von
> DUDEN. Da ließ sich fast jedes Abstraktum
> (Heimat, Freiheit, etc.) auf irgendeine
> ‚dreckige' Tatsache reduzieren (Heimat ->
> ‚umfriedeter Raum', also: Die Hütte, die
> Viecher und der Zaun drumrum.)

Den „Heimat"-Begriff für hoffnungslos
aufgeklärte und coole Freaks ab dem 21. Jh.
kann man etwa so formulieren: Die Hütte ist
unser Planet, eine der vielen Viecher sind
wir Menschen und einen Zaun braucht's nicht
mehr, weil wir eh nirgends hin flüchten
können - auch nicht mit einem Raumschiff ;)

Ciao
Günther

Mail gesendet: Sonntag, 04.06.2000 18:22
Betreff: Netzliteratur und Bilder

Hi Wodile,

Wodile schrieb:
>> die ästhetische Wahrnehmung beinhaltet
>> doch die intellektuelle. Siehe
>> Sündenfall ;)
>
> äh ... das wäre mir jetzt aber völlig neu.
> die rein ästhetische wahrnehmung fällt
> doch gerade dadurch auf, dass sie
> überhaupt keine bewertung vornimmt, oder?

Ja, diese Sichtweise kommt meiner schon sehr
nahe. Wozu noch irgendetwas intellektuell
bewerten? Man ist deswegen noch lange
nicht auf dem Niveau von einem Kleinkind,
nur weil man nicht ständig intellektuell
versucht, die komplexe und dynamische Welt
da draußen zu beschreiben, zu kritisieren
oder sonstwie sprachlich oder bildhaft
auszudrücken.
Natürlich liest man in seiner zivilisierten
Laufbahn sehr viel über „Gott und die Welt".
Auch ich habe meine Pflichtübungen an
intellektuellem „Futter" hinter mir. Ab
einem gewissen Zeitpunkt merkt man aber,
dass sich alle Texte - ob klassisch oder

292

postmodern - im Kreis drehen. Dann bleibt
m.E. nichts mehr übrig als die rein
ästhetische oder sinnliche Wahrnehmung in
Echtzeit. Der *letzte Mensch* ist für mich
kein „unzivilisiertes Viech" sondern ein
seltsames Wesen, das flexibel, sensibel,
spontan und lust-orientiert von einem Tag
zum anderen lebt. Wie immer man solche Wesen
bezeichnet, sie passen in kein überliefertes
Kastl mehr. Genau das ist aber der Clou!
:)

Ciao
Günther

**Mail gesendet: Sonntag, 04.06.2000 20:50
Betreff: Netzliteratur und Bilder**

Hi Wodile,

Wodile schrieb:
> ich hatte mal eine LAG, die das ständig
> versucht hat. seitdem weiß ich es zu
> schätzen, wenn jemand einfach nur sagt
> „das bild ist schön". mehr braucht der
> mensch auch gar nicht, um glücklich zu
> sein. Wenn mir ein bier schmeckt, sage ich
> auch „es schmeckt mir", und analysiere
> nicht gleich die zusammensetzung...

Eben - nachdem es bereits unüberschaubar
viele „schöne" Bilder und „Kunstwerke" gibt
und die Welt auch sonst nicht unangenehm
„hässlich" ist, gibt es eigentlich keinen
Grund mehr, nicht sehr oft *glücklich* durch
die Welt zu schlendern und einfach
wahrzunehmen was DA ist ;)

Ciao
Günther

Mail gesendet: Montag, 05.06.2000 12:18
Betreff: Netzliteratur und Bilder

Hi Michael,

Michael Charlier schrieb:
> Wir können ja nicht so tun, als ob es
> diesen langen und widersprüchlichen
> Prozess von Entfremdung, Zivilisierung,
> Kultivierung, Sublimation und
> weiß ich was, der uns von diesem
> schlichten Weltbild weggebracht hat,
> nicht gegeben hätte. Und warum sollten wir
> von der Kunst nicht erwarten, dass sie
> diesen Prozess nachvollzieht und
> reflektiert.

Ich unterstelle einmal, dass sehr viele
Künstler diesen Prozess sehr sensibel
nachvollziehen und reflektieren. Die daraus
entstehenden Kunstwerke sind dann auch
schön/hässlich, manchmal auch provokant oder
einfach Nonsens. Nun beobachte ich heute das
interessante Phänomen, dass nicht mehr das
Werk, sondern das freie *Künstler-Dasein*
das eigentliche Ziel sehr vieler Menschen
ist. Die *Freiheit*, einfach kreativ und
produktiv etwas Zweckfreies zu schaffen, ist
mit _keiner_ anderen Tätigkeit zu
vergleichen. Auf die Werke ist man dann als
eitles Wesen vielleicht stolz. Ob diese
(Kunst-)Werke auch von anderen wahrgenommen
werden, oder - noch besser - auch verkauft
werden können, ist oft zweitrangig - je nach
finanziellem Background. Wichtig ist der nie
endende kreative Schaffensprozess. Damit
wären wir wieder bei der NetLit-Art :)

> Außerdem musst du bloß mal einen
> Analytiker fragen, der wird dir schon
> erzählen, was alles mit der genannten
> Unterscheidung zu tun hat.

Mich würde sehr interessieren, warum
Analytiker meist keine Künstler sind. Muss
sich das Schaffen und Analysieren
zwangsläufig ausschließen? Anders gefragt:
Wenn man einmal die (tiefen-)psychologischen
Ursachen/Motivationen des Kunst-Schaffens
durchschaut/verstanden hat, kann man dann
nicht mehr zurückkehren auf diese naiv-
idealistische Existenzebene eines Künstlers?

Ciao
Günther

Mail gesendet: Montag, 05.06.2000 14:57
Betreff: Netzliteratur und Bilder

Hi Wodile,

Wodile schrieb:
>> Die *Freiheit*, einfach kreativ und
>> produktiv etwas Zweckfreies zu schaffen,
>> ist mit _keiner_ anderen Tätigkeit zu
>> vergleichen.
>
> ehrlich gesagt könnte ich mit dieser form
> des daseins nix anfangen. immer nur
> zweckfrei ... was wird dann noch
> reflektiert?
Hmm, auch „zweckfreier" Ausdruck kann doch
Reflexion und Analyse erfordern, nicht? Ich
will das ja nicht ausschließen! Jeder, der
etwas schaffen will, macht sich ja _vorher_
Gedanken darüber. Ob diese Gedanken zuerst
in ein Konzept fließen oder fast
gleichzeitig beim Schaffensprozess gemacht
werden, finde ich nicht so entscheidend.
Natürlich ist „zweickfrei" ein
problematisches Wort. Was ich meine, ist
einfach zB meine Lust, jetzt hier zu
schreiben und einen Text zu produzieren. Der
einzige Zweck dieses Schaffensprozesses ist

mein Interesse und meine Lust zu
kommunizieren. Ich muss auf niemanden
Rücksicht nehmen, muss keine Kompromisse
eingehen und mich mit keinem Auftraggeber
streiten. Ich bin beim Schreiben vollkommen
frei. Anders wär's, wenn mich jemand dafür
bezahlen würde. Der hat dann ja sicher ein
Interesse am *Inhalt* meiner Texte und würde
meine Freiheit zwangsläufig einschränken.
Genauso geht es m.E. bei anderen
Schaffensprozessen zu, beim Bilder-, Musik-,
Filmemachen usw. Überall, wo Auftrags- und
Geldgeber im Spiel sind, wird die Freiheit
der *Künstler* eingeschränkt und wird das
Ergebnis oft nur ein (fauler) Kompromiss
sein. Es gibt - zugegeben - auch einige
Ausnahmen von dieser „Regel" und vielleicht
wirklich manchmal Geldgeber ganz ohne
Eigeninteressen.

> ist das ergebnis nicht letztendlich kunst
> über kunst, bücher über bücher
> (hauptfigur: autor), filme über filme
> (hauptfigur: darsteller oder regisseur)?
> ein ständiges drehen um sich selbst und
> den betrieb?

Nein, da hast du mich missverstanden. Das
Ergebnis eines Schaffensprozesses kann
natürlich alles Mögliche sein. Deine
Reduzierung auf die Selbstbezüglichkeit in
jeder Kunstform ist m.E. nur ein kleiner
Teilbereich möglicher Inhalte/Ergebnisse.

>> kann man dann nicht mehr zurückkehren auf
>> diese naiv-idealistische Existenzebene
>> eines Künstlers?
>
> das ist imho lediglich eine
> erscheinungsform des „prinzips künstler".
> es gibt noch diverse andere, die sind nur
> eben nicht so konträr zum
> durchschnittsmenschen wie der naiv-

> idealist.

Welche diversen anderen Formen meinst du?

Ciao
Günther

Mail gesendet: Montag, 05.06.2000 18:59
Betreff: Netzliteratur und Bilder

Hi Juh,

Jan Ulrich Hasecke schrieb:
>> Bilder sind Herrschaftsinstrumente
>
> Ja, aber sie sind auch mehr und anderes,
> sonst würden die Herrschenden ja nicht so
> viel Aufhebens um sie machen, sondern
> lieber gleich nach den einfacher zu
> handhabenden Herrschaftsinstrumenten wie
> Keule, Gewehr, elektrischen Stuhl greifen.

Es ist eine Ironie der (Kunst-)Geschichte,
dass ästhetische, Träume und Sehnsüchte
weckende (Bewegt-)Bilder offensichtlich die
wirksameren Instrumente der Herrschenden
sind, um weltweit Millionenvölker rund um
die Uhr so zu zerstreuen und zu
manipulieren, dass es geradezu unmöglich
erscheint, dass eine kritische Masse
irgendetwas _Wesentliches_ an den
herrschenden Verhältnissen verändert. Der
Zug der Herrschenden fährt und fährt. Die
„denkende Lawine" rollt und rollt - aber
leider neben den Gleisen. Die bunte sich
ständig verändernde Oberfläche ist
undurchdringbar! Die Institutionen und
Betriebe mit ihren bis ins kleinste Detail
durchorganisierten Verhaltensnormen und -
konventionen sind fest und dicht gebaut. Wer
eine Keule oder ein Gewehr „falsch" benutzt,
wird am selben Tag Hauptdarsteller in den

Abendnachrichten und ist am nächsten Tag
vergessen. Am Morgen wird zur Tagesordnung
übergegangen. A new day - a new show!

>> Bilder sind Herrschaftsinstrumente

Bilder werden Instrumentenherrscher.
Herrscher werden Bildinstrumente.
Instrumente werden Herrschaftsbilder.
Bilden Instrumente Herrscher?

:)
Ciao
Günther

Mail gesendet: Montag, 05.06.2000 18:59
Betreff: LOMO-Texte!?

Hi,

angeregt von Ingo's Link-Tipp und den dort
präsentierten *LOMO-Fotos* (ich liebe solche
„chaotischen" Aufnahmen ;) habe ich einen
Vorschlag:
Wie wärs, wenn wir die zehn goldenen LOMO-
Regeln als Kurzanleitung für das Schreiben
von NetLit/Art-Texten (hier in der Liste ;)
ausleihen und anwenden? Statt LOMO muss man
halt „NetLit/Art/Hirn" einsetzen:
***
Die 10 goldenen Lomo-Regeln
(http://www.lomo.de/docs/regeln.html)
1. Nimm Deine Lomo überall hin mit.
2. Verwende sie zu jeder Tages- und
Nachtzeit.
3. Lomographieren ist nicht Unterbrechung
Deines Alltags, sondern ein versteckter,
bzw. inszenierter Teil desselben.
4. Nähere Dich den Objekten Deiner
fotografischen Begierde so weit wie möglich.
5. Don't think (William Firebrace).
6. Sei schnell!

298

7. Du musst nicht im Vorhinein wissen, was
auf deinem Film drauf ist.
8. Im nachhinein auch nicht.
9. Übe den Schuss aus der Hand.
10. Kümmere Dich nicht um irgendwelche
(Goldenen) Regeln.
***
Oliver beherrscht m.E. z.B. die Punkte 6 & 9
perfekt.
Ich arbeite an der Perfektionierung von
Punkt 7 & 8 ;)

Ciao
Günther

**Mail gesendet: Montag, 19.06.2000 09:48
Betreff: Grenzgänger in Literatur und Kunst?**

Hallo Bov,

Bov Bjerg schrieb:
> Dass künstlerische Produktivität am besten
> aus irgendeiner Not, aus irgendeinem
> Leiden heraus möglich sei, dafür gibt es
> imho keinen Beleg.
> Wir wissen einfach nicht, was die vielen
> armen und kranken Künstler geschaffen
> hätten, wären sie gesund und materiell
> abgesichert gewesen.

Mag sein, dass du Recht hast. Du weißt, ich
vertrete einen sehr weiten Kunstbegriff ;)
Ich habe heute ein nettes Zitat zum Thema
Kunst gefunden, das meine Sichtweise sehr
gut beschreibt:

zit>>
„Sage uns, Meister, was ist Kunst?"
„Wollt ihr die Antwort des Philosophen hören
oder die der reichen Leute, die ihre Zimmer
mit meinen Bildern dekorieren? Oder wollt
ihr gar die Antwort der blöckenden Herde

hören, die mein Werk in Wort und Schrift
lobt oder tadelt?"
„Nein, Meister, was ist deine eigene
Antwort?"
Nach einem Augenblick antwortete Apollonius:
„Wenn ich irgendetwas sehe, höre oder fühle,
was ein anderer Mensch getan oder gemacht
hat, und wenn ich in der Spur, die er
hinterlässt, einen Menschen entdecken kann,
seinen Verstand, sein Wollen, sein
Verlangen, sein Ringen - das ist für mich
Kunst."
I. Gall, >Theories of Art<, S. 125
<<zit [aus Bruno Ernst: „Der Zauberspiegel
des M.C.Escher", S 125]

Ob ein Mensch gesund, krank, süchtig oder
was-weiß-ich für ein „seltsames" Leben
führt, ist mir egal. Was für mich zählt, ist
seine _freie_ sichtbare SPUR, die er
hinterlässt.

Ciao
Günther

Mail gesendet: Montag, 19.06.2000 09:48
Betreff: Grenzgänger in Literatur und Kunst?

Hallo Werner,

Werner Stangl schrieb:
> der konstruktivist stempelt wohl nicht
> andere ab sondern fragt sich immer, woher
> die stempelfarbe im eigenen gehirn
> herkommt ;-)

Ich sehe das wesentliche Problem auch eher
vorsichtig philosophisch (wenn es auch im
psychiatrischen Bereich zugegeben oft klare
und eindeutige Probleme/Lösungen geben
mag...). Wir können einfach NIE raus aus dem
paradoxen Zirkel *Realität <> Bewusstsein*

bzw. *Außen <> Innen*. Wir sind einerseits
immer IN der Welt und beurteilen sie
gleichzeitig so, als wären wir DRAUSSEN. Wir
sind gleichzeitig Handelnde UND Beobachter.
Wir können uns nie ausklinken aus der
Realität. Wir wechseln die Sichtweise, indem
wir *passiv* reflektieren und dann wieder
aktiv handeln. Diese Wechsel passieren
immer schneller, bis wir in der
GLEICHZEITIGKEIT angekommen sind, wo
Reflektieren und Handeln (fast) in Echtzeit
passieren... Und zwischendurch meldet sich
unser „alter" Körper mit seinen
Bedürfnissen, wo wir dann weniger nachdenken
müssen...
D.h.
Wer die WELT kritisiert, der kritisiert
gleichzeitig sich SELBST.
Wer sich selbst kritisiert, der kritisiert
gleichzeitig die Welt.
Wer an der Welt leidet, leidet gleichzeitig
an sich selbst.
usw.
Auf so einer paradoxen Bewusstseinsebene
wird alles relativ und bleibt auf seltsame
Weise in „grauer" Schwebe. Abschließende
Wertungen in Schwarz/Weiß, Gut/Böse,
Gesund/Krank, Kunst/Nicht-Kunst usw. sind
kaum noch möglich... und trotzdem müssen wir
alle ständig Ja/Nein-Entscheidungen treffen,
um täglich im „modernen Dschungel" zu
überleben.
Wahnsinnig interessante und spannende, wenn
auch chaotische Zeiten für den, der's
aushält...

:)
Ciao
Günther

Mail gesendet: Montag, 19.06.2000 10:48
Betreff: elektroLit in Berlin

Hallo Wolfgang,

Wolfgang Tischler schrieb:
> am vergangenen Wochenende fand in Berlin
> die elektroLit statt (Lesen und
> Schreiben im digitalen Zeitalter).
> Mein Bericht findet sich unter
> http://www.literaturcafe.de/berichte/
> lcb.shtml

Du stellst am Ende deines Berichts die
Frage: „Wird Literatur also doch überwiegend
dann für gut empfunden, wenn sie einfach nur
Spaß macht?"
Ich glaube, der *fun factor* ist bei allen
öffentlichen Veranstaltungen wichtig
geworden. Die Zuschauer/-hörer wollen primär
informiert UND unterhalten werden. Leicht
verdauliches *Infotainment* ist seit Jahren
die wichtigste Strategie, um Erfolg (bzw.
Applaus ;) beim Publikum zu haben. Ernste
Literatur - von ernsten Vortragenden
präsentiert - eignet sich für Events nun mal
nicht. Solche Sachen liest man - wenn
überhaupt - zu Hause und alleine lieber,
weil man dann bei jedem Satz länger
nachdenken kann... Außerdem: Wer applaudiert
schon gerne bei ernsten nachdenklichen
Inhalten?
Das gleiche Phänomen kannst du auch im
pädagogischen Bereich beobachten. Nur
Lehrer/Vortragende mit *Entertainment-
Qualitäten* haben eine (geringe) Chance,
ernste/s Inhalte/Wissen zu vermitteln.
Deswegen bin ich auch Autodidakt geworden
und meide Vorträge/Events... und bin froh,
wenn ich das im Internet in Ruhe nachlesen
kann... THX :)

Ciao
Günther

Mail gesendet: Dienstag, 20.06.2000 16:26
Betreff: Net-Lit Haikus

Hallo Listige,

Jan Ulrich Hasecke schrieb:
> In einigen asiatischen Kunstformen gibt
> es, wenn mich mein Halbwissen nicht trügt,
> keinen Innovationsbegriff. [...]
> Wenn man die Frage auf's reine Schaffen
> reduziert, dann machen sicher viele von
> uns Phasen durch, in denen sie ihre
> Projekte nur noch _vertiefen_ statt sie zu
> relaunchen. Vertiefung wäre dann eine
> Veränderung, die aus dem Macher bzw. dem
> Gemachten selbst entsteht, ein Relaunch
> wäre dann das Resultat eines von außen
> aufgezwungenen Innovationsdrangs, den wir
> natürlich alle schon verinnerlicht haben.

Mir kommt es auch so vor, dass in der
westlich-orientierten Kultur/Kunst ständig
etwas *Neues* erwartet wird. Diese *Neu-
Gier* hat natürlich eine lange Tradition und
es ist kaum verwunderlich, dass wir dieses
Verhalten bereits verinnerlicht haben. Jede
oberflächlich konsumierte News-/Talkshow/
Zeitung ist eine Befriedigung genau dieser
Neu-Gier.
Der InnovationsDRANG ist m.E. eng verküpft
mit dem FortschrittsDRANG. Es ist verpönt,
einfach nur „stehen" zu bleiben und SICH u/o
sein WERK zu vertiefen. Das leisten sich
heute höchstens _etablierte_ Künstler, die
ihren eigenen Stil (meist in traditionellen
Kunstformen) gefunden haben und von ihren
Werken auch gut leben können - oder
weltfremde Philosophen ;)

<Exkurs>
Wer in unserer westlich-orientierten
Gesellschaft stehen bleibt, wird schnell
abgestempelt als „Technikfeind",

„Fortschrittsfeind", „Konsumverweigerer",
„Aussteiger", „Außenseiter" usw. Hingegen
sind *Sich-verändern*, *Neues-ausprobieren*,
Kreativ-sein, *Forschen&Entwickeln* alles
positiv besetzte WERTE, die kaum noch
hinterfragt werden, auch wenn die negativen
Auswirkungen schon ganz offensichtich sind.
Für die notwendigen Problemlösungen müssen
dann die gleichen Werte und Strategien
herhalten (*work-in-progress* im negativen
Sinn...). Dieser verinnerlichte
Innovationsdrang/Fortschrittsprozess hat
eine ungeheure Eigendynamik und wird von
allen Seiten vielfach gerechtfertigt mit
einleuchtenden Wirtschaftsargumenten
(Wohlstands- und Arbeitsplatzsicherung,
Sozialer Fortschritt, Steigerung des
Lebensstandards u.a.). Da es auch in der
Erziehung/Ausbildung kaum noch alternative
Wege gibt, schwinden die Chancen einer
Prozessverlangsamung mit jeder Generation.
</Exkurs>

Für mich bleibt nur eines übrig: diese
kreative/innovative „Lawine" aus kritischer
Distanz zu beobachten und so zu tun, als
wäre die Evolution bei mir selbst schon zu
einem glücklichen Ende gekommen ;)

Ciao
Günther

Mail gesendet: Mittwoch, 21.06.2000 08:37
Betreff: Net-Lit Haikus

Hallo Claudia,

Claudia Klinger schrieb:
> Tun des Nicht-Tun - kommt diese
> Formulierung nicht aus dem japanisch/
> chinesischen Raum? Jedenfalls versteh ich
> es nicht als Aufforderung zum Nichts-tun,

> oder zum krampfhaften Stehen bleiben, wenn
> alles fließt.

Naja, *Nichts-tun* auf/in/neben einer
kreativ/innovativ/denkend dahin brausenden
LAWINE ist m.E. eine große Herausforderung!
Manche „surfen" sehr gekonnt AUF dieser
Lawine, die meisten sind hoffnungslos
blind/taub/stumm IN der Lawine und viele
fahren auf irgendwelchen selbstgebauten
Hilfsmitteln NEBEN der Lawine und schließen
zynische Wetten ab, wo sie im nächsten
Moment vorbeirasen oder was sie als nächstes
unter sich begraben wird...
Sich aus diesem - subjektiv konstruierten -
Katastrophenszenarion _so_ zu retten, dass
man _auch_ einen guten Überblick von diesem
„Naturschauspiel" hat, ist für mich ein
Stück Lebens-*Kunst*. Aufhalten/Steuern kann
so eine Lawine - wie auch immer - niemand.
Auch beim distanzierten Zuschauen braucht
man gute Nerven ;)

Ciao
Günther

Mail gesendet: Donnerstag, 22.06.2000 14:58
Betreff: Net-Lit Haikus

Hallo Roberto,

Roberto Simanovski schrieb:
>> Mir kommt es auch so vor, dass in der
>> westlich-orientierten Kultur/Kunst
>> ständig etwas *Neues* erwartet wird.
>> Diese *Neu-Gier* hat natürlich eine
>> lange Tradition und es ist kaum
>> verwunderlich, dass wir dieses Verhalten
>> bereits verinnerlicht haben.
>
> Und der Bruch mit dieser Tradition, so
> Boris Groys, „Über das Neue" (1999), wäre

> erst recht das Neue :)

... ja, Wörter sind manchmal hinterlistig ;)
Neu-Gier im Zusammenhang von Kultur/Kunst/
Medien muss nicht unbedingt ausschließlich
negativ gedeutet werden. *Gier* im Sinne
von Leidenschaft, Begierde, Begehren,
Verlangen, Begeisterung, Lust, Sehnsucht...
ist auch ein sehr tiefer und positiver
Sinn/Zweck/Trieb, der m.E. _keine_ Erklärung
bzw. Rechtfertigung bedarf. Viele haben
wahrscheinlich wirklich Spaß daran, ständig
etwas *Neues* zu kreieren/produzieren/
konsumieren. Bei vielen ist es aber eher
Flucht bzw. willkommene Ablenkung und
Zerstreuung. Im Zweifel gilt - wie meistens
- der Allerweltssatz: „Jeder, wie er mag".
Das individuelle/gesellschaftliche Ziel
bleibt ja doch immer gleich: *happiness* :)
Manche gehen ja auch freiwillig ins Kloster
und züchten Rosen ;)
Ich mag halt _nicht_ stündlich die scheinbar
wichtigsten News, täglich/wöchentlich die
kreativsten Kunstwerke, monatlich die
innovativsten Produkte und jährlich das
übliche *Best-of-YearX-Summary*.

Ciao
Günther

**Mail gesendet: Donnerstag, 22.06.2000 20:15
Betreff: Net-Lit Haikus**

Hallo Juh,

Jan Ulrich Hasecke schrieb:
> Unter diesem Blickwinkel leidet unsere
> Kultur zurzeit an einer Überbewertung des
> Experiments, des schier Innovativen, in
> dem für Meisterschaft kein Platz bleibt.

Es gibt heute schon viel zu viele
Meisterwerke und auch viel zu viele
Künstler, denen es auch nicht mehr wichtig
ist, sog. Meisterwerke zu schaffen. Die
Latte in den jeweiligen Kunstformen liegt
scheinbar zu hoch. Die einzige
Herausforderung liegt dann im
Experimentieren. Da können die vielen
jungen/unbekannten Künstler schnell
Erfolgserlebnisse feiern, weil sie sich mit
Nichts und Niemanden vergleichen müssen.
Die Vielfalt und Bandbreite an überlieferten
Meisterwerken empfinde ich oft schon als
Zumutung. Wer kennt schon die vielen
wichtigen Werke, Konzepte und Künstler der
letzten 150 Jahre wirklich detailliert? Wie
kann man sich überhaupt einen kompletten
Überblick über 5000 Jahre Welt-
Kulturgeschichte verschaffen, ohne gleich
jahrelang zu studieren? Außerdem vermute
ich: wer diesen Überblick einmal hat,
schafft dann wahrscheinlich keine Werke
mehr, sondern wird Professor oder Kritiker
;) Und die Zeit der Universalgenies, die
rein intuitiv Meisterwerke schaffen, ist ja
nun wirklich schon sehr lange vorbei.
Das Phänomen des fehlenden Überblicks gibt
es aber auch im normalen Leben. Triviales
Beispiel ist ein Supermarkt, wenn ich ein
bestimmtes Produkt kaufen will und ein
riesiges Regal vor mir habe. Da muss ich
zuerst schauen, lesen, vergleichen, rechnen,
überlegen, mich vielleicht beraten lassen,
und erst dann entscheiden. Diese vergeudete
Zeit/Energie VOR so einer banalen
Entscheidung nervt mich. Ich greife dann
auch meistens auf irgendein Produkt - mit
dem (schlechten Ge-)Wissen, vielleicht nicht
das für mich Beste gekauft zu haben.

> Wer alle Möglichkeiten ausprobiert, kann
> sich nur schwer auf eine Sache
> konzentrieren. Eine Phase der

> Möglichkeitserweiterung, wie wir sie
> zurzeit erleben, erschwert die
> Konzentration ungemein.

Ja, weil jede getroffene Entscheidung für
ein geplantes Werk oder Projekt sofort
relativiert wird durch *neue* Möglichkeiten,
die wieder zu *neuen* Ideen führen. Diese
Problematik ist aber schon seit einigen
Jahrzehnten bekannt - ohne Aussicht auf eine
Lösung.

Ciao
Günther

Mail gesendet: Samstag, 24.06.2000 19:14
Betreff: alles wie ausgestorben

Hallo Listige,

Werner Stangl schrieb:
> Ingo Mack schrieb:
>> where have all the the flowers gone
>
> ruhe vor oder nach einem sturm?

... vielleicht ist es ja doch schöner,
öfters langsam durch Felder und Wiesen zu
hoppeln, statt auf der (Daten-)Autobahn zu
fahren ;)

Ciao
Günther

„Es gibt keinen Grund für irgend jemanden,
einen Computer zu Hause zu haben."
Ken Olsen, Präsident der Digital Equipment
Corporation, 1977

Mail gesendet: Sonntag, 27.06.2000 08:28
Betreff: Kleiner Abschied

Hi Listige,

Wodile schrieb:
> die parallele dauerüberflutung mit
> aufgaben und reizen ist eigentlich
> recht typisch für diese zeit. faszinierend
> finde ich menschen, die da völlig
> stressfrei durchstapfen.

Dieses gelassene Durchstapfen übe ich jetzt
schon seit einigen Jahren. War nicht immer
leicht, mich der pausenlosen Überflutung von
ach-so-tollen technischen/wirtschaftlichen
Möglichkeiten zu widersetzen und konsequent
meinen eigenen Weg zu suchen/gehen...

> ein paar meter weiter saßen ein paar
> menschen auf einer strohmattensammlung,
> unterhielten sich über den begriff der
> unendlichkeit und notierten irgendwas auf
> zetteln. da ist mir das wieder richtig
> deutlich geworden ;o).

Kleine Anmerkung in eigener Sache: Das
Schreiben werde ich nach acht Monaten sehr
aktiver ML/NL-Teilnahme mehr-oder-weniger
auf Eis legen. Der nächste Winter kommt ja
bestimmt ;) Mein Entschluss, wieder mit dem
Malen anzufangen, steht nach einigen Wochen
Überlegen jetzt endgültig fest. Und bei
meiner Lieblingsbeschäftigung - dem
Reflektieren/Spekulieren unter freiem Himmel
- muss ich auch nicht unbedingt schreiben.
Wenn ich also in nächster Zeit seltener hier
Beiträge poste, braucht sich niemand zu
wundern. Ich wechsle nur von einem digitalen
zu einem analogen Medium :)

Ciao
Günther

Dank

Besonders bedanken möchte ich mich bei den (Netz-)
Literaten, die in der Mailingliste Netzliteratur vom
Oktober 1999 bis Juni 2000 mit mir (manchmal
intensiv) diskutierten, aber auch bei denen, die ich hier
in diesem Buch (manchmal nur kurz) zitiert habe, weil
ich auf deren Beiträge geantwortet habe. Sie alle haben
mich mit ihren Textbeiträgen animiert und inspiriert:
Olivia Adler, Bov Bjerg, Michael Charlier,
H.P.Daniels, Sebastian Domsch, Oliver Gassner,
Guido Grigat, Jan Ulrich Hasecke, Fabian Kösters,
Claudia Klinger, Andreas Kneib, Susanne Kunjappu,
Wolff <wodile> Lehmann, Ingo Mack, Goedart Palm,
Christopher Ray, Dirk Schröder, Roberto Simanovski,
Werner Stangl, Wolfgang Tischler, Jörg Wittkewitz
und einige andere, deren vollen Namen ich nicht mehr
aus meinen Unterlagen recherchieren konnte: Andreas,
Christian, Felix, Jörg, Stefan, Thomas und Volker.